実 践

シナリオ・プランニング

SCENARIO PLANNING

新井 宏征

株式会社スタイリッシュ・アイデア 代表取締役

日本能率協会マネジメントセンター

はじめに

2021年3月24日、「私たちは永遠に続くパンデミックに備え始めなければいけない（We Must Start Planning For a Permanent Pandemic）」という記事がBloombergに掲載されました[1]。

記事では、新型コロナウイルス（SARS-CoV-2）の変異株が継続的に出現していることに触れ、この傾向が続くと、今後、集団免疫を獲得できず、これまでのような世界に戻らない可能性があることを紹介しています。

これを聞いて、「そんなことがあるわけはない！」と思うでしょうか。確かに、信じたくはない指摘です。

しかし、2020年1月16日、日本国内ではじめての感染者が確認されたとき、誰かに「このウイルスの感染者は、1年後には国内で30万人、世界では9000万人を超えますよ」と言われたとしたら、どんな反応をしたでしょうか。冒頭の話を聞いたときと同じく、「そんなことがあるわけはない！」と言う人が多かったかもしれません。

しかし、今となっては、それが実際に起きたことだと知っています。

信じるかどうか、望むかどうかに関係なく、これまでの前提を大きく変えてしまうような影響の大きな出来事が、これからも起きる可能性があるのです。

---

1 When Will Covid End? We Must Start Planning For a Permanent Pandemic - Bloomberg
https://www.bloomberg.com/opinion/articles/2021-03-24/when-will-covid-end-we-must-start-planning-for-a-permanent-pandemic

不確実な可能性にどのように向き合うか

そのような出来事が起きる可能性――――たとえば、冒頭の記事にあるようなパンデミックが永遠に続くという可能性――――が目の前に現れたとき、私たちはさまざまな反応をします。

「そんな出来事が起きてしまったら、もうおしまいだ」と悲観的に捉える人がいます。一方、「そんな出来事が起きるわけはない」と楽観的に捉える人もいます。

一見、正反対のような反応です。

しかし、**どちらの反応も、起こり得る可能性を直視していないという点では共通している**のです。

不確実な時代に生きる私たちに必要なのは、悲観的でも楽観的でもなく、客観的に考えることです。自分がもっている常識や信念、感情等はいったん置いておき、**「もし、そのような世界が現実のものになったとしたら？」**と客観的に考えるのです。

このように起こり得る可能性を客観的に想定し、その**想定を踏まえて、今からできる備えを検討するために使われる手法**が、本書で紹介する**シナリオ・プランニング**です。

シナリオ・プランニングを実践する

シナリオ・プランニングは、これまでもさまざまな形で紹介されてきました。しかし、その中には「複数のシナリオをつくる手法」「10年、20年といった長期的な未来を考える手法」というように、形式的な面にしか目を向けていないものも少なくありませんでした。

本書はそのような形式的な面の解説に留まらず、シナリオ・プラ

ンニングの本質に立ち戻り、私のこれまでのコンサルティング経験をもとに、**シナリオ・プランニングの考え方から組織における取り組み方までを詳しく解説した「実践」本**です。

本書は組織や個人でシナリオ・プランニングを実践するために、**「作り方」**と**「使い方」**の両面から詳細な解説をしています。

「作り方」の面では、シナリオを作成するステップの解説に留まらず、その過程で多くの人が判断に迷うポイントをとりあげ、その判断方法や判断基準を丁寧に解説しています。

これまで紹介されているシナリオ・プランニングの実践方法に沿って進めていくと、確かに「シナリオらしきもの」はできるのですが、その過程でさまざまな解消されない疑問に遭遇します。しかし、それらの疑問を解消するための具体的な基準がありませんでした。

たとえば、シナリオ・プランニングを実践した人なら一度は考えるであろう「シナリオテーマの時間軸は、どれくらいにすれば良いのか?」「リサーチは、何をどこまでやれば良いのか?」「2軸を組み合わせて複数シナリオをつくってみたが、これが良いものなのかどうか、どう判断すれば良いのか?」といった疑問です。

従来、このような疑問に対しては「これまで考えたことがないような時間軸に設定しましょう」「なるべく幅広くリサーチしましょう」「自分たちの枠組みを広げてくれるものになっているかどうかで判断しましょう」といったような曖昧な基準でお茶を濁されてしまうことがほとんどでした。

本書では、ここにとりあげた疑問をはじめとして、これまで企業や自治体、そして自社セミナーの中で受けた多くの質問をもとに、

シナリオ・プランニングを実践する過程で遭遇する疑問を整理し、それらについて可能な限り具体的に判断するための方法や基準を解説しています。

　また、「作り方」をより深く理解していただけるように、本書で解説した「シナリオ・プランニング実践マップ」の内容をもとに実践事例（ケース）を作成しました。この実践事例は、架空の企業A社を題材としたシナリオ・プランニングの取り組みです。この実践事例を読んでいただくことで、第6章で解説した内容をどのように実践していくのかを理解することができます。

「使い方」の面では、作成した複数シナリオ等のアウトプットを組織の中でどのように活用していくのかという点にまで掘り下げて解説しています。

　既存のシナリオ・プランニングに関する解説では、複数シナリオ等のアウトプットの「作り方」は解説されているものの、それらの「使い方」については十分に解説されていませんでした。しかし、シナリオ・プランニングに取り組む本来の目的は、複数シナリオ等のアウトプットを作ることではなく、それらを使って、**自組織を将来における不確実な可能性に対応できる組織に変えていく**ことであるはずです。

　そこで、本書では、これまで私が組織の中で実践してきたシナリオ・プランニングの「使い方」を解説するとともに、それをより使いやすく体系化した**「未来創造ダイアローグ」**という手法についても詳しく解説しています。

　予算や時間を十分に確保できないためにシナリオ・プランニングに取り組むことができなかったという組織や、シナリオ・プランニングに取り組むための人材の確保やコンサルタントへの依頼が難し

いという組織でも、シナリオ・プランニングの考え方を組織で実践することができる手法を解説しています。

シナリオ・プランニングの詳しい「作り方」と、新しい「使い方」について解説した本書が、みなさんの「明るい未来」を創造する一助になれば幸いです。

2021年5月
新井 宏征

■ サポートページのご案内

本書で紹介している内容の理解を深め、実際に活用するために、ワークシートのダウンロードや関連資料の確認を行えるサポートページをご用意しています。

以下のURLをブラウザに入力していただくか、QRコードを読み取っていただき、アクセスしてください。

https://www.stylishidea.co.jp/resources/scenarios/

＊本サポートは、予告なく終了する場合があります

第 **1** 部

シナリオ・プランニングを理解する

第2章 シナリオ・プランニングの概要

第 2 部
シナリオ・プランニングを実践する

第 3 章　実践準備:シナリオを読む

シナリオ・プランニング実践の準備をする

シナリオを読む①:2030年の世界における食糧システム

<table>
<tr><td>第4章</td><td><h1>実践①:未来創造ダイアローグ
(シナリオを読み、対話する)</h1></td></tr>
</table>

シナリオ・プランニング実践の3段階

シナリオ・プランニング実践①未来創造ダイアローグ

演習:未来創造ダイアローグ

第 **5** 章　実践②：未来創造ダイアローグ＋ （用意された軸を組み合わせてシナリオをつくり、対話する）

第 **6** 章

実践③:シナリオ・プランニング
(ゼロからシナリオ・プランニングを実践する)

第 **1** 部

シナリオ・プランニング
を理解する

第 1 章

不確実な時代の
未来の創り方

私たちは、「不確実」な 時代を生きている

▌ VUCAとTUNA

VUCAという言葉をさまざまなところで見聞きするようになっています。VUCAという言葉は、元々、米国陸軍で使われ出した用語で、1990年前後から用いられ始めました。この言葉は、次の4つの単語の頭文字をあわせてつくられたものです。

- Volatility：変動性
- Uncertainty：不確実性
- Complexity：複雑性
- Ambiguity：曖昧性

近年では、軍事の分野だけではなく、私たちを取り巻くあらゆる環境がVUCAになっています。

日本では現在の不確実な環境を表すための単語としてこのVUCAという言葉がよく知られていますが、私がシナリオ・プランニングを学んだオックスフォードのシナリオ・プランニングのコースでは、VUCAの代わりに**TUNA**という言葉でこの時代を表現していました。

TUNAとは、次の単語の頭文字からつくられています。

- Turbulence：乱気流
- Uncertainty：不確実性
- Novelty：新規性
- Ambiguity：曖昧性

　TUNAの4つの項目をVUCAの項目と比較してみると**「不確実性」**や**「曖昧性」**という点は共通していることがわかります。

　一方、両者の大きな違いはVolatility（変動性）ではなく、Turbulence（乱気流）に注目している点です。これは変動が大きいことよりも、乱気流のように取り巻く環境が大きく乱れ、これまでの連続ではない構造的な変化が起きることのほうが、個々の企業が受ける影響が大きいことを強調するために用いられています。

　VUCA、あるいはTUNA、どちらにも共通している言葉の1つが**「不確実性」**です。

　次の章以降で詳しく見ていくとおり、**シナリオ・プランニングは、この「不確実性」に取り組む手法**です。

予測が通用しない時代に
何をするか

■ 「過去」をもとにした予測ができない時代

　VUCA や TUNA という言葉で表されるような不確実な時代に
あっても、私たちは組織を運営していかなくてはいけません。企業
であれば新しい事業を創り、従業員が「この会社で働きたい」と思
える組織にしていかなくてはいけません。国や自治体は、少子高齢
化や技術進化等の中長期での変化も見据えて、さまざまなステーク
ホルダーと調整しながら施策を検討し、実行していかなければいけ
ません。教育機関は、不確実な時代にますます重要性が高まってく
る自分たちの役割を考え、日々の活動に取り入れていかなければい
けません。

　さらには、気候変動や新型コロナウイルス感染症といった、私た
ちの日常のしくみを根本的に揺るがすような規模の大きい環境変化
も頻繁に起きています。この傾向は、今後ますます顕著になってい
くでしょう。

　このように**あらゆる場面に不確実な影響が及ぶようになってきて
いる時代に、私たちが将来のことを考える際に意識しなければいけ
ないことは何でしょうか**。それは、**これまでの経験が通用しなくな
る**ということです。**「過去」をもとにした予測が通用しなくなる**と
言うこともできるでしょう。

　企業に絞って考えてみると、過去の業績や世の中の動きをもとに

した予測があてにならなくなったと考えることができます。**過去の予測をもとに戦略や計画を立案したり、意思決定をしたりすることは、誤った前提をもとにして組織の将来を考えることになりかねない**とも言えるでしょう。

「過去」をもとにつくられた戦略や計画に沿って行動を進めた結果、過去とはまったく異なるパターンが現れたり、予測が外れて、大きな打撃を被ったりすることになってしまうかもしれません。そうなったときにはじめて「このようなことになるとは想定外だった」と悔やんでも遅いのです。

過去の経験をもとに判断することで、新しい可能性がもつ価値を見誤ってしまった例は、私たちの周りにあふれています。そのわかりやすい例がiPhoneの登場です。

▌ iPhone成功は「過去」の予測から見抜くことができたか?

2007年1月、アップルのスティーブ・ジョブズは「電話を再発明する」というセリフとともに、はじめてiPhoneを発表しました。

この発表を受け、iPhoneについての感想を求められたのが、当時、マイクロソフトのCEOだったスティーブ・バルマーです。彼は、あるインタビュー[1]でiPhoneの感想をたずねられた際、笑いながら、「500ドルもする世界でもっとも高価な携帯電話」だと揶揄しました。さらに「キーボードがついていないので、ビジネス向けではない」と言い切りました。

また、翌年6月、iPhone 3Gが発表され、日本ではソフトバンクから発売されることになった際、国内の携帯電話サービス企業や端末メーカー、そして証券会社のアナリスト等はさまざまな反応をし

1　https://www.youtube.com/watch?v=eywiOh_Y5_U参照。

ました。そのうちのほとんどが、「日本ではiPhoneが根づかない」という主張でした。理由はさまざまでしたが、スティーブ・バルマーと同じくキーボードがついていない点を指摘する声があったほか、ワンセグや絵文字、FeliCaがついていない点、あるいは片手では使えないという点等が挙げられていました。

初期のiPhoneを見て「普及しない」と判断した人たちの主張には共通点があります。それは**当時主流だった携帯電話とは異なる要素に着目している点**です。そのような点に目を向け、それらが当時の携帯電話の常識とは異なる特徴であるため、世界、あるいは日本では普及しないと指摘しました。このような指摘をした人たちは、通信事業や携帯端末事業等の専門家でした。つまり、その人たちは、**その分野における専門知識と経験が豊富だったからこそ、初期のiPhoneの成功の可能性を正しく見抜けなかった**のです。

この事例に対して、iPhoneは特殊だったという指摘もあるでしょう。その他の分野では専門家の判断がうまくいったものもある、むしろうまくいったもののほうが多いという指摘もあるかもしれません。しかし、ここでiPhoneの例をとりあげた意図は、専門家を揶揄したり、専門家の価値を低く見たりするためではありません。**このようなことは、それぞれの分野でこれまでの常識を一変するような出来事が起きた際に、誰もが陥る可能性がある**ものです。専門知識や経験といったその分野における「常識」に精通しているからこそ、新たに出てきたものの「常識外れ」な点にばかり目がいきます。そして、**それらが既存の常識から外れているというその一点だけで、新しいものの価値を軽んじてしまうことは、程度の差はあれ、誰もが一度は陥ってしまっている**ことなのです。

つまり、この**初期のiPhoneに対する反応は、誰にとっても他人事ではない**のです。

過去の経験にとらわれない ためのOODAループ

OODAループとPDCA

　このように過去の経験や専門知識だけにとらわれることなく、さまざまな出来事に対処するための考え方として、最近、注目されているのが**OODAループ**です（図1-1）。

　OODAループでは、起きている出来事を自分なりに解釈するのではなく、**まずは状況を観察する（Observe）**ことから始めます。**その観察結果を踏まえて情勢の判断を行い（Orient）、意思決定し**

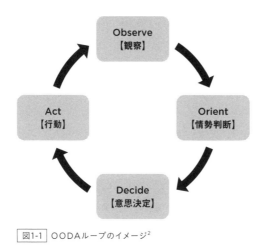

図1-1　OODAループのイメージ[2]

2　『OODA LOOP』のチェット・リチャーズ氏は、OODAループをこの図のような単純なサイクルで捉えることは誤解だと指摘しています。ただし、ここではOODAループをイメージとして理解してもらうことを優先し、単純化した図を使っています。OODAループを正確に理解するためにはチェット・リチャーズ氏の著書等を読むことをお薦めします。

（Decide）、**行動します（Act）**。その後、**行動の結果を踏まえて、新たに観察する**というループをくり返すことがOODAループの実践です。

OODAループについて説明をする場合によく引き合いに出されるのが**PDCA**です。

計画（Plan）から始まる**PDCAは、変化が少ない環境で、同じような取り組みを、より効率よく進める際に活用できる考え方**です。たとえば、作業の前提等が大きく変わることがない、定型業務などの質を高めていくためには今でも有用な考え方です。

PDCAが効果的な場合、OODAループが効果的な場合

PDCAを当てはめることができる活動に共通しているのは、**短期的には環境の変化の影響を大きくは受けることがない**という点です。そのため、PDCAのサイクルにとりかかる際には、過去に得た知識や経験、状況判断等を、次の新しい活動でもそのまま活用することができるという前提で最初の計画を検討します。

実際に、想定している状況が変化しない限り、検討した計画はうまく機能する可能性があります。

しかし、これまでの経験が通用しにくい、先が読みにくい時代に

	概　要	効果を発揮する場面
OODAループ	状況を観察した（Observe）、情勢を判断し（Orient）、意思決定し（Decide）、行動（Act）するループを実践する	これまでの経験が通用しづらく、先の読みづらい場面
PDCA	計画を立て（Plan）、実行し（Do）、その結果を確認し（Check）、次の行動（Act）につなげる	変化が少ない環境で、同じような取り組みを、より効率よく進めることが求められる場面

表1-1 OODAループとPDCA

は、行動のための意思決定を行うもととなる情報や基準が、これまでのものとは異なるという前提で、さまざまな検討をしなくてはいけません。

　そのため、**過去に得た知識や経験等を前提とせず、取り巻く状況がどのような状態になっているのかを観察することから始めるOODAループのほうが、今のような時代にはふさわしい**と言えます。

自身のパラダイムの
存在に気づく

■ プロセスを変えればうまくいくのか

だからと言って、それまでPDCAを使って取り組んでいた組織の活動を、OODAループをもとにしたものに切り替え、観察から始めさえすれば、現代のような不確実な時代を乗り切ることができるのかというと、そうとは言い切れません。

これまでやってきたプロセスの形式を変えたとしても、意思決定や取り組む活動自体が本質的には変わらない場合があります。なぜならば、**プロセスや手法を変えたとしても、私たちのものの見方や思考様式が変わらなければ、観察をして入ってくる情報の意義が変わらない場合がある**からです。

いくらプロセスを変えて、過去の経験にそぐわない情報が入るようになったとしても、iPhoneの例で紹介したとおり、それを自分たちにとって都合の良いように受け取ってしまうこともあり得るのです。

■ パラダイム効果

このように**入ってくる情報を、自分なりに取捨選択してしまう存在**のことを、比喩的に「メガネ」と呼ぶことがあります。この「メガネ」は、ビジネスの分野では**「パラダイム」**と呼ばれています。その他にも**「メンタルモデル」**や**「思い込み」**等、さまざまな呼び方をされることがありますが、共通しているのは、**既存の知識や経**

験をもとにしているものであること、そして、**この存在が私たちの情報収集や理解に大きな影響を与えている**ことです。

実際のメガネの場合は、それをかけていることを意識しています。しかし、情報を取捨選択する際に使われるパラダイムのような比喩的な「メガネ」の存在は、普段、あまり明確に意識していないことのほうが多いはずです。

意識しているかどうかには関係なく、私たちは常にパラダイムをとおして世界を見ています。そのため、同じニュースやデータを見ていても、人によってその捉え方が違ってきます。

未来学者のジョエル・バーカーは、このような現象を**「パラダイム効果」**と呼び、**「ある人にとっては、ありありと目に見えるものが、違うパラダイムをもっている人の目にはまったく見えないということが起こる」現象**だと説明しています。

パラダイムが意思決定に与える影響

こうしたパラダイムやメンタルモデルの影響は個人だけではなく、組織にも及び、組織のあらゆる場面での意思決定に影響を与えています。

ロイヤル・ダッチ・シェルでシナリオ・プランニング・チームを立ち上げたピエール・ワックは、組織がもつパラダイムに気づいたきっかけとして、次のような体験に基づいた話を紹介しています。

....

筆者がサバティカルで日本にいた時、新日鉄が鉄鋼市場を見る"目"は、フランス大鉄鋼会社、ユシノーのそれと同じではないことがわかった。その結果、両鉄鋼大手の行動や価値観には顕著な差が見られた。それぞれの企業は自分なり

　　　　　　　　　　の世界観にしたがって合理的に行動した[3]。

....

　フランスと日本という違いはあるものの、どちらも鉄鋼市場で事業をやっていることに変わりはありません。それにもかかわらず、それぞれが市場を見る「目」は別のものでした。**その違いが、それぞれの世界観につながり、ひいては行動の違いにまでつながっています**。

　この状況を見たピエール・ワックは「（それぞれの企業は）自分なりの世界観にしたがって合理的に行動した」と書いています。どちらも合理的・論理的に考えていったにもかかわらず、異なる行動や価値観が生まれているのです。

　ここからわかるように、OODAループにしたがって観察することから始めたとしても、観察する際にかけている「メガネ」である**パラダイムによって、取り込む情報が大きく変わってしまいます**。その**情報の差が、自社の世界観や価値観、行動を左右する**のです。

　また、仮に情報を正しく取り込めていたとしても、iPhoneの例で紹介したとおり、その情報を正しい意思決定につなげられるとは限りません。

　先ほど紹介したスティーブ・バルマーは、2014年にマイクロソフトのCEOを退任したあとのインタビュー[4]で、自身のキャリアを

3　引用は「シェルは不確実の事業環境にどう対応したか」（ハーバード・ビジネス・レビュー 1986年1月）の原文のままだが、ここで紹介されているフランスの鉄鋼会社は「ユジノール」と表記されることが多い。なお、ユジノールは、その後、2001年に新日鉄とも提携したが、同年、アセラリア、アーベッドと合併しアルセロールとなっている。さらに、そのアルセロール社は2006年にミッタル・スチールと合併し、アルセロール・ミッタルとなっている。
4　https://www.youtube.com/watch?v=v9d3wp2sGPI

振り返った際、携帯電話事業にもっと早く参入しておくべきだった
と述べています。では、なぜそれができなかったのかと問われたバ
ルマーは、次のような印象的なコメントをしています。

　　　私たちの会社の名前はマイクロ"ソフト"であり、私たち
　のやり方（formula）はうまく機能していた。自分たちはソフ
　トウェアに取り組む会社だったんだ。1970年代に（マイクロ
　ソフトの共同創業者である）ポール・アレンがハードウェアビジ
　ネスをやりたいと最初に言った時、ビル・ゲイツは「自分た
　ちはソフトウェアをやるんだ（We were software guys.）」と
　言ったんだ。だから、自分たちにとって、ハードウェアビジ
　ネスをやることは宗教改革（a religious transformation）のよ
　うなものだった。

　実際に動画を見てみると、コメント中で社名を言う際、「ソフト」
の部分をやや強調して発音していることに気がつきます。ここから
わかるとおり、マイクロソフト30人目の社員であり、iPhoneを高
らかに批判したスティーブ・バルマーでさえも、ビル・ゲイツの言
う「自分たちはソフトウェアをやるんだ（We were software guys.）」と
いうパラダイムにしばられ、それがハードウェアへの参入を躊躇し
た要因の1つとなったようです。コメントの中で使われている「や
り方、公式（formula）」や「宗教改革（a religious transformation）」とい
う比喩からも、しばられていたパラダイムの強さがうかがい知れま
す。

■ パラダイムに自覚的になることの大切さ

このように解説すると、パラダイムをもつことは悪いことだと思われてしまうかもしれません。しかし、注意しなければいけないのは、パラダイムは必ずしも悪いものではないという点です。

パラダイムそれ自体は良いものでも、悪いものでもありません。

パラダイムがプラスに働くと、観察して取り入れた情報を効率的に処理して、意思決定や行動につなげることができます。一方、それがマイナスに働くと、観察した情報を自分たちの都合の良いようにゆがめて解釈してしまったり、場合によっては、得た情報を理解し、それに対処する必要性を理解していたとしても、その情報を「なかったこと」にしてしまったりすることもあり得るのです。

では、このパラダイムがマイナスではなくプラスに働くようにするためには、どうすれば良いのでしょうか。

そのための1つの考え方は、組織や個人が自らのパラダイムに自覚的になることです。まず、自組織、あるいは自分が、固有のパラダイムをとおして世の中を見ているのだと自覚することが、パラダイムを適切に活用するための第一歩です。

自身のパラダイムに自覚的になれば、そのパラダイムを客観的に検証することができます。検証することができれば、必要に応じて変えるための取り組みを行うこともできるでしょう。

しかし、パラダイムの存在に客観的に気づいていなければ、それを変えようと思うことさえできません。そのため、まずは自身のパラダイムに気づき、それを自覚することから始めなくてはいけないのです。

不確実な時代に意識すべき「未来創造OS」

「未来創造OS」とは何か

ここまでの解説内容を踏まえて、**不確実な時代に組織や個人がパラダイムを自覚し、アップデートしていくための枠組み**としたまとめたものが「**未来創造OS**」です（図1-2）。

未来創造OSは次のようにRから始まる単語を3つ組み合わせているため「3つのR」とも呼んでいます。

- reframing：（物事を見ている）枠組みの見直し
- reperception：（自分が抱いている）認識の見直し
- reflective iteration：内省を伴ったくり返し

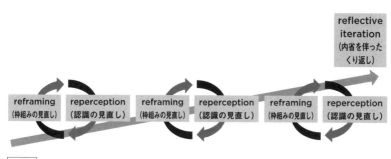

図1-2 未来創造OS

reframing：枠組みの見直し

最初の**reframing（枠組みの見直し）**は、**自身のパラダイムに気づき、それを見直すステップ**です。

文字どおり自分が世の中を見ているパラダイムという「フレーム」を見直し、それを別のものにすることに取り組みます。

reperception：認識の見直し

次の**reperception（認識の見直し）**は、**組織や個人がもっている世界に対する理解やそれに伴う価値観等を見直すステップ**です。

reframingのステップで世界を見る枠組みを見直したことで、見えている世界が変わりました。その変化をもとに、これまで組織や個人が抱いていた世界に対する常識や思い込み、価値観等を変えていくことに取り組むのが、このステップです。

たとえば、世界を見る枠組みが変わり、見える世界が変わったことで、これまでなら起きることさえ想像したことがなかったことが起こり得る可能性があると気がついたとしましょう。そのうえで、「もし、それが起きたとしたら、自社にどんな影響があるのか？」と考えていくと、これまで想定していなかったような出来事や影響等が見えてきます。このように、**これまでなら想定外だった可能性を自身の想定の中に取り込み、世界に対する認識をあらためていく**のがreperception（認識の見直し）のステップで取り組むことです。

このreframing（枠組みの見直し）とreperception（認識の見直し）は、不確実な時代に組織や自分自身をアップデートし続けていくための核となる枠組みです。

reflective iteration:内省を伴ったくり返し

しかし、このサイクルに一度取り組むだけで、長い間慣れ親しんできた枠組み・認識を変えられるわけではないのが現実です。私たちを取り巻く外部の世界は、常に変わり続けています。そのため、仮に一度の取り組みで枠組み・認識を大きく変えることができたとしても、そのままにしてしまっていては、いつかはその枠組み・認識が古いものになってしまいます。

そのために最後のRである **reflective iteration（内省を伴ったくり返し）** が必要になります。

reflective iteration（内省を伴ったくり返し）と、単なるくり返しではなく reflective（内省を伴った）という単語と組み合わせて表現しているのは、**くり返しの「量」ではなく「質」が重要**だからです。

「ALACTモデル」で内省の質を高める

では、内省を伴ったくり返しとは、どのように行えば良いのでしょうか。そのヒントとなるのがオランダ ユトレヒト大学のフレット・コルトハーヘン名誉教授が提唱している **ALACT モデル**です。

このモデルは、元々、教師を育成する現場で、「教育に関する理論」と「教育現場の実際の状況」をうまくつなぐことができていない状態に取り組むために提案されたリアリスティック・アプローチという方法論の中において提唱されています。この考え方にはじめて触れた際、「これは教育現場以外の人材育成にも応用できる」と考え、ビジネスの現場も含め、さまざまな場面で活用しています。

ALACTモデルでは、次の5つの段階を経て振り返りを行っていきます（図1-3）。

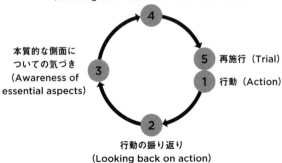

別の実践方法の検討
(Creating alternative methods of actions)

本質的な側面に
ついての気づき
(Awareness of
essential aspects)

再施行（Trial）
行動（Action）

行動の振り返り
(Looking back on action)

図1-3 ALACTモデル

（出典：『教師教育学』（F・コルトハーヘン編著/学文社)54ページ）をもと
に作成（訳は著者による））

　VUCAやTUNA、OODAループ等と同様、振り返りのための5
つの段階を表す表現の頭文字をとって名づけられたのが**ALACT**
モデルです。

　ALACTモデルについて特徴的な点は、5段階目の**「再施行」**
(Trial) のステップと、3段階目の**「本質的な側面についての気づき」**
(Awareness of essential aspects) です。

　まずは5段階目の「再施行」から見ていきます。

　図ではこの「再施行」の位置が1段階目の「行動」（Action）と少
しずらして表現されています。同じ目的の行動（たとえば新サービス
の開発やチームメンバーに対する働きかけ等）を進めていく際、**振り返り**
を行ったあとに取り組む新たな「再施行」は、最初に行った行動と
は異なるものになることを表しています。

■ 「行動志向」の振り返りと「意味志向」の振り返り

ALACTモデルにおいて、もう1つ特徴的な点は3段階目の「本質的な側面についての気づき」の存在です。この段階に至るまでは、何かしらの「行動」（Action）を行い、それについて「行動の振り返り」（Looking back on action）を行っています。

このとき、表面的な結果やプロセスだけをとりあげて振り返りをしても、いたずらにいろいろな行為を試すだけで、本質的な気づきを得られない可能性があります。このように、**行動にだけ着目した振り返りを行うと、そのような行動をした本質的な側面（essential aspects）には目を向けないまま、次の行動の「再施行」に移る**ことになります。ALACTモデルでは、3段階目の「本質的な側面への気づき」を飛ばして、4段階目「別の実践方法の検討」（Creating alternative methods of actions）へと進むこと、つまり、別の選択肢を試してしまう振り返りを**「行動志向」（Action-oriented）の振り返り**と呼んでいます。

一方、3段階目の「本質的な側面への気づき」を経て、新たな行動の選択肢を選んでいく振り返りは、**「意味志向」（Meaning-oriented）の振り返り**と呼ばれ、「行動志向」の振り返りとは区別されています。

■ 「意味志向」の振り返りを実現する

では、この「意味志向」の振り返りに至るには、どうすれば良いのでしょうか。

「意味志向」の振り返りをするために必要な「本質的な側面」に気づく確率を高めるための参考として、**「氷山モデル」**を紹介します（図1-4）。

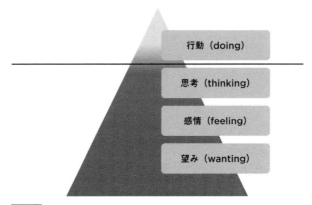

　先ほど紹介した「行動志向」の振り返り（表面的な結果や行動だけに目を向けた振り返り）は、氷山モデルのうち**「行動」（doing）**の部分にだけ着目した振り返りです。

　しかし、**振り返りの質を高め、本質的な側面に気づくためには、目に見えない部分にも着目しなければいけません**。

　ある行動の基礎となった**「思考」（thinking）**は、その最初の観点です。しかし、コルトハーヘンのアプローチでは、行動や思考といった理性的、合理的な面にだけ目を向けるだけでは、本質的な側面に気づくことが難しいと考え、個人や組織の行動に無意識のうちに影響を与えている**「感情」（feeling）**や**「望み」（wanting）**といった観点にも着目するべきだとしています。

　「感情」や「望み」という側面は、普段の仕事では省みられることが少ない観点かもしれません。しかし、**普段ならあまり目を向けられない「感情」や「望み」が私たちのパラダイムを新たな観点から自覚するきっかけになる可能性もある**のです。

近年は、「振り返り」「リフレクション」について注目が集まり、さまざまな考え方やツールも増えてきたことで、定期的に取り組んでいるという個人や組織も増えています。しかし、そうして行われているものの中には、「行動志向」の振り返りに留まっているものも少なくありません。

　当然、「行動志向」の振り返りにも一定の効果はあります。しかし、それに留まらず、**「なぜ、そのような行動をとったのか？」**という点に目を向けた**「意味志向」の振り返りを行うことで、本質的な変化につながっていく可能性が高まる**のです。

　この「意味志向」の振り返りを行うことが、「未来創造OS」における「内省を伴ったくり返し」（35ページ）には重要です。

　すなわち、単に何度もくり返すのではなく、また行動にだけ目を向けるのではなく、**その行動を行った際に何を考え、何を感じ、何を望んでいたのかに目を向ける**ことが、自身のパラダイムをアップデートするための未来創造OSを実行していく際の重要なポイントなのです。

未来創造OSと
シナリオ・プランニング

■ 「不確実」とどのように向き合うか

　ここまで見てきた未来創造OSとシナリオ・プランニングは、どのような関係があるのでしょうか。

　このあと詳しく紹介するとおり、**シナリオ・プランニングは組織や個人を取り巻く不確実な環境変化の可能性について検討するもの**です。

　また、シナリオ・プランニングにおける**「不確実」**という言葉は、未来における環境変化を考えた際、変化の可能性を1つに絞り込むことができず、さまざまな可能性が考えられることを意味するものとして使われています。**想定されるさまざまな可能性の中には、これまでのパラダイムでは理解できない可能性も含まれているかもしれません**。iPhoneの例で見たように、アップデートされないパラダイムだけを使い続けていると、新しい可能性を見落としてしまったり、その真価を理解できずに見過ごしてしまったりする可能性が出てきます。

　また、不確実な変化に隠れている新しい可能性に正しく目を向けられない場合、ともすると「不確実なものはよくわからない」というように、わからない原因が対象のほうにあるように振る舞ってしまうことがあります。そのように考えるのではなく、**「自分の今のパラダイムでは不確実なものはよくわからない」**というように原因を自分に向けてみると、どうでしょうか。自ずと振る舞いは変わっ

てくるでしょう。

よく理解できない「不確実」なものと向き合う際、既存のパラダイムで無理に理解しようとするのではなく、**理解できない自分のパラダイムをアップデートすることに目を向けます**。

■ 「未来創造OS」がシナリオ・プランニングの効果を高める

自分のパラダイムをアップデートするための基礎となるのが**「枠組みの見直し」「認識の見直し」**、そして**「内省を伴ったくり返し」**から構成される「未来創造OS」です。この**「未来創造OS」をシナリオ・プランニングと組み合わせることで、シナリオ・プランニングの取り組みの効果を高めることができます**。

シナリオ・プランニングは確かに優れた手法です。しかし、いくら優れた手法でも、ただその手順を表面的になぞるだけでは、十分な効果を得られません。

シナリオ・プランニングという優れた手法の効果を最大限に発揮するために活用するのが未来創造OSです。

図1-5の左にあるとおり、未来創造OSを活用しなくてもシナリオ・プランニングを実践することはできます。その場合でも、本書で紹介する方法に沿って取り組みを進めれば、複数のシナリオや、それをもとにした戦略オプションといったアウトプットをつくることができるでしょう。

ただし、「未来のことを考える」「複数のシナリオをつくる」というようにアウトプットだけに目を向けて始められたシナリオ・プランニングの取り組みは、アウトプットを作成した時点で終わってしまうことが少なくありません。アウトプットという「成果物」は得

未来創造OSを活用しない シナリオ・プランニングの取り組み	未来創造OSを活用した シナリオ・プランニングの取り組み

成果物だけが得られる シナリオ・プランニングの取り組み	成果も得られる シナリオ・プランニングの取り組み
・複数シナリオ等のアウトプットを作成して 　終わり ・継続的な取り組みになりにくい	・アウトプット作成をとおしてアップデート 　されたパラダイムを日常的に活用 ・アウトプットの組織での浸透も進みやすい

図1-5 未来創造OSの活用とシナリオ・プランニングの効果の関係

られるものの、シナリオ・プランニングの取り組みが終わると、ま
たこれまで慣れ親しんだパラダイムにしたがって、日々の業務に
戻ってしまう可能性が高まります。

一方、**「未来創造OS」**は「OS」[5]と名づけているとおり、**シナリ
オ・プランニングを取り組む際の土台**となるものです。未来創造
OSは、組織や個人のパラダイムを自覚し、それをアップデートす
るために活用する枠組みです。

この未来創造OSが、シナリオ・プランニングの目的に組み込ま
れることになると、どのような効果が期待できるでしょうか。

ひとつには、シナリオ・プランニングの実践をとおして複数シナ
リオ等の「成果物」をつくるだけではなく、**組織や個人のパラダイ
ムをアップデートするという「成果」も念頭においた取り組みが可**

---

5 「OS」とは、コンピュータ等を動作させるための基盤となるプログラムのこと。

能となるという点が考えられます。つまり、程度の差はあるものの、こうした取り組みは、組織や個人におけるパラダイムのアップデートを促すことにもつながるのです。

組織・個人のパラダイムのアップデートがもたらす効果は、シナリオ・プランニングの取り組み中はもちろんのこと、それ以外の日常業務等のさまざまな場面でプラスの影響をもたらします。

また、取り組みに参加した人がシナリオ・プランニングの効果を実感しているので、その人たちが中心となって作成したアウトプットを、組織全体に浸透させていく取り組みも積極的に行われるようになるという効果も期待できます。

■ シナリオ・プランニングのプロセスに意識を向ける

現在のように不確実な時代、さまざまな場面でシナリオ・プランニングが注目され、活用されています。しかし、その一方で「シナリオ・プランニングに取り組んだけど、効果を感じられなかった」という声を聞くことも増えてきました。詳しく話を聞いてみると、**効果を感じられなかったという取り組みのほとんどが、シナリオ・プランニングの成果物にしか目が向けられていないものでした。**

本書の第2部では、「手法」としてのシナリオ・プランニングの実践方法を解説していきます。ただし、単に個々のステップの進め方を紹介するだけではなく、**「なぜそのステップが必要なのか」「そのステップに取り組む際に何に意識を向ければ良いのか」**という点もあわせて解説しています。

はじめて試す際には進め方だけに目を向けたほうがわかりやすいかもしれません。しかし、組織で本格的に活用する際には、進め方以外の点（「なぜそのステップが必要なのか」「そのステップに取り組む際に

何に意識を向ければ良いか」等）にも注意を向けてください。そのように進めていくことで、自然と未来創造OSを活用した取り組みになるような解説を行っていきます。

▌「明るい未来」を創造するために

なお、この3つのRで構成されている取り組みを「OS」と位置づけているのは、シナリオ・プランニングはもちろんのこと、それ以外の手法や組織内の具体的な活動等をその上に載せることができるものであることを意味しています（図1-6）。

たとえば、未来創造OSを用いることで、シナリオ・プランニングの取り組みが終わったあと、具体的な事業開発を行っていく場合も、自分たちのパラダイムを押しつけるような検討を進めるのではなく、顧客やステークホルダーの立場に立ち、その枠組みをとおして課題を検討し、そこから得た新たな認識をもとに事業を検討していくことができるようになるでしょう。こうした取り組みは、社会や顧客に価値を届ける事業の創造へとつながっていく可能性が高まります。

また、組織開発や人材育成においても、これまで無自覚に受け入れられていた自社の存在意義や目指すべき人材像をそのまま継承するのではなく、外部環境や事業環境の変化に目を向け、新たな枠組みをとおして検討できるようになるでしょう。それによって、今後

図1-6 未来創造OSの応用

の組織や人材のあり方をアップデートすることにつなげていくことができます。

　このように、**未来創造OSをさまざまな場面で活用していくことは、その名のとおり、自分たちにとって理想の未来を創造していくことにつながります**。

　この考え方は、社会構成主義を唱えるケネス・J・ガーゲンの影響を受けています。

　ガーゲンは、著書の中で**「自分たちの理解のあり方について反省することが、明るい未来にとって不可欠である」**と述べています。そして、その場合の反省を**「自省」**（reflexivity）と呼び、次のように定義しています[6]。

　　自分がもっている前提を疑問視し、「明らかだ」とされているものを疑い、現実を見る別の枠組みを受け入れ、さまざまな立場を考慮してものごとに取り組む姿勢。

　自省をとおして明るい未来を創造していくためには、私たちが当たり前だと思ってきたものを見直していかなくてはいけません。しかし、それは当たり前だと思ってきたものを真っ向から否定することではありません。**これまで当たり前だと思ってきたもの、言い換えれば、これまでのパラダイムを、さまざまなパラダイムの中の1つだとみなし、それ以外のパラダイムの可能性にも目を向けていく**

6　『あなたへの社会構成主義』76ページ

ことなのです。

　また、ガーゲンは、**対話をとおしてパラダイムの見直しに取り組んでいくことの必要性**にも触れています。対話をとおして、組織や個人が当たり前だと思っていたもの以外の可能性に気がつき、それを受け入れていくことは、未来創造OSを実践、応用していくためにも欠かせないものなのです。

　本書では、ガーゲンの言う**「明るい未来」を実現するための重要な手法**としてシナリオ・プランニングを位置づけ、その具体的な活用方法を紹介していきます。

「未来創造OS」が生まれた背景

　本章で紹介した3つのRから構成される**「未来創造OS」**は、その名のとおり「OS」にたとえるほど、本書において重要な考え方ですが、実は、私自身、シナリオ・プランニングの取り組みを始めた頃から、これを意識できていたわけではありません。むしろ、シナリオ・プランニングを「アプリケーション」としてしか捉えずに実践していた時期がしばらくありました。その結果、今、思い出しても落ち込みそうになるほどの失敗をしたこともあります。

　大きな失敗をした直後は、私自身、何が原因なのかわかっていませんでした。「失敗の原因は相手のせいではないか」と考えようとした時期もありました。しかし、そう考えても根本的な解決にはつながらないことは明白です。

　そこで、参考文献として紹介している書籍をはじめ、シナリオ・プランニング以外のさまざまな知恵の探求を始めました。書籍以外にも、一見、シナリオ・プランニングに関係がなさそうなセミナーやワークショップに参加したり、さまざまな分野を専門とする人と直接、意見交換をしたりする機会もたくさんもちました。

　こうした経験から、reframing（枠組みの見直し）と reperception（認識の見直し）のサイクルを reflective iteration（内省を伴ったくり返し）をとおして進めていく「未来創造OS」が生まれました。

　振り返ってみると、この過程自体が、自分がもっている枠組みを見直し、その枠組みをとおして自分の認識を見直し、それを内省的な振り返りをとおしてくり返していくという「未来創造OS」そのものだったように感じています。

第 **2** 章

シナリオ・プランニング
の概要

シナリオ・プランニングは「長期的な未来」を考える手法なのか?

■ どれくらい先の未来を考えていくか

シナリオ・プランニングというと「長期的な未来のことを考える手法」と理解している人が多いかもしれません。確かに、これまで公開されていたシナリオのほとんどは、10年先、20年先のことを考えるというように、普段ならあまり考えることがない先の可能性を考える設定でつくられていました。

多くのシナリオが、このような設定になっていたのは、以前はそこまでの設定にしなければ不確実な可能性を考えにくい状況だったという理由があります。つまり、**「数年先のことを考える」という設定では、現在と大きくは変わらない可能性しか検討できないと考えられていたため、10年、20年といった期間を設定していた**と考えることができます。

もちろん、以前も、実際には3年や5年といった期間でも、これまで想定していなかったような変化は起きていました。しかし、組織の事業運営や個人の生活に大きな影響を与えるような不確実な可能性を検討するためには、10年、20年という設定のほうが適切だったのです。

ただし、今の世の中は違います。

たとえば世界経済フォーラムが毎年発行している Global Risks Report の最新版(2021年版)[1]を見ると、私たちが直面しているリス

クとして、異常気象や気候変動に対する適応の失敗、人為的な環境災害、感染症等が挙げられています。これらは、日々意識しているかどうかは別として、今の私たちにとって、とても身近なリスクです。

　また、今回のレポートでは、はじめて期間別のリスクの格付けが紹介されています。それによると2年以内に顕在する可能性がある「感染症」や「生活破綻」「デジタル格差」等の他、3～5年程度先の中期的なリスクとしては「資産バブルの崩壊」や「ITインフラの機能停止」「物価の不安定化」等、そして5～10年程度で顕在化する可能性がある長期的なリスクとしては「大量破壊兵器」や「国家の崩壊」「生物多様性の喪失」等が挙げられています。**私たちが備えなければいけないリスクは、もはや「いつか起きる大きなこと」ではなくなっている**のです。

　このような状況の中で、シナリオ・プランニングを単に「長期の未来のことを考える手法」と捉えてしまうと、影響の大きな出来事が、今、目の前で起きているにもかかわらず、それらに目を向けることなく、10年、20年といった先のことを考えなくてはいけなくなります。それは、意味のある取り組みだとは言い難いでしょう。

▍本書におけるシナリオ・プランニングの定義

　そのため、本書ではシナリオ・プランニングの本来の考え方に立ち戻ります。それは、シナリオ・プランニングを**「将来における不確実な可能性を考える手法」**として捉えることです。

　ここで**「将来」**という言葉が指しているのは、必ずしも長期の未来ではありません。たとえば「今の私たちにとっては1年先のこと

1　http://www3.weforum.org/docs/WEF_The_Global_Risks_Report_2021.pdf

も想定できないことが多い」という状況であれば、自分たちにとって考える意義のある「将来」は1年後のことになります。

　もちろん、現在のような状況であっても、長期のことを考えてはいけないわけではありません。今の時代でも、10年後を考えるシナリオ・プランニングに取り組むことに意味はあります。

　大切なのは、「シナリオ・プランニングだから長期のことを考えよう」とルールのように当てはめるのではなく、**シナリオ・プランニングに取り組もうとしている今の環境や自組織の状況を踏まえて、「自分たちにとっては、どれくらい先が不確実なのか？」と考えるところから始める**ことです。

　たとえば、「10年以内のことはある程度想定できるが、それ以降は不確実だ」という場合は「10年」という期間設定でシナリオ・プランニングに取り組みます。

　一方、「10年くらい先のことを考えたいと思っていたけれど、自分たちの現状を踏まえると、不確実なのは3年後だ」となった場合、まずは「3年」という期間設定でシナリオ・プランニングに取り組みます。そのうえで、さらに長い設定である10年後の状況を検討するシナリオ・プランニングに取り組んでみるのが良いでしょう。

　なお、シナリオ・プランニングに取り組む期間設定は非常に重要な観点なので、このあとの章で詳しく解説します。

　今の時点では、シナリオ・プランニングは「長期の未来を考える手法」と捉えるのではなく**「将来における不確実な可能性を考える手法」**だと捉える点を押さえておいてください。

シナリオ・プランニングにおける「不確実」

シナリオ・プランニングにおける「確実」「不確実」

　ここまで「不確実」という言葉を明確に定義せずに使ってきましたが、シナリオ・プランニングでは**「確実」「不確実」**という言葉を次のように定義します（図2-1）。

　シナリオ・プランニングでは、ある要因について**「設定した期間における状態を1つに特定できること」**を**「確実」**だと判断します。一方、**「不確実」**とは、ある要因について**「設定した期間における状態を1つではなく、いくつか想定できること」**を意味します。

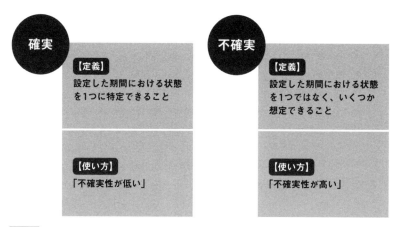

確実

【定義】
設定した期間における状態を1つに特定できること

【使い方】
「不確実性が低い」

不確実

【定義】
設定した期間における状態を1つではなく、いくつか想定できること

【使い方】
「不確実性が高い」

図2-1 シナリオ・プランニングにおける確実・不確実の考え方

■ 例：5年後の日本社会① 高齢化

　この違いを理解するために「5年後の日本社会」という設定で、「確実」と「不確実」の違いをどのように区別するのかを見てみましょう。

　まずは「高齢化」という要因をとりあげます。この要因は「確実」なものでしょうか、あるいは「不確実」なものでしょうか。

　それを判断するためには、先ほどの説明のとおり、まずは**「設定した期間」**を確認します。今回は**「5年後」**です。そのため、ここでは「高齢化」という要因の「5年後」の状態を1つに特定できるのかどうかを考えます。

　この観点でさまざまな統計[2]等を見ると、5年後の日本では引き続き「高齢化」の状態が続いていると言えそうです。つまり、「5年後も高齢化という状態が続いている」というように1つに特定することができます。このことから**「高齢化」という要因は、「設定した期間（5年後）における要因の状態を1つに特定できる」**ので、この要因は**「確実」**だと判断します。

　もちろん、5年後、統計で示されている高齢者人口や高齢化率のデータのとおりになるのかと言われると、その点では「確実」とは言えないかもしれません。しかし、具体的な数値で見ると「確実」とは言い切れないものの、全人口に占める65歳以上の人口の割合が増えているという状態は5年後も変わらずに続いている可能性が非常に高く「確実」だと考えることができます。

　このように**「確実」「不確実」の判別をする場合、どういう基準で判別しているのかを明確にしてください。**

2　たとえば、国立社会保障・人口問題研究所の日本の将来推計人口
　（http://www.ipss.go.jp/pp-zenkoku/j/zenkoku2017/pp_zenkoku2017.asp）のデータ等

例：5年後の日本社会② 在宅勤務の普及

　次は「在宅勤務の普及」という要因について考えてみましょう。**「設定した期間」**は高齢化と同じ**「5年後」**という期間で在宅勤務の普及に関する調査や論考等を調べてみます。

　そうすると、さまざまな意見があることがわかります。たとえば、「在宅勤務は新型コロナウイルス感染症の対応のために行われているもので、感染症の影響が収まれば、日本ではこれまでの働き方の形態に戻る」という意見。「職種によって在宅勤務ができるものとできないものがあるので、結局は今と大きくは変わらない」という意見。あるいは、「VR等の技術を活用することで現在は在宅では進められない仕事も将来的には在宅で行うことが可能になる」という意見。このように、さまざまなものがあります。

　これらは5年後の未来についての話なので、どれが正しく、どれが間違っているのかは、今の時点では判断できません。そのため、今の時点ではどの可能性もあり得ます。

　そのため「在宅勤務の普及」という要因の5年後の状態を考えたとき、「普及しない」「現在と大きくは変わらない」「普及する」というように、1つではなく、いくつか想定することができます。このことから「在宅勤務の普及」という要因は、**「設定した期間（5年後）における要因の状態を1つではなく、いくつか特定できる」**ので、この要因は**「不確実」**なものだと判断します。

　このように、シナリオ・プランニングでは、5年後、10年後といった設定した期間をもとにして、**その時点での個々の要因の状態を1つに特定できるのかどうか**を、「確実」と「不確実」の分岐点と考えます。

▋ 不確実性の程度

さらに、先ほどお伝えしたとおり「シナリオ・プランニングは不確実な可能性を考える手法」だという特徴から、ある要因が「確実」なのか「不確実」なのかという区別を、**不確実性の程度**で表現します。

つまり、「確実」と呼ぶのではなく、確実なものは不確実な程度が低いと考え**「不確実性が低い」**と表現します。逆に「不確実」なことは、同様の考え方に基づき**「不確実性が高い」**と表現します。

この呼び方は、不確実性に着目してさまざまな可能性を検討するシナリオ・プランニングならではのものです。最初はなかなか慣れないかもしれませんが、今後の解説ではこの表現を使っていきますので、この時点で覚えてください。

不確実性の観点を活かした未来の捉え方

■ 「未来」を捉える2つの視点

シナリオ・プランニングは不確実性に着目してさまざまな可能性を検討するとお伝えしましたが、それは従来の未来の捉え方とは、どのように違うのでしょうか。

その違いをイメージで表したのが図2-2です。

従来の捉え方は**「未来は現在の延長」型**です。この捉え方では、**過去から現在までの傾向が、未来においても同じように続く**という前提で未来のことを考えています。この「未来は現在の延長」型で未来を見ていると、**未来は過去からの延長線上にあるもの、連続的なもの**として考えるのが当たり前になってしまいます。その場合、**想定する未来の数は1つ**です。

しかし、現代のように不確実な時代には、これまでと同じようなことが未来にも起きるとは限りません。これまでの連続ではない出

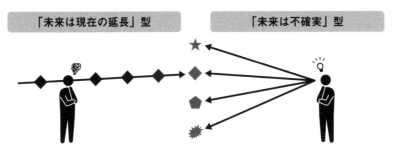

図2-2 「従来の未来の考え方」と「シナリオ・プランニングをもとにした未来の考え方」の比較

来事が起こり得ることは、この10年くらいを振り返ってみても、さまざまな事例を挙げることができるはずです。

このような時代には**「未来は不確実」型**の捉え方で未来を考えなくてはいけません。この捉え方では、「不確実」の定義のとおり、**想定される未来の状態は1つではなく、いくつかの可能性が想定できる**と考えます。この捉え方では、図2-2のように現在の延長にある未来になる可能性も想定しつつも、それ以外の可能性も想定します。この捉え方をすることで、これまでは想定していなかった可能性をあらかじめ想定し、「想定内」にすることができます。

▌「未来は不確実」型の具体例

このように説明されると「こんなややこしい考え方はしていられない！」と思う人もいるかもしれません。しかし、実は「未来は不確実」型の捉え方は、誰もが日頃からやっているものです。

たとえば、3週間後の週末に外出の予定を入れている場合を考えてみましょう。3週間後なので、天気予報を見ても、はっきりしたことはわかりません。その場合、「晴れの場合は○○をして、雨の場合は△△をしよう」と考えるはずです。しかも、この外出の予定に友だちを誘おうとしている場合、「3週間後の週末、Aさんの予定は空いているかな？　あるいはすでに別の予定が入っているかもしれないな」と考えるかもしれません。このように考えていることを、53ページで紹介した「不確実」の定義に沿って表現すると**「3週間後」という設定した期間における「天気」と「Aさんの予定」という要因の不確実性を考えている**と言えます。ここで考えたことを図で表現すると次のようになります（図2-3）。

なお、次の章以降で紹介するとおり、本書ではシナリオ・プランニングの取り組みで検討した不確実な世界を、2軸を組み合わせて

4つのシナリオとして表現します。

　その表現方法で図2-3の内容を表すと次のようになります（図2-4）。3週間後の「天気」と「Aさんの予定」というそれぞれの不確実な可能性を

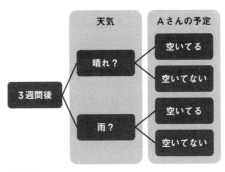

図2-3 3週間後の予定を考える

軸の両極に置き、それらを組み合わせると、このような図になります。もちろん、普段の生活で外出の予定を考えるときに、このような図を描くようなことはないでしょう。しかし、図にしていないだけ、あるいはここまで網羅的には考えていないだけで、実は「未来は不確実」型の捉え方を、私たちは日常的に行っているのです。

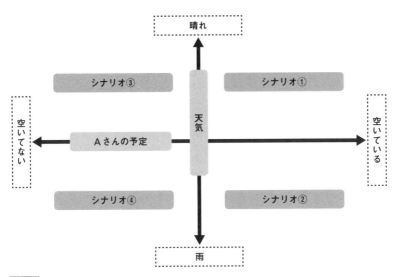

図2-4 3週間後の外出検討のための複数シナリオ

シナリオ・プランニングの定義

■ 「不確実な可能性が現実になった場合の対応」

　ここまで見てきたように、シナリオ・プランニングは「将来における不確実な可能性を考える手法」です。しかし、不確実な可能性を検討するだけでは十分ではありません。不確実な可能性を考えたあと、そのような**不確実な可能性が現実のものになった場合の対応**も考えていきます。

　図2-4のように3週間後の外出を検討しているときのことを考えてみましょう。通常、先ほどのように複数の可能性を考えたあと、「もし、こうなったら何をしようか」というところまで考えるのではないでしょうか。もし、3週間後が「晴れていて、Aさんの予定が空いている」シナリオ①のようになったら、何をするのか。もし、「雨だけど、Aさんの予定が空いている」シナリオ③のようになったら……というように、それぞれの可能性について考えるでしょう。

■ "what if"を考える

　シナリオ・プランニングについて解説している英語の文献に目をとおすと、必ずと言って良いほど**"what if"**という表現が登場します。これは**「もし……したらどうなるだろうか?」**という意味の表現で、シナリオ・プランニング特有のものではありません。英和辞典[3]をひくと、"What if it rains?"（雨が降ったらどうするの?）とい

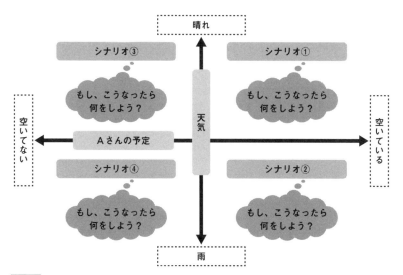

図2-5 3週間後の外出検討のための複数シナリオをもとにした対応検討

うような例文が載っていることからもわかるように、日常的に使われる表現です。

　この "what if" という問いかけこそがシナリオ・プランニングの重要な点です。つまり、**将来における不確実な可能性を考えて終わりにするのではなく、それらを「インプット」として、さまざまなことを考えていく**のです。

　外出の例の場合は、不確実な可能性を考えたとはいえ、日頃からわかっている範囲のものばかりでした。

　しかし、より広い範囲で検討することが多い組織でのシナリオ・プランニングの場合、複数のシナリオとして描かれるものの中には、これまで想定したことがなかった可能性も含まれているはずで

3　ジーニアス英和辞典 第5版

す。そのような**可能性をインプットとして、外部の環境変化を考えるための枠組みを見直し、その枠組みをとおして自らの認識を見直し、その結果を踏まえて、将来に向けた備えを考え、実行し、その取り組みをくり返す**という一連の流れが、シナリオ・プランニングの取り組みの全体像なのです。

▌ 広義のシナリオ・プランニング

ここまでの考え方を踏まえて、本書ではシナリオ・プランニングを次のように定義します。

設定したテーマにおいて起こり得る不確実な未来の可能性を検討し、その結果をインプットとして不確実な未来の可能性に備える対応策を検討する。さらに、このステップをくり返すことで、未来の捉え方をアップデートし続ける取り組み。

もちろん、先ほど見た「将来における不確実な可能性を考える手法」という定義も間違いではありません。

しかし、それをシナリオ・プランニングの狭義の定義と捉えるのであれば、ここで紹介したのは、シナリオ・プランニングの広義の定義と言えます。

狭義と広義の定義の違いは、第1章の図1-5で見た未来創造OSを活用するかどうかの違いに相当します。

つまり、狭義の定義で捉えると、アウトプットとしてのシナリ

オ・プランニングにはなります。しかし、組織でシナリオ・プランニングに取り組む目的は、アウトプットを作成することではなく、不確実な未来への対応を考えることであるはずです。そのため、本書では、広義の定義にあるように、**作成したシナリオを「インプット」として捉え、そのあとの活動につなげていくことに重点を置いたシナリオ・プランニング**の考え方を解説していきます。

シナリオ・プランニングと「未来創造OS」を組み合わせる

　ここからは、あらためて「未来創造OS」とシナリオ・プランニングの関係を、先ほど見た未来の捉え方の違いをもとにして整理します（図2-6）。

■ 未来創造OS①　枠組みの見直し:reframing

　「未来は現在の延長」型の捉え方をしている場合、「この先もこれまでとは変わらない」という枠組み（frame）で未来を見ています。しかし、**「未来は不確実」型**の捉え方をすると、これまで考えていたこと以外の未来の可能性を想定できるようになります。

　これは未来創造OSの最初のステップである**「枠組みの見直し」**（reframing）に相当します。

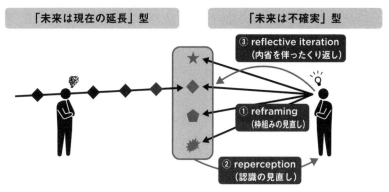

図2-6　シナリオ・プランニングの考え方と3つのR（未来創造OS）の組み合わせ

未来創造OS② 認識の見直し:reperception

　未来を捉える枠組みが変わることは、これまで組織のさまざまな要素を考えていた前提が変わることにつながります。つまり、**「これまで前提として考えていたこと」を考え直す必要が出てくる**のです。

　たとえば、将来における可能性をいくつか考えていく中で、新しい技術が普及し、顧客のニーズが大きく変わる可能性があり得ることがわかりました。この可能性が現実のものになると、自社の既存事業が必要なくなってしまいますが、このようなことはこれまで想定していませんでした。そうなると、「自社の事業がこの先も続いていくことが当たり前だ」という認識を考え直さなければいけなくなるでしょう。

　別の未来の可能性のもとでは、人々が働き方に求める価値観が大きく変わることに気がつくかもしれません。そうなると、「従来から続けている自社の人材マネジメントのしくみで必要な人材を維持することができる」という認識を考え直さなければいけなくなります。

　これらは、未来創造OSの2番目のステップである**「認識の見直し」（reperception）** に相当します。

　このようにシナリオ・プランニングでは、不確実な未来の可能性を複数考えるだけではなく、「枠組みの見直し」（reframing）と「認識の見直し」（reperception）というステップをとおして、**「もし、今まで想定していなかった未来の可能性が現実のものになったとしたら、どうする？」** という観点で事業・組織等について考えていきます。さらには、そうした考えをもとに、**「そのような不確実な未来**

の可能性に備えるために、**今からどのようなことを行うべきだろうか？**」と問い、今から未来に向けて備えを進めるための対応策を検討し、それを実行に移していくのです。

▌未来創造OS③　内省を伴ったくり返し:reflective iteration

しかし、現在のように変化の激しい時代においては、対応策を実行に移しているあいだも、自社を取り巻く環境は変化していきます。そのため未来創造OSの3番目のステップである**「内省を伴ったくり返し」**（reflective iteration）が必要になります。

ここでは、一度、不確実なことを想定してシナリオ・プランニングに取り組んだにもかかわらず、**自分たちが想定できていなかった変化やそのような変化を盛り込めていなかった対応策、あるいは検討していたものの実行に移せなかった施策等を振り返ります**。もし、それらの原因が自分たちのパラダイムによるものであれば、内省をとおして原因となったパラダイムに気づき、アップデートしたうえで、新たなシナリオ・プランニングの取り組みを進めます。

シナリオ・プランニングの実践によって得られる成果

3つの成果

第1章では、このように未来創造OSを活用したシナリオ・プランニングをとおして、複数シナリオの等の**「成果物」**だけではなく、組織にとっての**「成果」**も得られると説明をしました。

弊社が支援している数多くのシナリオ・プランニングの取り組みは、実施の規模や目的、その組織が置かれている状態等、状況はさまざまで、得られる成果もそれぞれ異なります。ただし、どのような取り組みにも共通していた成果もありました。それらを整理すると、次の3つに集約できます。

(1) さまざまな視野や視点で自組織の取り組みを検討できるようになる
(2) 変化の可能性を先取りして動くことができるようになる
(3) 組織やチーム内に「戦略的対話」を行う土壌が育まれる

それぞれの点を詳しく見ていきます。

(1)さまざまな視野や視点で自組織の取り組みを検討できるようになる

組織に所属をしていると、通常、四半期や年度といった単位で成果を出すことに日々の時間を使っています。そのような短期的な成

果にだけ目がいってしまっていると、不確実な出来事が起きた際に「想定外だった」と悔やむことになります。しかし、シナリオ・プランニングの実践をもとに比較的長期の不確実な出来事に備えるためには、短期的な取り組みから得られる利益や組織資源の蓄積が欠かせません。

　不確実な時代にシナリオ・プランニングの取り組みが大事だとは言っても、不確実性の低い出来事への対処をないがしろにしてまで取り組むものではありません。

　ここで言えるのは、**組織で行われているさまざまな検討に対して、短期的な成果を求めること、あるいは不確実性の低いことを検討することは悪いことで、長期的な成果を求めること、あるいは不確実性の高いことを検討することは良いことだという単純な二元論を持ち込んではいけない**ということです。そうではなく、**今はどういう視野や視点で物事を考えているのかについて自覚的になる**ことが大切なのです。

　シナリオ・プランニングの取り組みにおいて「10年後」というような長い期間を設定した場合、まずはその範囲での不確実な可能性を検討します。その結果をインプットとし、戦略オプションとして、たとえば顧客にとっての理想の状態を考えます。そのような理想の状態をもととして、**バックキャスティング**と呼ばれる考え方を用いて、**理想の状態を実現するために取り組むべきこと等を逆算で検討**します。

　このような検討を踏まえて日々の取り組みを進めていくと、ある施策は「短期的にはメリットがあるものの、長期的にはかえってネガティブな影響を受けてしまう可能性がある」と気づいたり、「短期的には成果は出ないものの、今から取り組んでおかなければいけ

ない施策がある」ことに気づくことができます。つまり、**目の前の**
ことについて意思決定を行うにしても、それだけしか視野に入って
いない状態で意思決定を行うのと、長期的かつ不確実な可能性の理
解も踏まえて、短期的な取り組みが何につながるのかを明確に意識
して行うのとでは、結果に大きな違いが出てくるのです。

　意思決定をするときに意識するのは時間だけではありません。シ
ナリオ・プランニングに取り組む過程では、自組織だけではなく、
さまざまなステークホルダーを考慮します。このプロセスを経るこ
とで、シナリオ・プランニングに取り組んだあとの意思決定におい
ても、自社を取り巻くさまざまなステークホルダーにとってのメ
リットやデメリットを考慮に入れることができるようになります。
　このように、**シナリオ・プランニングに取り組むことで、さまざ**
まな視野や視点を自覚し、そのあいだを自由に移動しながら、多様
な観点から意思決定やアイデア発想を行うことができるようになる
のです。

▍（2）変化の可能性を先取りして動くことができるようになる

　シナリオ・プランニングではさまざまなリサーチを行いますが、
シナリオ・プランニングの取り組みの最中だけではなく、取り組み
のあとにもリサーチが必要になります。
　詳しくはこのあとの章で紹介しますが、シナリオ・プランニング
の取り組みのあとに行うリサーチは、作成したシナリオ等をもと
に、実際の世の中がどのように変化していくのかを確認するために
行います。複数シナリオ等に盛り込んだ要因の変化の定点観測をす
るのです。

たとえば、今後の世界における「移動」がどうなっていくのかを考えるために、シナリオの軸として「自動運転サービスの普及」という要因を使ったとします。作成した時点では、設定した期間においていろいろな可能性が考えられましたが、時間が経つにつれ、その可能性も変化していきます。その可能性がどのように変化していくのかを把握するために、必要な情報の定点観測を行なっていくのです。

　自動運転サービスに関する定点観測を行う場合、まずは国内外の自動車メーカーの開発動向は押さえておく必要があるでしょう。自動運転関連のスタートアップ企業の動向や、自動運転に活用されるソフトウェア等の技術開発動向の確認も必要です。国内での普及の可能性を考えるためには規制も大きく影響するため、国土交通省や経済産業省等で開催されている審議会や研究会等も定期的に確認します。

　このようにさまざまな情報の定点観測をしていくにつれ、シナリオ・プランニングに取り組んだ時点では不確実だと判断していた可能性のうち、どれかが確実になってくる兆候が見えてきます。そのタイミングで、あらかじめ想定していた戦略オプションやそれをもとにした戦略・計画等を見直すことで、実現しつつある可能性に対応できるようにします。

　このように、**事前にシナリオ・プランニングの取り組みをとおしてさまざまな想定を行うことで、通常なら些細なものに見える変化が及ぼす影響を具体的に見極め、検証することができるようになる**のです。その結果を活かして、周囲に先んじて対応することができるようになるのが、シナリオ・プランニングに取り組むことで得られるもう1つの成果です。

■ （3）組織やチーム内に「戦略的対話」を行う土壌が育まれる

シナリオ・プランニングの取り組みを進めるうえでは、**「対話」**が重要な役割を果たします。複数シナリオ等を作成するときに行われる対話はもちろん重要です。しかし、それと同じくらい重要なのが、**作成した複数シナリオ等を組織内で共有する際に行われる「対話」**です。

組織でシナリオ・プランニングに取り組む場合、通常、組織内の一部のメンバーによるプロジェクト形式で進められます。プロジェクトメンバーは、複数シナリオ等の作成に取り組んでいく中で、自組織を取り巻く不確実な可能性についての対話を行います。この対話が第1章でも紹介した「未来創造OS」を実践することにつながります。

しかし、組織として、現代のような不確実な時代に柔軟に対応できるようになるためには、シナリオ・プランニングのプロジェクトに参加したメンバーだけではなく、組織のメンバー全員が未来創造OSを実践できるような機会が必要です。そのために、作成した複数シナリオ等を組織内で共有することは欠かせません。

作成した複数シナリオを共有することで組織内に生まれる対話を、シナリオ・プランニングでは**「戦略的対話」**と呼んでいます。「戦略的対話」とは、シナリオ・プランニングの体系化と普及に大きな貢献をしているロイヤル・ダッチ・シェルでシナリオプランナーとして活躍し、現在はオックスフォード大学のScenarios Programm等で後進の指導にあたっているキース・ヴァン・デル・ハイデンが著書等で強調している考え方です。

彼は、組織における意思決定プロセスに影響を及ぼしているのは経営会議等の公式な意思決定のプロセスや場だけではないと考えました。むしろ、**組織内のさまざまな場所や場面で起きている非公式なやり取りが、組織の意思決定に与える影響が大きい**と考えたのです。非公式なやり取りとは、日々の会議やチーム内での会話、休憩中の雑談等で、日常的かつ継続的に行われているものを指しています。

　そのような**非公式なやり取りの中で、既存の事業の将来や新規事業の可能性、今後の人事制度や人材育成のあり方、組織の構造や文化等、組織に関連するさまざまなテーマについての対話が行われる**ことが「戦略的対話」です。

　この戦略的対話を進めるために活用できるのが、シナリオ・プランニングの取り組みで作成した複数シナリオ等のアウトプットです。キース・ヴァン・デル・ハイデンは、**シナリオ・プランニングで作成したシナリオが、この戦略的対話に「スペース」を与える**と述べています。

　この「スペース」は、図2-6をもとに考えると、「枠組みの見直し」（reframing）によって得られたこれまで想定していなかった将来の不確実な可能性を想定できるようになったことで生まれたものだと捉えることができます。

　「枠組みの見直し」（reframing）によって新たに想定することができるようになった将来の不確実な可能性について、**組織の公式、非公式な場をとおして、"what if"「もし……したらどうなるだろうか？」という観点で自由な対話を進めていくことが、組織全体に戦略的対話を広げていく**ことにつながります。

本書では、第4章において、組織全体に戦略的対話を広げていくためのシナリオ・プランニングの実践方法として「シナリオを読む」ことに特化した**「未来創造ダイアローグ」**という考え方を紹介しています。この考え方を使い、シナリオ・プランニングをもとにした戦略的対話を組織のすみずみにまで広げることで、組織のメンバー1人ひとりが不確実な未来の可能性を自分事として捉えられるようになります。さらには、自分たちの置かれている状況に対する認識をアップデートし続けていくことが当たり前のこととして日常に組み込まれることにもつながります。

組織におけるシナリオ・プランニング活用場面例

■ シナリオ・プランニングを活用できる4つの場面

シナリオ・プランニングの広義の定義で紹介したとおり、シナリオ・プランニングの取り組みは将来における不確実な可能性を考えて終わりではなく、その結果をインプットとして対応策を検討します。ここで言う「対応策」とは、組織や個人として検討するアウトプットの総称です。

具体的には次のようなものが、シナリオ・プランニングと組み合わせた場合に相性が良いものです（図2-7）。

それぞれの具体的な検討方法は第6章で紹介しますが、ここではそれぞれの概要を見ていきます。

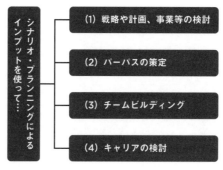

シナリオ・プランニングによるインプットを使って…

- (1) 戦略や計画、事業等の検討
- (2) パーパスの策定
- (3) チームビルディング
- (4) キャリアの検討

図2-7 シナリオ・プランニングと組み合わせたアウトプットの検討例

■ （1）戦略や計画、事業等の検討

　組織においてシナリオ・プランニングによるインプットを使う機会がもっとも多いのは、図にある**「戦略や計画、事業等の検討」**の場面です。

　ここでの戦略には、経営戦略や事業戦略、研究開発戦略等、組織において今後の方向性を明確にするために策定されるあらゆる戦略が含まれます。最近では**DX（デジタル・トランスフォーメーション）に取り組む際に、環境変化の可能性も取り込んだ変革の方向性を検討するためにシナリオ・プランニングを活用する**機会も増えています。

　計画については、中期経営計画や事業計画はもちろん、また、事業承継を進めていくための一環としてシナリオ・プランニングに取り組む機会もあります。

　これらの方向性をもとにして具体的な事業を検討する際にも、シナリオ・プランニングの取り組みで得たインプットを活用しています。

　これらの中でも、最近、大きな話題となっているのは**DX**です。

　経済産業省が公開した「DXレポート 〜ITシステム「2025年の崖」克服とDXの本格的な展開〜[4]」においては、DXを推進するために「DX推進システムガイドライン」を策定しており、その冒頭で「経営戦略におけるDXの位置づけ」や「経営戦略とDXの関係」

4　DXレポート 〜ITシステム「2025年の崖」克服とDXの本格的な展開〜（METI/経済産業省）
　https://www.meti.go.jp/shingikai/mono_info_service/digital_transformation/20180907_
　report.html

を盛り込んでいます。

DXを単なるシステムの置き換え（デジタイゼーション）ではなく、デジタルを活用した組織の変革（デジタル・トランスフォーメーション）につなげていくためには、他の種類の戦略を立案する場合と同様、自社を取り巻く不確実な環境変化の可能性を考慮しなければいけません。そのような可能性をインプットとして、既存の事業や業務を前提とせずに、自社のあるべき姿を明確にし、そこへ向けた変革の道筋とデジタルの活用を検討することがDXの取り組みを形だけのものにしないためには重要です。

このような本質的な取り組みを行っていくためにシナリオ・プランニングの活用は欠かせないのです。

■（2）パーパスの策定

近年、SDGsやESG等が注目されることにより、企業が財務的な価値のみならず、社会的な価値を創出すること、つまり事業をとおして社会課題の解消に貢献することにも目を向ける重要性が指摘されています。それに伴い、**企業の存在意義**を表す**「パーパス」**を明確にし、それを発信していくことの重要性が高まっています。

マッキンゼーが2019年10月に米国のマネジャーや従業員1214人を対象に実施したアンケート[5]では、回答者のうち82％が「パーパスをもつことは重要だ」と考えており、さらに72％の回答者が「利益よりもパーパスのほうを重んじるべきだ」と回答していることか

---

5 Purpose: Shifting from why to how | McKinsey
  https://www.mckinsey.com/business-functions/organization/our-insights/purpose-shifting-from-why-to-how

らも、いかにパーパスが重要なのかがわかります。

　今後、私たちを取り巻く環境がますます不確実になっていき、これまでの経験をもとに意思決定をすることが難しくなっていく中では、**意思決定をする際のパーパスの重要性はますます高まっていく**でしょう。

　パーパスを考える際、自分たちの想いを明らかにすることは大切です。組織や個人がこれまで取り組んできたことやその時の感情等を振り返ることは、組織や個人の原点に立ち戻るために欠かせないでしょう。
　また、今、この世の中で事業・活動を行っていく中で、何を課題だと感じているのかに目を向けることも参考になるはずです。

　過去や現在に目を向けるのと同じくらい大切なのが、未来に目を向けることです。起こり得る環境変化に目を向けて、過去や現在において取り組んでいる社会の課題・顧客の課題が、今後、どうなっていく可能性があるのかに目を向けると、別の側面が見えてきます。
　あるいは、複雑すぎて、取り組みが必要だと思いながら半ばあきらめていたような課題も、未来に目を向けると、自分たちでも貢献できる側面があることに気がつくかもしれません。
　このように**未来に目を向け、自分たちの認識を見直すことで見えてくる新たな観点をパーパスに取り入れるために、シナリオ・プランニングの取り組みを活用する**のです。

　「シナリオ・プランニングに取り組まなくても、自分たちにとって

理想的な未来を考えれば良いではないか」と思うかもしれません。もちろん、理想的な未来を考えることは大切です。

しかし、ギャラップ社のショーン・J・ロペス氏が**「単なる願望は精神的なファーストフード」**と言っているように、**自分たちにとって都合の良いだけの未来を思い描くことは逆効果にもなり得る**点には注意が必要です。

彼は、「願望」と「希望」を次のように区別しています。

　　希望は願望に勝るということだ。人が希望を抱くとき、将来について大いに期待すると同時に、期待どおりの未来を手に入れるために乗りこえなければならない壁もはっきり見えている。つまり、行動する準備ができているのだ。いっぽうで、願望は努力を蝕むこともある。願望を抱くだけでは、つい受け身になって、目標をかなえるのがむずかしくなる。

（出典：『5年後の自分を計画しよう』103ページ）

たとえば「サステナブルな社会を実現する」というパーパスをもっている場合を考えていましょう。

これをロペス氏の言う「願望」としてだけもっている場合、世の中がサステナブルとは正反対の方向に進んでしまったり、サステナブルな社会になることを理想だと思っていない組織・個人に会った際、そのような世の中の動きや組織・個人に対してネガティブな感

情を抱いたり、攻撃的な態度をとってしまうことがあるかもしれません。

　それが極端に進んでしまうと、自分たちの理想を理解してもらえないと厭世的になり、世の中を疎ましく思ってしまう可能性もあります。

　一方、そのようなパーパスをもったうえで、シナリオ・プランニングをとおして将来の不確実な可能性を考えてみるとどうでしょうか。

　自分たちが抱いているパーパスを後押しするような可能性も見えてくる一方で、それと逆行する可能性も見えてくるかもしれません。このように、**さまざまな可能性をとおして自分たちが抱いている理想を見ていくことで、それが単なる「願望」ではなく、乗り越えなければいけない壁も踏まえた「希望」へと変わっていきます**。つまり、将来のさまざまな可能性に照らすことで**「どのような世界になったとしても、私たちが実現したいと思っているものは何だろうか?」**という観点でパーパスを考えたり、見直したりしていくことができるのです。

　このあとの章で詳しく紹介するとおり、このように自社の戦略や計画、事業案、パーパス等を、さまざまな不確実な可能性に照らして考え、見直していくことを、シナリオ・プランニングでは**「風洞実験」(wind tunneling)** という比喩で呼んでいます。

▌（3）チームビルディング

　これまで見てきた戦略や事業、パーパス等と違って、チームビルディングでは、取り組みを行ったあとに目に見えるわかりやすいア

ウトプットが残らない場合があります。そのため、他の項目と比べると、その重要性が理解されにくいかもしれません。

　しかし、新型コロナウイルス感染症の拡大に伴い在宅勤務の機会が増え、チームメンバーが同じ時間や場所を共有しないまま働くこともめずらしくなくなってきています。

　また、先ほど紹介した「パーパス」は、組織として定めるだけでは十分ではなく、個人のパーパスを明確にし、それを組織のパーパスと突きあわせて、組織の中で個人が果たす役割をあらためて考えることも欠かせません。

　この時に活用できるのが**シナリオ・プランニングで作成した複数シナリオを読むことをとおして進めるチームビルディングの取り組み**です。これは先ほども紹介した**「戦略的対話」を組織内で広げていくためにも重要な取り組み**です。

　組織内で対話を行う際、過去を前提にすると、その組織での在籍期間の違いによって、経験の長い人の話を一方的に聞かされることがよく起こります。現在を前提にすると、役職や役割の違いが話しにくさを生むことも少なくありません。
　一方、**シナリオ・プランニングの取り組みで作成した複数シナリオを使った対話は、過去でも現在でもない、「未来」のことを前提とした対話です**。そのような前提があるからか、複数シナリオを活用した対話は、経験や立場を超えた、誰にとっても話しやすい対話の場になりやすいのです。戦略的対話のところでも説明した「スペース」の存在（72ページ参照）が、このような場を生み出しやすくしている要因にもなっています。

その組織にとって考える意義がある複数シナリオさえ用意できていれば、オンラインでも実施しやすいのもメリットです。

■ （4）キャリアの検討

これまで紹介した項目と比べると実施例は少ないのですが、シナリオ・プランニングの取り組みを個人のキャリアの検討につなげることもできます。

すでにキャリアを歩み始めている社会人はもちろん、これから就職先を検討しなければならない大学生、そして今後のキャリアに影響を及ぼす進路選択が求められる高校生や中学生等もキャリアの検討にシナリオ・プランニングを活用しています。

過去には中学3年生の生徒さんを対象としたワークショップを実施したことがあります。そのワークショップでは、2日間かけてキャリアや進路について、これまでとは違った視点から考えるためにシナリオ・プランニングを活用しました。

最初にさまざまな仕事について知るための時間をとったあとは、企業や自治体向けに実施しているのと同じような枠組みでシナリオ・プランニングを実施しました。複数シナリオの世界観を考えるステップでは、それぞれの世界観を寸劇で表現してもらいましたが、そこで出てきたものは大人顔負けのものばかりでした。

現在起きているさまざまな社会課題や技術革新の影響を大きく受ける中学生たちは、そのようにして10年後の日本社会の可能性を自分事として捉え、それぞれが将来どんな姿を目指していくのかについて活発に対話をしていました。

このようにシナリオ・プランニングをキャリア検討に活用するこ

とは、社会人を対象とした場合はもちろん、学校で学んでいること
と実社会をつなげて考えることができるという点で、教育現場にお
いても有益です。

第 **2** 部

シナリオ・プランニング
を実践する

第 **3** 章

実践準備:
シナリオを読む

シナリオ・プランニング
実践の準備をする

▋ シナリオを読む

　第3章からはシナリオ・プランニングの実践方法について紹介します。

　具体的にシナリオ・プランニングを実践していくにあたって、まずは準備として、本書で解説するステップに沿ってつくられたシナリオの事例を使って、シナリオのつくり方や読み方を解説します。ここでは単にシナリオの読み方を解説するだけではなく、第6章で紹介するシナリオ・プランニング実践のステップと関連づけ、シナリオのつくり方を参照しながら事例を紹介します。

　これは、**すでにつくられたシナリオの「リバースエンジニアリング」に取り組む**イメージです。世の中で広く使われている複数シナリオを、そのつくり方を追体験しながら理解することで、事例として知るだけではなく、つくり方のヒントを学ぶことを意図しています。

シナリオを読む①：2030年の世界における食糧システム

シナリオ・プランニングを理解するためにシナリオを読む

　シナリオ・プランニングの理解のために読むシナリオは、ジュネーヴに本部を置く国際機関であるWorld Economic Forum（世界経済フォーラム）が作成した2030年の世界における食糧システムを考えるためのシナリオです（図3-1）。

　シナリオのつくり方にはさまざまな考え方がありますが、本書ではこの食糧システムの未来シナリオのように2軸を使うシナリオのつくり方をもとにして、シナリオの読み方やつくり方について解説

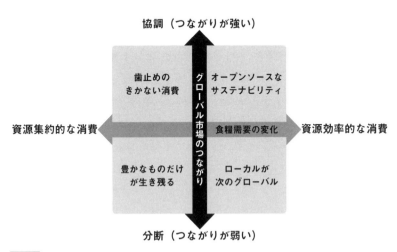

図3-1 「2030年の世界における食糧システム」複数シナリオ

（出典：http://www3.weforum.org/docs/IP/2016/NVA/WEF_FSA_FutureofGlobalFoodSystems.pdf）

をします[1]。

▌ シナリオ・プランニングの基本的な用語の確認

まず確認するのはシナリオ・プランニングの基本的な用語です。ここでは図3-1「2030年の世界における食糧システム」シナリオをもとにして、用語を紹介していきます。

先ほども紹介したとおり、本書では4象限のマトリクスでシナリオを表現します。このマトリクスをつくっている2本の軸を「**複数シナリオの軸**」、あるいは単純に「**軸**」と呼びます。図で「食糧需要の変化」と「グローバル市場のつながり」となっているのが「軸」に相当します。

この軸の両端を「**極**」と呼びます。「食糧需要の変化」の軸には「資源集約的な消費」と「資源効率的な消費」という「極」があり、「グローバル市場のつながり」の軸には「分断（つながりが弱い）」と「協調（つながりが強い）」という「極」があります。

これらの極を備えた軸を組み合わせてつくられた4象限全体を「**複数シナリオ**」と呼び、個々の象限を「**シナリオ**」と呼びます。それぞれのシナリオには、その世界観をよく表した「**シナリオタイトル**」がつけられることが多いです。たとえば、左下の「シナリオ」には「豊かなものだけが生き残る」という「シナリオタイトル」がついています。

1　なお、本章の解説は、World Economic Forumが公表しているレポート（http://www3.weforum.org/docs/IP/2016/NVA/WEF_FSA_FutureofGlobalFoodSystems.pdf）および本シナリオの作成にかかわったDeloitte社のプレゼンテーション資料（https://www2.deloitte.com/content/dam/Deloitte/tr/Documents/consumer-business/future-of-global-food-systems-highlights-presentation.pdf）に基づいています。資料で書かれている事実に基づきながらも、本書で伝える内容に沿って、著者の解釈や推測も交えて書いている部分もあります。そのため、元々のシナリオ・プランニングの取り組みの正確な再現ではない点についてご了承ください。

このように2本の軸を使って、4つのシナリオをつくり、そのシナリオをインプットして自組織の対応策等を考えていく取り組み全体を「シナリオ・プランニング」と呼びます。

　これ以降は、この用語を使ってシナリオの読み方を解説していきます。

　シナリオの読み方の解説では、先ほど「リバースエンジニアリング」という言葉を使ったとおり、シナリオ・プランニングを実践するためのステップに沿って進めます。**シナリオ・プランニングを実践するステップ**は次のとおりです（図3-2）。

　数字から始まる①から⑦までのステップが**シナリオ・プランニングを実践するためのメインのステップ**です。そのステップの前にある「シナリオ作成準備」は、シナリオ・プランニングの取り組みを進めるために必要な準備を行うステップです。また、ステップの最後にある「戦略実行」は、シナリオ・プランニングの取り組みをとおして検討した施策に取り組むステップとなっています。

　ここからは、シナリオ・プランニング実践のための核となる7つのステップを紹介しながら、ケースとして先ほど紹介した「2030年の世界における食糧システム」シナリオを題材として、各ステップをどのように実践するのかを解説します。

　なお、各ステップの解説の冒頭には、それぞれのステップの目的とアウトプットを紹介しています。

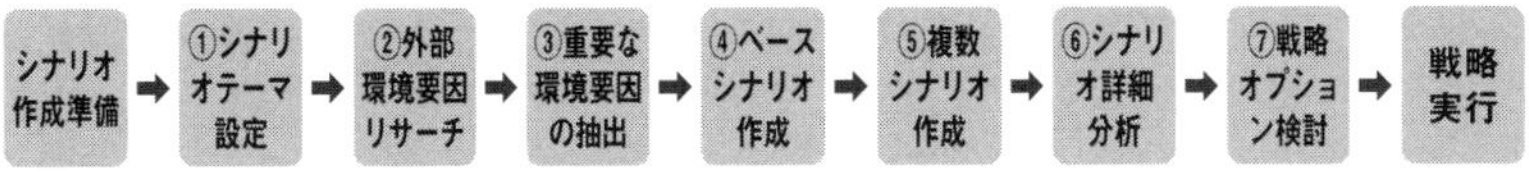

シナリオ作成準備 → ①シナリオテーマ設定 → ②外部環境要因リサーチ → ③重要な環境要因の抽出 → ④ベースシナリオ作成 → ⑤複数シナリオ作成 → ⑥シナリオ詳細分析 → ⑦戦略オプション検討 → 戦略実行

図3-2　シナリオ・プランニング実践のためのステップ

■ ステップ①：シナリオテーマ設定

ステップ①はシナリオテーマの設定です。

ステップ①：シナリオテーマ設定

- **【目的】**
  シナリオ・プランニングの取り組みの方向性を明確にする
- **【アウトプット】**
  - シナリオアジェンダ
  - シナリオテーマ

このステップは、シナリオ・プランニングの方向性を明確にする重要なステップです。その方向性を表現したものが**「シナリオアジェンダ」**と**「シナリオテーマ」**です。

「シナリオテーマ」は、シナリオ・プランニングに取り組む際に、**どのような設定でシナリオをつくるのか**を定めたものです。このあと見ていくように、**期間をどのくらいに設定するのか、対象とする地域をどこにするのか**等を明確にします。

このシナリオテーマを検討するため前提として、**シナリオ・プランニングの取り組みをとおして検討したい課題や論点**が明確になっていることが必要です。シナリオ・プランニングでは、この課題や論点のことを**「シナリオアジェンダ」**と呼んでいます。

通常、まず「シナリオアジェンダ」を明確にして、それをもとに「シナリオテーマ」を設定し、シナリオ・プランニングの取り組みを本格的に進めていきます。

　世界経済フォーラムでは、食糧システムは人々の健康や生態系にとって重要な役割を果たすものであり、2015年に定められたSDGsの中のさまざまな目標に影響を与えるものだと位置づけています。そして、これからの食糧システムが目指す姿として、次の4つを掲げています。

- 包摂（Inclusive）
- 持続可能（Sustainable）
- 効率（Efficient）
- 栄養と健康（Nutritious and Healthy）

　しかし、**「ステップ②：外部環境要因リサーチ」**でとりあげる外部環境の変化がもたらす影響もあり、ここで掲げた目指す姿を実現することは簡単ではありません。実現のためには、多様なステークホルダーが対話をとおして世界を取り巻く環境変化についての認識を共有し、実現するために必要な取り組みの優先順位を明確にする必要があると考えました。そのために世界経済フォーラムが活用したのが、シナリオ・プランニングです。

　このような背景を踏まえ、世界経済フォーラムではシナリオ・プランニングをとおして考えたいことである**「シナリオアジェンダ」**を次のように定めました。

【「2030年の世界における食糧システム」シナリオに
おけるシナリオアジェンダ】

2030年に85億人を超える世界の人口を、栄養面で満たしながら、持続可能でもある食糧システムを実現するためにはどうしたら良いか？

．．．

　また、この時点で「シナリオアジェンダ」だけではなく、**シナリオ・プランニングに取り組む目的**を明確にしておくことも重要です。

　このプロジェクトでは、大きく次の4つの目的を設定しました。

- リーダーたちが世界の食糧システムについて新しい方法で考えるようになること
- 今後起こり得る動きに対して新しく、行動につながるような洞察を与えること
- 食糧システムを強化するための行動を促すこと
- 新たなパートナーシップの可能性を見出し、実現すること

　このように明確にした「シナリオアジェンダ」や目的をもとにして「シナリオテーマ」を検討します。

　後ほど詳しく解説しますが、「シナリオテーマ」は次の3つの要素から設定します。

- 時間軸
- 地理軸
- 検討スコープ

時間軸はどれくらい先のことを考えるのかを設定する要素です。世界経済フォーラムの場合、SDGsの目標年にもあわせて「2030年」にしています。

　地理軸はシナリオを作成する際に考慮する地域を設定する要素です。世界経済フォーラムの場合、「世界（世界全体、グローバル）」にしています。地理軸を大きく広げることで具体性は犠牲になるものの、全体的な視野からさまざまな要素のつながりを見据えて考えることができるという点で、この地理軸にしています。

　検討スコープは、シナリオを作成する際に考慮する検討範囲を設定する要素です。検討スコープは、事前に明らかにした「シナリオアジェンダ」を踏まえて検討します。世界経済フォーラムの場合、「2030年に85億人を超える世界の人口を、栄養面で満たしながら、持続可能でもある食糧システムを実現するためにはどうしたら良いか？」という「シナリオアジェンダ」の内容も踏まえ、今後起こり得るさまざまな環境変化が食糧システムにどのような影響を与えるのか、それによって食糧システムがどう変わっていく可能性があるのかを検討していきたいと考えているため、「食糧システム」を検討スコープに設定します。

　これら3つの要素を組み合わせて、世界経済フォーラムでは**「2030年の世界における食糧システム」**という「シナリオテーマ」を設定しました。

■ ステップ②：外部環境要因リサーチ

　シナリオテーマを設定した後は、そのテーマに関連する外部環境

要因を収集します。

ステップ②:外部環境要因リサーチ

- 【目的】
  シナリオ作成に使用する外部環境要因を収集する
- 【アウトプット】
  外部環境要因

　リサーチをする「外部環境要因」の範囲は、第6章で詳しく解説しますが、今の段階では**シナリオテーマに関連がありそうな情報を集める**と理解してください。

　日々の仕事では、接する情報が自分の専門分野に関するものに偏ってしまいます。シナリオ・プランニングに取り組む場合は、なるべく幅広い範囲で「シナリオテーマ」に関連しそうな情報を収集します。

ケース:2030年の世界における食糧システム　ステップ②

　「2030年の世界における食糧システム」シナリオでも、リサーチをとおしてさまざまな外部環境要因を収集しているはずですが、どのようなものを収集したのかまでは公開されていませんでした。公開されている資料では、「2030年の世界における食糧システム」シナリオに直接関係するものが紹介されています。

　たとえば、世界における食糧の需要にもっとも直接的な影響を与える人口動態や、食糧に直接関係するものとして飢餓や肥満等の問題が挙げられています。さらに、サステナブルではない農業のやり方に伴う水不足や森林破壊、温室効果ガス排出等も出ています。ま

た、国同士、あるいは一国の中での紛争やさまざまな技術に関する要因といった、一見すると食糧に関係がなさそうに見えるものの、実際には影響があるものも挙げられています。さらには、技術については、技術そのものだけではなく、それを使いこなせるかどうかが格差につながる点等も要因として挙がっています。

ステップ③：重要な環境要因の抽出

　ある程度の数の外部環境要因を集めることができたら、それらをシナリオ作成に使うものとそうでないものに分類していきます。それが**「重要な外部環境要因の抽出」**のステップです。

ステップ③：重要な外部環境要因の抽出

・**【目的】**
　収集した外部環境要因を分類し、その中からシナリオ作成に活用する重要なものを抽出する
・**【アウトプット】**
　重要な外部環境要因

　ステップ名にあるとおり、このステップでは収集した外部環境要因のうち重要なものを抽出することを目的としています。

　重要かどうかを判断するために**「影響度」**という基準を使います。何に対する影響度なのかというと、ステップ①で設定した**シナリオテーマに対する影響度**です。それぞれの外部環境要因がシナリオテーマに与える影響が大きいかどうかを検討し、影響が大きいものを重要なものとみなします。

　さらに、それぞれの外部環境要因の**「不確実性」**もここで判断します。これは第2章で紹介したとおり、**設定した期間の状態を1つ**

に特定できるかどうかを基準に不確実性が高いか、低いかどうか分類します。

この分類をするために「不確実性マトリクス」というフレームワークを使いますが、詳しくは第6章で紹介します。

なお、この「2030年の世界における食糧システム」シナリオでは、このステップ③のアウトプットは明確に示されていないため、このステップでのケース解説は割愛します。

■ ステップ④：ベースシナリオ作成

ステップ③では、収集したさまざまな外部環境要因の中からシナリオ作成に活用するものだけを抽出しました。抽出する際には、シナリオテーマに照らして影響が大きいものだけを残しました。

抽出した外部環境要因の中には不確実性の低いもの（設定した期間における状態を1つに特定できるもの）と高いもの（設定した期間における状態を1つではなく、いくつか想定できるもの）の両方が残っています。このうち不確実性の低いものを整理して「ベースシナリオ」を作成するのがステップ④です。

ステップ④：ベースシナリオ作成

・【目的】
　影響度が大きく、不確実性が低い外部環境要因を整理し、設定したシナリオテーマにおける確からしい可能性を検討する
・【アウトプット】
　ベースシナリオ

シナリオ・プランニングは「将来における不確実な可能性を考え

る手法」だとお伝えしました。ここで言う「将来」とは、具体的にはシナリオテーマで設定した期間を指します。

しかし、将来のことはすべてが不確実というわけではありません。第2章で紹介した日本における「高齢化」の例のように、他のものと比較すると相対的に確からしいものもあります。シナリオ・プランニングは不確実な可能性に着目する手法ではありますが、**その過程で明らかになる確からしいものにも目を向けます**。この確からしいもの、シナリオ・プランニングの用語で言えば**不確実性が低いものを整理したもの**を「ベースシナリオ」と呼びます。

「ベースシナリオ」は、このあと見ていく「複数シナリオ」とは区別して検討しますが、「複数シナリオ」とは別の5番目のシナリオというわけではありません。「ベース」という名前がついているとおり、**「ベースシナリオ」はすべての「複数シナリオ」の土台となるもの**です（図3-3）。

図のとおり「複数シナリオ」では2軸を使い、異なる4つの世界

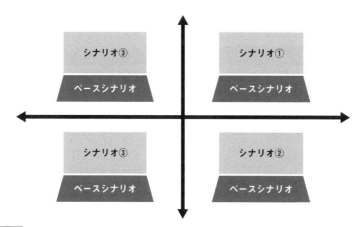

図3-3 ベースシナリオと複数シナリオの位置づけ

を表しますが、それら**4つのシナリオすべてに共通する土台となるものが「ベースシナリオ」**です。

ケース：2030年の世界における食糧システム　ステップ④

　世界経済フォーラムの「2030年の世界における食糧システム」シナリオでは、「ベースシナリオ」を次のとおり整理しています[3]（表3-1）。

　2030年にこれらの外部環境要因がすべて起きている状態が「2030年の世界における食糧システム」シナリオの**「ベースシナリオ」**です。

　この次のステップで確認する複数シナリオのどれになったとしても、その時点の食糧システムを取り巻く状態として、**「世界の人口やデータ量が増大していて、農業従事者の貧困率は高く、気候変動は進んでおり、移民も増加している……」**というベースシナリオの状態が、共通する土台として起きていると考えます。

分　野	項　目
社会面	人口増加、都市化の進展、中間層の増大、栄養障害の増加
技術面	データ量の増加、新技術の登場、インターネット利用者の増加
経済面	農業従事者の貧困、小規模農家が生産量全体に占める割合の増加、貧富の格差
環境面	気候変動、農業分野のCO_2排出および資源枯渇への影響、土壌劣化、エネルギー消費
政治面	移民の増加

表3-1　「2030年の世界における食糧システム」のベースシナリオ

3　「2030年の世界における食糧システム」シナリオでは「ベースシナリオ」とは呼ばず、"Givens"（既定の状況）と呼んでいます。

ステップ⑤：複数シナリオ作成

「ベースシナリオ」を作成したあとは、収集したさまざまな外部環境要因のうち、テーマに与える影響が大きく、不確実性が高いもの、つまり2030年の状態をいくつか想定できる外部環境要因をもとにして図3-1で示した**複数シナリオ**を作成します。

ステップ⑤：複数シナリオ作成

- 【目的】
  影響度が大きく、不確実性が高い外部環境要因を整理し、設定したシナリオテーマにおける不確実な可能性を複数検討する
- 【アウトプット】
  複数シナリオ

複数シナリオは次の**3つのサブステップ**で作成します。

①軸の作成
②2軸の組み合わせ
③複数シナリオの中身の検討

①**「軸の作成」**は、先ほども紹介したとおり、**テーマに与える影響が大きく、不確実性が高い外部環境要因をもとにして作成**します。特定の要因を選んだうえで、それを軸のもととして、**両極**を考えることで軸を作成します。

軸の両極のつくり方の基本は、**軸とした外部環境要因がシナリオテーマで設定した時間軸にどのような状態になっているのか**を考えることから始めます。軸とした外部環境要因は「不確実性が高い」

ものなので、設定した期間にどのような状態になっているかは、いくつかの可能性が考えられます。そのような可能性の中から**「特に考えたいもの」「自組織にとって考える意義があるもの」**を特定し、それらを両極に置き、軸として完成させます。

設定したシナリオテーマを表現するためには、どの外部環境要因を使えば良いのか、その要因をもとにどのような軸をつくれば良いかを考えるのが「軸の作成」で取り組むことです。

続いて②**「2軸の組み合わせ」**です。

複数シナリオは最終的には2本の軸を組み合わせることでつくりますが、作成する過程では、**何本もの軸をつくり、さまざまな組み合わせを試す**ことが一般的です。これが②「2軸の組み合わせ」で取り組むことです。さまざまな組み合わせを試しながら、**「自分たちにとって考える意義がある組み合わせはどれか」**を考えていきます。

そのようにしてできた組み合わせの中身に目を向けるのが、③**「複数シナリオの中身の検討」**です。ここでは、各シナリオがどのような世界なのかを詳しく考えます。

複数シナリオのそれぞれの世界観を考える際、「こんな世界が実現する可能性はあり得ない」と思ってしまうシナリオもあるかもしれません。しかし、各シナリオの世界観を考える際には、「あり得る／あり得ない」「良い／悪い」「起こりそう／起こらなそう」といった主観的な価値判断はいったん保留します。そのうえで**「もし、このシナリオが設定した時間軸（食糧システムシナリオであれば2030年）に実現したとしたら、どんな世界になっているだろうか？」**と考えます。

これは前の章で紹介した**"what if"**という問いかけ（60ページ）につながります。組織や個人のこれまでの経験、あるいはそこからつくられた「常識」による価値判断を行わず、"what if"の問いかけを念頭におき、「もし、このシナリオが実現したとしたら……」という観点で、各シナリオの世界観を考えます。

　また、本書では作成した個々のシナリオについて、それぞれの実現可能性はシナリオ作成時点ではどれも同じだと考えます。本書では、作成した4つのシナリオのうち、あるシナリオが他のものよりも現実のものとなる可能性が高い、あるいは低いという想定はしません。そのため、複数シナリオを読む時点では「このシナリオが一番実現しそうだから、これだけを考えよう」というような考え方はせず、**4つのシナリオすべてについて同じように扱う**ようにしてください。

ケース：2030年の世界における食糧システム　ステップ⑤

①軸の作成

　世界経済フォーラムの「2030年の世界における食糧システム」シナリオでも何本もの軸をつくり、さまざまな組み合わせを試したはずですが、公開されているのは最終的に軸とした2本の軸のみです。

　これらの軸のもととなった外部環境要因は**「食糧需要の変化」**と**「グローバル市場のつながり」**の2つです。

「食糧需要の変化」は、**消費者が今後どのように消費をしていくのか**、そして、**その消費傾向が地球環境にどのような影響を与えるのか**という観点を検討するものとして選ばれています。「グローバル

市場のつながり」については、**今後、貿易がどれだけオープンに行われるのか**等の観点を検討するものとして選ばれています。

　これらの外部環境要因が、シナリオテーマで設定した2030年にどのような状態になっているのかを考え、両極を設定しています。「食糧需要の変化」では、1つの可能性として動物性タンパク質や糖分、塩分等を過剰に摂取するような消費をしている状況を想定しました。その状況では食糧を生産する際に環境に大きな負荷を与えているということもあわせて想定し、その状態を**「資源集約的な消費」**と名づけました。もう1つの可能性としては、健康に配慮したバランスのとれた食事をとっているような消費をしている状況を想定しました。その状況では環境に配慮しながら食糧を生産している状態になっていることも想定し、それを**「資源効率的な消費」**と名づけました。

　もう一本の軸**「グローバル市場のつながり」**では、世界各国が貿易等において自国を保護する立場をとり、イノベーションや関連する知的財産も囲い込んでいる可能性を想定し、それを世界の国同士の**「つながりが弱い」**状態と名づけました。もう1つの可能性としては、それぞれの国が協調的な貿易を推進し、イノベーションや関連する知的財産をオープンソースのように公開していくような状態を想定し、それを国同士の**「つながりが強い」**状態と名づけました。この両極は世界の国々が**「分断しているのか」「協調しているのか」**を表した軸とも言えます。

　なお、この**軸と両極の関係**は、**主語（軸）と述語（両極）の関係**として読むことができます。

　たとえば、横軸の左側の極は**「食糧需要が資源集約的な消費の状**

態になっている」と読むことができますし、縦軸の上側の極は**「グローバル市場のつながりが強くなっており、協調的になっている」**と読むことができます。

　ここまでが「複数シナリオ作成」の「サブステップ①軸の作成」です。

②2軸の組み合わせ

　世界経済フォーラムの例では、「サブステップ②2軸の組み合わせ」では、他にどのような組み合わせを試したのかはわかりません。そのため、この2軸を組み合わせ複数シナリオとします（図3-4）。

③複数シナリオの中身の検討

　最後の「サブステップ③複数シナリオの中身の検討」では、この4つのシナリオの中身を検討します。4つのシナリオの順序につい

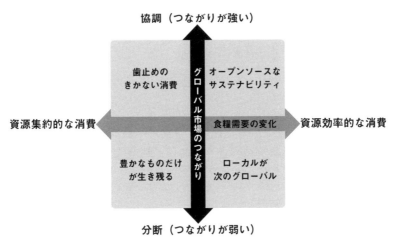

協調（つながりが強い）

歯止めの
きかない消費

オープンソースな
サステナビリティ

グローバル市場のつながり

資源集約的な消費 ← 食糧需要の変化 → 資源効率的な消費

豊かなものだけ
が生き残る

ローカルが
次のグローバル

分断（つながりが弱い）

図3-4 「2030年の世界における食糧システム」複数シナリオ（再掲）

ては便宜上、右上をシナリオ①、右下をシナリオ②、左上をシナリオ③、左下をシナリオ④とします（世界経済フォーラムのレポートにのっている番号とは異なりますので、元レポートを読んでいる方はご注意ください）。

それぞれのシナリオの中身は、これまでに見た軸と両極を踏まえ、その組み合わせで考えていきます。

たとえば左下のシナリオ④は、2030年において食糧需要は資源集約的な消費の状態になっていて、グローバル市場のつながりが弱くなっていると考え、その世界観を考えます。

シナリオ・プランニングでは、各シナリオの世界観をイメージしやすくするため、各シナリオに名前をつけます。それぞれのシナリオにつけた名前のことを**「シナリオタイトル」**と呼びます。世界経済フォーラムの場合は、各シナリオのタイトルと世界観を整理しました（表3-2）。

ここでは概要の紹介に留めますが、この内容をもとに各シナリオの中身を考えてみてください。

■ ステップ⑥：シナリオ詳細分析

前のステップで複数シナリオの中身を考える際には、シナリオテーマに基づいて、自由に考えていきました。ただし、それでは次のステップの**戦略オプション検討につながる観点**が盛り込まれていない場合もあります。そのような観点を盛り込むために行うのが「シナリオ詳細分析」です。

シナリオ位置	極の組み合わせ	シナリオタイトル	世界観の概要
シナリオ① (右上)	資源効率的消費 × つながりが強い	オープンソースなサステナビリティ	国際的な協力やイノベーションの取り組みが進んでいるが、そこに加われない国も出ている世界
シナリオ② (右下)	資源効率的消費 × つながりが弱い	ローカルがこれからのグローバル	資源が豊かな国や地域が地場のものを消費するようになるが、輸入に頼る国は困難に直面している世界
シナリオ③ (左上)	資源集約的消費 × つながりが強い	歯止めのきかない消費	GDPは大きく成長するものの、環境に対する負荷も大きくなっている世界
シナリオ④ (左下)	資源集約的消費 × つながりが弱い	豊かなものだけが生き残る	グローバル経済は停滞し、(資源等を)もつものともたざるものの差が大きくなっている世界

表3-2 「2030年の世界における食糧システム」の複数シナリオ

ステップ⑥:シナリオ詳細分析

- 【目的】

  複数シナリオの内容に自組織が考えたい観点を盛り込むために、共通の切り口で複数シナリオの各シナリオを詳細化する

- 【アウトプット】

  詳細化された複数シナリオ

シナリオ・プランニングに取り組む目的は、複数シナリオ等のアウトプットを作成することだけではなく、複数シナリオをとおして、自分たちが検討したいことを新たな観点から考えることでした。これは、未来創造OSの「枠組みの見直し」(reframing)と「認識の見直し」(reperception)に相当します。

ここで1つの問題があります。

「枠組みの見直し」を進めるためには、幅広いシナリオテーマを設定して考えることが役に立ちます。しかし、そのシナリオテーマで

作成したシナリオを使い、設定したシナリオアジェンダを踏まえた「認識の見直し」を行おうとすると、そのままではもととなる複数シナリオの世界が広すぎて、自組織のことを考えにくいのです。つまり、**複数シナリオで検討した内容と、自社について考えたい内容の間にギャップがある**のです。

　このギャップを埋めるのが、このステップで取り組む**「シナリオ詳細分析」**です。シナリオ詳細分析では、作成した複数シナリオの中身を詳細化するための共通の切り口を設定し、それをもとに具体的に考えます。

　このあと詳しく紹介するとおり、共通の切り口を設定する代表的な観点としては次のようなものがあります。

- **登場人物**
- **活動場面**
- **考えたい問い**

ケース：2030年の世界における食糧システム　ステップ⑥

　世界経済フォーラムの「2030年の世界における食糧システム」シナリオでは、「シナリオ詳細分析」という呼び方はしていないものの、表3-2で検討した内容を詳しく検討しています。その際の共通の切り口としては、先ほど挙げた**「登場人物」**と**「考えたい問い」**を活用しています。

　「2030年の世界における食糧システム」シナリオでは、**「登場人物」**として、次のような人物像（ペルソナ）を設定し、それぞれの人物像がそれぞれのシナリオになった場合にどんな影響を受けるかとい

う観点から詳細化しています。

- ビリー：58歳のアメリカ人。穀類や油糧種子等に特化した大規模農場を運営している
- クラウディア：50歳のブラジル人。国家公務員
- ファトマ：45歳のタンザニア人。コーヒーを育てる小規模農家。4人の子どもをもつ未亡人
- アリフ：43歳のインドネシア人。グローバルに展開する食品小売業者の地域担当役員

　ここでは詳細化された世界観の紹介は割愛しますが、それぞれの人が置かれている状況をもとにして、仕事や生活がどう変わるのか、どんな影響があるのかが紹介されています。

　このように「もし、それぞれのシナリオが2030年に実現するとしたら、この人物像が置かれている状況はどうなっているのか？ 現在と同じような状態なのか？　あるいは現在とはどう変わっているのか？」と考えることで、複数シナリオの4つの世界を漠然と考えていたときよりも、具体的に中身を検討できるようになります。

　もう1つは「考えたい問い」を切り口として設定し、詳細化するやり方を採用しています。たとえば、次のような問いが使われています。

- それぞれの世界でメリットやデメリットを受けるのはそれぞれどんな立場の人か？
- それぞれの世界で気候変動についての取り組みはどのような状態になっているか？

・それぞれの世界でどのような技術が、どういう目的で活用されているか？

ステップ⑦：戦略オプション検討

ステップ①からステップ⑥までは設定したシナリオテーマに基づいて、「将来の外部のこと」を検討してきました。最後のステップ⑦では、検討したシナリオを踏まえて**「現在の内部のこと」**、つまり**組織や個人として今から何に取り組んでいくべきか**を検討します。

ステップ⑦：戦略オプション検討

・【目的】
　作成した複数シナリオを踏まえた対応策を検討する
・【アウトプット】
　戦略オプション

シナリオ・プランニング実践のためのステップの最後では、作成した複数シナリオをもとに対応策の案を検討します。ステップ名に「戦略」という言葉が入っていますが、ここで検討した対応策の案は計画や事業、パーパス等、戦略以外にも活用できます。

実際のシナリオ・プランニングの取り組みでは、プロジェクトの目的に応じて対応策の案を検討する流れや、その際に活用するフレームワークやツールも変わってきます。

目的によって具体的な検討内容は変わってくるものの、作成した複数シナリオをもとに考えるべきことは**「どのようなシナリオになったとしても大丈夫なようにするために、今からどのような備え**

をしておくべきか?」ということです。

これを組織の戦略検討に当てはめれば、どのようなシナリオにも対応できる戦略や代替案を検討することになりますし、個人のキャリアに当てはめれば、どのようなシナリオにも対応できる個人としてのキャリアプランを検討することにつながります。

ケース:2030年の世界における食糧システム　ステップ⑦

世界経済フォーラムの「2030年の世界における食糧システム」シナリオは、グローバルという幅広い範囲で描かれています。そのため、ここから導き出された戦略オプションも幅広いものとなっています。

具体的には、ビジネス分野、政策分野、社会分野という3分野に分けて、それぞれの分野における大きな方針を明確にすると同時に、これら3分野にまたがる包括的な方針も明確にしています（表3-3）。

これら大きな方向性を踏まえて、それぞれの分野における、指針も示されています。たとえば1つ目の**ビジネス分野**では、ビジネス

分　野	方　針
ビジネス	イノベーションをとおして食糧システム全体をより良い状態にするためのさまざまな機会の活用
政策	食糧システムの再設計のために必要な新しく、大胆で「スマートな政策」の立案
社会	食糧システムの再設計時に、社会と環境保護の観点を中心に据えること
分野共通	変化に素早く反応し、責任のあるリーダーシップの必要性

表3-3 「2030年の世界における食糧システム」複数シナリオをもとにした対応策

を運営していく際に廃棄するものを減らす等、資源をさらに効率的に活用していく取り組みを行う点や、食糧システムにおいて社会的な負担や環境への負荷を減らす取り組みを行うために技術を活用する点等が紹介されています。

このように見てみると紹介されている対応策がやや漠然としていると感じるかもしれません。その理由は、ステップ①でも紹介したとおり、この複数シナリオがつくられたシナリオテーマの地理軸が「世界」というように幅広く設定されているからです。

個々の組織としては、**自組織を取り巻くより具体的な環境や自組織の状況を踏まえ、ここで示された方向性をもとに具体的な戦略や事業等に落とし込んでいく作業が必要となります。**

たとえば、食品関連の企業であれば、自社の現在の事業やオペレーションを踏まえて、今以上に原材料を効率的に使用していくために何ができるだろうかと考えていくことにつながります。技術系の企業であれば、食糧システム全体における環境負荷を減らしていくために自社のどのような技術を活用できるだろうかと考えることができます。

第 4 章

実践①:
未来創造ダイアローグ

（シナリオを読み、対話する）

シナリオ・プランニング
実践の3段階

実践の3段階

シナリオ・プランニングを実践するとなると、すぐにでも関心のあるテーマで「世界経済フォーラム」のような複数シナリオをつくることを試してみたくなるかもしれません。

本書では、最終的にそのレベルに到達することを目指しますが、ここまでの章で紹介した考え方に沿ったシナリオ・プランニングを実践できるようになるために、次の3段階でシナリオ・プランニングの実践方法を解説します（図4-1）。

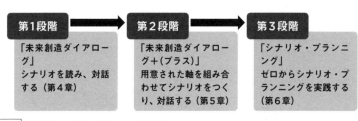

図4-1 段階的なシナリオ・プランニングの実践

「シナリオ・プランニング実践のためのステップ」

この3つのステップを見てわかるとおり、組織の置かれている状況や環境にあわせてテーマを設定し、ゼロからシナリオ・プランニングを実践するための方法は、最終段階に位置づけています。この最終段階に取り組むことは、前の章の図3-2で紹介した「シナリ

オ・プランニング実践のためのステップ」のすべてのステップに取り組むことを意味します。

　図3-2で紹介したステップの中でも⑤から⑦までが、未来創造OSの最初の2つのRである「枠組みの見直し」（reframing）と「認識の見直し」（reperception）に直接的にかかわるステップです。後ほど詳しく紹介するとおり、そこに至るまでのステップでも未来創造OSに取り組むことにつながりますが、**もっとも重要なのは⑤から⑦のステップ**です。

　私自身がはじめてシナリオ・プランニングに取り組んだときにも感じたことですが、**シナリオ・プランニングに慣れていない人にとって、このステップ⑤にたどり着くまでがとても長い**のです。そのように感じるのは、ステップの数が多いことに加えて、取り組んでいる1つひとつのステップが将来の不確実な可能性を考えることとどうつながるのかがわからないためです。

　こうした経験から、シナリオ・プランニングの取り組みの「核」とも言える**⑤から⑦のステップだけに特化してシナリオ・プランニングを学ぶことができないか**と考え、たどり着いたのが本書で紹介する**段階的なシナリオ・プランニングの実践**（第1段階：未来創造ダイアローグ、第2段階：未来創造ダイアローグ＋（プラス）、第3段階：シナリオ・プランニング）の考え方です。

■　「実践の3段階」の概要

　前の章で解説したとおりシナリオ・プランニング実践のためのステップの「ステップ⑤：複数シナリオ作成」のステップは、次の3つのサブステップに分かれていました（99ページ）。

①軸の作成

②２軸の組み合わせ

③複数シナリオの中身の検討

　この流れを逆から取り組んでいくのが、本書で紹介する３つの段階です。

　まずは、「軸の作成」（①）や「２軸の組み合わせ」（②）に取り組むことなく、すでにできあがった「複数シナリオの中身の検討」（③）をする「シナリオを読む」ことから始め、ステップ⑤を終え、その後、「シナリオ・プランニング実践のためのステップ」のステップ⑥、⑦に取り組みます。こうすることで、事前のステップをすべて飛ばして、シナリオ・プランニングの核となる部分に絞って取り組むことができます。これが、**「シナリオ・プランニング実践の第１段階：未来創造ダイアローグ（シナリオを読み、対話する）」**です（第４章）。

　次に３つのサブステップを１つ逆にたどり、「２軸の組み合わせ」（②）に取り組み、そこでできた「複数シナリオの中身の検討」（③）をし、残りのステップに取り組みます。

　慣れないうちは、事前の外部環境要因リサーチの質が十分ではなく、「軸の作成」（①）に苦労することが多いのですが、あらかじめ複数本用意されているものから、自分たちにとって考える意義がある軸の組み合わせを選ぶことに集中して、複数シナリオ作成を進めることができます。これが、**「シナリオ・プランニング実践の第２段階：未来創造ダイアローグ＋（プラス）（用意された軸を組み合わせてシナリオをつくり、対話する）」**です（第５章）。

ここまで取り組むと、複数シナリオの中身をどのように読み解き、そこから戦略オプションをどう考えるのかを理解できます。さらに、その過程で未来創造OSと組み合わせることも体験的に理解しています。この核の部分をあらかじめ理解し、そのために必要な経験を積んでから、すべてのステップに取り組むのが、**「シナリオ・プランニング実践の第3段階：シナリオ・プランニング（ゼロからシナリオをつくる）」**です（第6章）。

3段階を使い分けることのメリット

　この3段階の使い分けは、シナリオ・プランニングを学びやすくすることだけを意図したものではありません。このあと詳しく紹介するとおり、組織でシナリオ・プランニングを実践する場合も、そのまま活用することができます。**シナリオ・プランニングに取り組む目的や、組織の状態、かけられる負荷や労力に応じて、この3段階を使い分けていく**のです。

　たとえば、シナリオ・プランニングに取り組むことがはじめてで、そのためにかけられる時間が十分にあるわけではない場合は、第1段階の「未来創造ダイアローグ（シナリオを読み、対話する）」に取り組むことで、シナリオ・プランニングを実践することができます。一方、シナリオ・プランニングの実践に十分な予算や時間を確保でき、組織として戦略を抜本的に見直したいと考えているような状態であれば、第3段階の「シナリオ・プランニング（ゼロからシナリオ・プランニングを実践する）」を用いるのが良いでしょう。

「第1段階：シナリオを読み、対話する」の重要性

　この3段階の使い分けが実践につながるとは言われても、「シナリオ・プランニングの実践は第3段階のようにすべてに取り組むも

のだ」と思っている場合、「ただ『シナリオを読み、対話する』だけの第1段階は実践と言えないのではないか」と思うかもしれません。

しかし、実は、**「第1段階：シナリオを読み、対話する」という実践は、組織内でシナリオ・プランニングの取り組みを浸透していく際に活用できる**考え方です。

組織の規模にもよりますが、組織でシナリオ・プランニングの取り組みを進める場合、「第3段階：ゼロからシナリオ・プランニングを実践する」ことにメンバー全員がかかわることはほとんどありません。一般的には、シナリオ・プランニングの取り組みを進めるためのプロジェクトメンバーを集め、シナリオ作成を進めます（詳しくは第6章で紹介します）。

ただし、この一部のプロジェクトメンバーだけでシナリオ・プランニングの取り組みを完結させてしまうと、**「戦略的対話」**を組織内で展開していくことが難しくなります（「戦略的対話」については、第2章を参照）。そのために必要になるのが、この「シナリオを読み、対話する」という実践です。作成したシナリオを組織全体で共有し、誰もがシナリオを読むことができる状態をつくります。そうすることで、組織内のさまざまなメンバーがシナリオを読み、それぞれの立場から「このような未来は自組織にどんな影響があるのか？　その影響にどう対応していくのか？」を考え、対話していくことができるようになります。これは第2章で紹介した「戦略的対話」につながるものです。

このように組織のメンバー全員が「シナリオを読み、対話する」ことができる状態をつくることで、**組織全体に戦略的対話を広げ、組織に所属するメンバー全員が、複数シナリオで想定されている世界を前提として、自身の業務や役割を考える土壌を整える**ことができるのです。

シナリオ・プランニング実践①
未来創造ダイアローグ

▌シナリオ・プランニングの実践のためにシナリオを読む

ここからは演習をとおして、シナリオ・プランニングの実践方法の第1段階目である **「シナリオを読み、対話する」** を解説します。

今回の「シナリオを読み、対話する」演習では、「5年後の日本社会」というシナリオテーマでの検討をとおして、最終的には個人のキャリア等を考えていくことを目的とします。

▌「シナリオを読み、対話する」ための「未来創造ダイアローグ」

先ほど、「シナリオを読み、対話する」ことは組織内での実践にもつながるものだとお伝えしました。しかし、**ただ漠然と読んでいるだけでは戦略的対話につながりにくい**のも確かです。

そこで、**戦略的対話につながりやすい「シナリオを読み、対話する」取り組み**を行えないだろうかと考えました。戦略的対話を組織全体に広げることを目標とするのであれば、その取り組みは、シナリオ・プランニングについての詳細な知識がなくても実践できるものでなくてはいけません。

そのようなことを念頭に置いて体系化したものが、これからご紹介する **「未来創造ダイアローグ」**（Future Generative Dialogue、略称FGD）です。未来創造ダイアローグは、**未来創造OSを実践するための対話手法**です。未来創造OSを実践するための工夫として、次の2点を意識して体系化しています。

- 枠組みの見直し（reframing）につながりやすい**複数シナリオ**をあらかじめ用意している点
- 認識の見直し（reperception）につながりやすい**対話の流れ**を意識した設計にしている点

未来創造ダイアローグと「影響ピラミッド」

前章「2030年の世界における食糧システム」シナリオの解説の、「ステップ⑥：シナリオ詳細分析」で、「枠組みの見直し」を進めるためには幅広いシナリオテーマを設定する必要があるが、そうすると「認識の見直し」を行う際に組織や個人のことを考えにくいというギャップが生じると書きました（105ページ）。

このギャップは「シナリオを読み、対話する」場合にも生じます。

シナリオを読み、対話する際、読む人がこのギャップに陥ってしまうのを避けるため、シナリオテーマを幅広いものではなく、自分たちが考えたいことに近い、より具体的なものにしてしまう場合があります。こうすると、**対話が盛り上がり、表面的には将来のことを深く考えられているように見えるのですが、ほとんどの場合、普段、自分たち考えていることから大きくは変わらない対話になってしまう**のです。このような対話は、「枠組みの見直し」につながりにくいうえ、ひどい場合には、従来もっている自分たちのパラダイムを強固にしてしまうことにつながります。

このような表面的な解決方法に頼らず、このギャップを埋めるために未来創造ダイアローグで活用しているが**「影響ピラミッド」**（図4-2）です。

今回の「シナリオを読み、対話する」実践は、個人のキャリアなどを考えることが目的なので、影響ピラミッドの一番上には**「個**

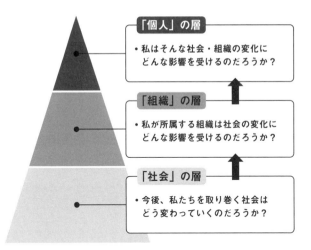

図4-2 本章の未来創造ダイアローグで活用する「影響ピラミッド」

人」を置いています。その下には個人が所属する「組織」があり、影響ピラミッドの土台には「個人」や「組織」を包含する「社会」があります。

　普段はあまり明確に意識することはないかもしれませんが、私たち「個人」が行う行動や意思決定は、自分ではコントロールできない、あるいはコントロールしにくいところからの影響を受けています。日々の仕事や生活は、自分が所属している「組織」の影響を大きく受けています。また、「個人」はもちろん、所属している「組織」も、さまざまなステークホルダーがいる「社会」の影響を受けています。

　そこで、複数シナリオを使った対話を行う**「未来創造ダイアローグ」では、「個人」や「組織」を包含する「社会」に目を向け、「今後、私たちを取り巻く社会はどう変わっていくのだろうか?」と考えるところから始めます。**その後、その**「社会」の変化によって「組織」がどんな影響を受けるのか**を考え、最終的にそれら**「社会」**

や「組織」の変化によって「個人」がどんな影響を受けるのかを考えます。そのようにして検討した影響を踏まえ、**「個人」として、今からどんな対応をしていくのかを考えていく**というステップで進めていきます。

このような枠組みにしているのは、未来創造ダイアローグのもととなるシナリオ・プランニングが、**1つの組織や一個人ではコントロールできない、あるいはコントロールしにくい環境変化による影響を見極めるために使われる手法**だからです。そのため、個人の働き方の変化を考える場合でも、自身ではコントロールできない、あるいはコントロールしにくい「社会」にまで範囲を広げていくのです。

▎未来創造ダイアローグの特徴

このように説明すると「自分個人のことを考えるのに、わざわざそんなに何層もの影響を考えるなんて手間だ」と感じる方もいるかもしれません。もちろん、「個人」のキャリア等を考えるために毎回このような考え方をする必要はありません。身の回りで起きている出来事や自身の関心事を踏まえ、今、目の前で起きている変化に対応するためのアクションを考えることも必要です。

そのようにして目の前のことを考えることと、未来創造ダイアローグをとおして「影響ピラミッド」を意識して「社会」からの影響までを考慮して「個人」のことを考えることは目的に応じて使い分けていくもので、どちらのほうが優れているというものではありません。

先ほども紹介したとおり、**未来創造ダイアローグの特徴は、未来**

創造OSの「枠組みの見直し」と「認識の見直し」につなげやすいという点です。そのため、未来創造ダイアローグをとおして個人のキャリアを考えることは、現在の立場を前提としないで自分のキャリアをあらためて見直したい場合や、長期的なプランを考えてみたい場合等に適しています。

　なお、図4-2で示した影響ピラミッドは、何かしらの組織に所属をしている人が自分のことを考えるという今回の設定にあわせたものです。このあと第6章で詳しく解説するとおり、目的に応じてそれぞれの層に当てはめるものを変えることができます。

未来創造ダイアローグの設定：
未来創造のための問いとダイアローグテーマ

　未来創造ダイアローグを進める場合も、シナリオ・プランニング実践のためのステップの「ステップ①：シナリオテーマ設定」、つまりシナリオアジェンダとシナリオテーマの設定を行います。

　ただし、未来創造ダイアローグは、シナリオ・プランニングの知識がない人でも実践できることを目指してつくったものです。そのため、シナリオ・プランニング固有の表現を使うことは避け、シナリオアジェンダを「未来創造のための問い」、シナリオテーマを「ダイアローグテーマ」と置き換えて表現しています。ただし、呼称が変わっても、これらを設定する際の基本的な考え方はシナリオ・プランニングで使われているものと変わりません。

　今回の演習の「未来創造のための問い」と「ダイアローグテーマ」は、次のとおりです（図4-3）。

　これらはシナリオ・プランニング実践のためのステップの「ス

未来創造のための問い

- ・ますます不確実になっていく時代において、自分が所属する組織はどうなっていくのか？　組織として、そのような変化に対応するために、どんな準備をしていくと良いのか？
- ・ますます不確実になっていく時代において、自分の働き方はどうなっていくのか？そして、そのような変化に対応するために、どんな準備をしていくと良いのか？

ダイアローグテーマ

- ・5年後の日本社会

図4-3 今回の演習の「未来創造のための問い」と「ダイアローグテーマ」

テップ①：シナリオテーマ設定」の考え方（90ページ）に基づいて設定しています。

「未来創造のための問い」は**シナリオアジェンダ**に相当するものですので、今回の複数シナリオを読む演習の目的を整理したものがここで示した問いに相当します。

また、**「ダイアローグテーマ」**は**シナリオテーマ**に相当するものですので、シナリオテーマ設定フレームワークにある3つの観点をもとにして次のとおり検討しています。

- ・時間軸：5年後
- ・地理軸：日本
- ・検討スコープ：社会（社会がどうなっているのか？）

未来創造ダイアローグの流れと進め方

　ここからはダイアローグテーマを「5年後の日本社会」として、個人のことを考えるための未来創造ダイアローグの流れを紹介します（図4-4）。

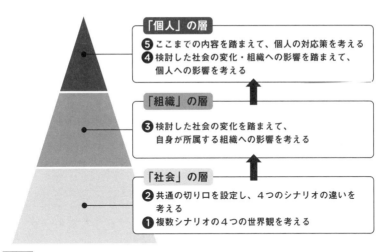

「個人」の層
❺ ここまでの内容を踏まえて、個人の対応策を考える
❹ 検討した社会の変化・組織への影響を踏まえて、
個人への影響を考える

「組織」の層
❸ 検討した社会の変化を踏まえて、
自身が所属する組織への影響を考える

「社会」の層
❷ 共通の切り口を設定し、4つのシナリオの違いを
考える
❶ 複数シナリオの4つの世界観を考える

図4-4 「5年後の日本社会」未来創造ダイアローグの流れ

未来創造ダイアローグの流れは、**個人や組織に影響を与える「社会」の変化の検討から進め、5つのステップに取り組んで、個人の対応策を考えます**。

なお、本書の解説は1人で読むことになるかもしれませんが、「未来創造ダイアローグ」は、ダイアローグと名づけているとおり、**可能であれば他の人と対話をしながら取り組む**ことを前提としています。1人で読んだあと、**誰かと取り組む機会もつくってみてください**。

1人でシナリオを読んでいると、どうしても自分の慣れ親しんだものの見方や考え方、つまり自分のパラダイムに留まってしまいます。しかも、そのパラダイムに自分1人で気づくことは簡単ではありません。一方、他の人と一緒に対話をしながら進めると、同じシナリオを見ていてもまったく違う視点や表現が出てきます。そのような**自分との違いを「鏡」とすることで、自分のパラダイムに気づく機会を体験してください**。

1人でやる場合でも、他の人と対話する場合でも、5つのステップを進めながら、考えたことや話したことを記録に残すことができるツールを用意します。アナログであれば、大きめの用紙（1人でやる場合はできればA3くらいの用紙、複数人でやる場合は模造紙が最適）と付せんを用意し、用紙にはこのあと紹介する複数シナリオを書いていきます。同じ機能を満たすデジタルツール（例えばMiro、Mural、Jamboard等）もありますので、オンラインで対話を進める場合は、そのようなツールの利用も検討すると良いでしょう。

未来創造ダイアローグ「5年後の日本社会」で読むシナリオ

　ここでは未来創造ダイアローグ「5年後の日本社会」で読むシナリオを紹介します。先ほども紹介したとおり、シナリオ・プランニングで検討する「シナリオ」とは「ベースシナリオ」と「複数シナリオ」に分けることができ、それぞれの関係は次のようになっています（図4-5）。

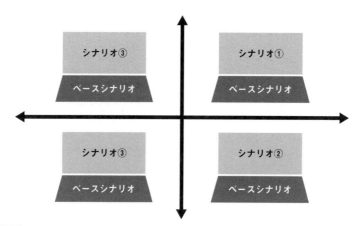

図4-5　ベースシナリオと複数シナリオの位置づけ（再掲）

そこで、ここからは、まず複数シナリオの土台となる**「5年後の日本社会」**のベースシナリオを紹介し、次に複数シナリオを紹介します。

■ 「5年後の日本社会」のベースシナリオ

本来、ベースシナリオにはさまざまな分野における不確実性の低い外部環境要因を含めますが、ここでは「5年後の日本社会」を検討する際、特に大きな影響を与える可能性がある**「人口動態」**と**「技術の進化」**に絞ります。

その結果、「5年後の日本社会」のベースシナリオは、次のようになります（図4-6）。

「5年後の日本社会」ベースシナリオ

【人口動態】
・5年後の日本社会では、約3人に1人が65歳以上となる高齢化が進んでいる
・一方で生産年齢人口は減少し続けており、生産性を高めるための工夫がますます必要になっている
【技術の進化】
・5GやAI、IoT、AR/VR、ブロックチェーン等、さまざまな技術の進化が続いている
・これらの技術を活用して、ロボットや自動運転等のサービスにつながる部分の技術進化も進んでいる
・そのような中で企業だけではなく、国や自治体、そして個人が、それらの技術をいかに活用していくのかが鍵になっている

図4-6 「5年後の日本社会」ベースシナリオ

ここでそれぞれの項目を簡単に解説します。

人口動態

まずは**「人口動態」**です。

	2025年	2030年	(参考)2020年
日本の総人口	約1億2,254万人	約1億1,912万人	約1億2,532万人
日本の高齢者人口 （全体の割合）	約3,677万人 （30.0%）	約3,716万人 （31.2%）	約3,619万人 （28.9%）
日本の生産年齢人口 （全体の割合）	約7,170万人 （58.5%）	約6,875万人 （57.7%）	約7,406万人 （59.1%）

表4-1 「5年後の日本社会」ベースシナリオ関連データ

（出典 国立社会保障・人口問題研究所「日本の将来推計人口（平成29年推計）」のうち出生中位（死亡中位）推計データを元にしている）
※注：「高齢者」は65歳以上、「生産年齢」は15〜64歳に相当。

　シナリオテーマの時間軸は「5年後」ですが、実際に何年なのかは、この本を読んでいるタイミングによって変わってきます。そこで、ここでは便宜上、2025年と2030年のデータに絞って、その時点での日本の人口を紹介します（表4-1）。

　参考値として2020年のデータも紹介していますが、今後の日本はますます高齢化が進んでいくことがわかります。一方で、生産活動の中核を担う生産年齢人口は2020年以降、減少が続きます。そのため、今後の日本においてこれまでの生産性を維持するためには、女性や高齢者の労働参加の促進やIT等の活用を進めること等、さまざまな検討が必要になります。

　なお、ベースシナリオに関する情報については、この人口動態のように**具体的な数値が確認できる場合はその数値を、確認できない場合でも大まかな規模を把握できるような情報を探す**ことをお薦めしています。単に「高齢化が進む」という理解をすることに比べて「2025年には65歳以上の高齢者の人口が約3,677万人となり、65歳以上の人が全人口に占める割合が30%になる」と理解したほうが、よりリアルに未来の状態を想像できます。

次に「**技術の進化**」に関する内容を見てみましょう。

日本では2020年に本格的な商用サービスが始まった5Gをはじめとして、AIやIoT、AR/VR、ブロックチェーン等の技術進化が進んでいくでしょう。また、それらを活用してロボットや自動運転等の具体的なサービスにつながる部分の技術進化も進んでいくでしょう。

ただし、技術自体が進化することと、技術が普及し、ユーザに活用されていくことは別だと考えます。たとえば、ペーパーレスを推進する技術進化ははるか前から進んでいますが、現在でもそれらが普及しているとは言えない状況を考えれば**「進化」と「普及」は必ずしも同じ方向や速度で進むわけではない**ことがわかります。

そのため、今回紹介したような**技術の「進化」**は引き続き進んでいくと考え、**不確実性が低い**とみなし、ベースシナリオに含めています。しかし、**技術の「普及」**については国の政策や企業のサービス化の取り組み、ユーザのリテラシーの向上等に影響を受けるため、**不確実性が高い**ものとして捉え、ベースシナリオには含めません。

これが今回想定する**「5年後の日本社会」のベースシナリオ**です。

「5年後の日本社会」の複数シナリオ

次に複数シナリオを紹介します。

複数シナリオをつくるためには、まず、さまざまな外部環境要因のうち、**シナリオテーマ（未来創造ダイアローグでは「ダイアローグテーマ」）に与える影響が大きく、不確実性が高いもの**を選びます。それを軸として、**シナリオテーマで設定した時間軸にどのような状態**

になる**可能性があるのか**を考え、その可能性から**両極**を選び、設定します。

今回は「5年後の日本社会」を考えるにあたって、さまざまな外部環境要因を検討し、その中から**「人や組織の行動志向」**と**「企業における人材確保」**という軸を選びました。

人や組織の行動志向

1つ目の**「人や組織の行動志向」**は、新型コロナウイルス感染症の拡大が個人の生活や企業の経営等に与えた影響によって、**5年後の個人や企業の行動がどのように変化しているのか**を考えるものです。

2020年に始まった新型コロナウイルス感染症の拡大によって、私たちの仕事や生活はさまざまな影響を受けています。直近でも、さまざまな制約の中で生活や事業を進めていかなくてはいけませんが、5年後には、今、行われている取り組み、あるいは行われていない取り組みによる影響がさまざまな場面で出てくるはずです。

その影響が生活や事業に及んだ場合、将来のことや他者のことではなく、自身のことを考えるだけで精一杯という企業や個人が増えてくる可能性が考えられます。ソーシャルメディア等によって増幅される立場や信念の違いの対立もますます顕著になっている可能性もあります。

一方で、変化の影響を受けやすい人に手を差し伸べる個人の行動や社会的な取り組みが目に見える形で進んでいく可能性もあります。SDGsの目標達成年が近づいてくることで、そのような行動に今以上に重点が置かれる可能性もあります。

このように5年後の「人や組織の行動志向」の状態について、さまざまな想定ができるため、これを1つの軸に設定します。

企業における人材確保

2つ目の**「企業における人材確保」**は、日本社会の今後を考えるうえでも重要な、**人々の働き方の変化を考えるために選んだ軸**です。

新型コロナウイルス感染症の拡大により、現在は対面で一箇所に集まることが難しくなってきたことで、組織でのマネジメントや人事評価の方法等も考え方をあらためざるを得ない状況になってきています。また、新型コロナ以前から議論されていたジョブ型雇用や副業に関する話題がとりあげられることも多くなってきました。

5年後にはこのような状況がますます進み、日本においても人材の流動性が高まっていく可能性が考えられます。さまざまな企業でジョブ型の雇用が進む可能性があります。また、副業やそれを後押しするプラットフォームが浸透することで、企業にとっても自社人材以外の活用が進むことも考えられます。

一方、さまざまな理由で新型コロナウイルス感染症の拡大に伴う働き方の変化を「元に戻そう」という動きが働き、それが雇用形態等にも影響を与え、これまで慣れ親しんできた働き方や人材確保の形式が維持される可能性も考えられます。

このように5年後の「企業における人材確保」の状態についても、さまざまな想定ができるため、これをもう1つの軸とします。

軸をつくったあと、その**両極**を考えます。軸にした不確実な外部環境要因が設定した期間にどんな状態になっているのかについて、

いくつかの可能性が考えられます。その可能性をいろいろと考えたうえで、**特に考えたいもの、考える意義があるもの**を特定し、それらを両極に置きました。

それをまとめたものが次の図です（図4-7、図4-8）。

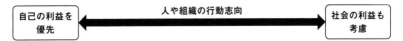

図4-7 縦軸「社会の行動志向性」の両極の定義

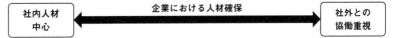

図4-8 横軸「企業における人材確保」の両極の定義

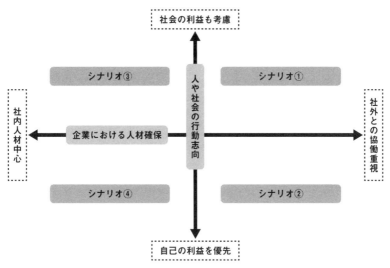

図4-9 「5年後の日本社会」複数シナリオ

　この2軸を組み合わせ、複数シナリオを作成すると図4-9のように
なります。

演習:未来創造ダイアローグ

未来創造ダイアローグ実践ステップ①【社会の層】
複数シナリオの4つの世界観を考える

ここからは、図4-4で紹介した5つのステップで未来創造ダイアローグを実践していきます。

複数シナリオの中身を検討する際の原則

最初は図4-9に示した複数シナリオにおける各シナリオの中身を具体的に考えていくステップです。

中身を考える際の原則は、次の2点です。

- 原則1：4つのシナリオはダイアローグテーマの世界を表している
- 原則2：各シナリオは2つの極の状態が同時に起きていると考える

図4-9のすべてのシナリオは「ダイアローグテーマ」の世界、つまり今回の場合は**「5年後の日本社会」**を表しています。中身を考えているうちに、特に「5年後」という時間感覚を忘れてしまい、今、起きていることのように考えてしまうことがあります。**ダイアローグテーマを常に頭に置いて中身を考える**ようにしましょう（原

則1)。

　また、一方の軸の世界は想像しやすいものの、もう一方の軸はなかなか想像できないという場合があります。そのとき、想像しやすい軸を中心に4つのシナリオを考えてしまうことがあるのですが、**それぞれのシナリオでは2つの極で示されている不確実性な可能性が同時に起きていると考えます**（原則2)。

　たとえば、シナリオ①は「人や社会の行動志向は社会の利益も考慮していて、企業における人材確保は社外との協働を重視している日本社会」ですし、シナリオ④は「人や社会の行動志向は自己の利益を優先していて、企業における人材確保は社内人材を中心としている日本社会」です。

　このような考え方を伝えると、「実際には、こんなに極端な世界になることはなく、人や社会の行動志向であれば、自己の利益優先と社会の利益考慮の傾向が入り交じっているのが現実の社会だ」という指摘を受けることがあります。

　現実的には確かにそうかもしれません。

　しかし、**シナリオ・プランニングの本質は"what if"です。「もし、このような状態になったとしたら？」という観点で、特定の変化の可能性を増幅させて考える**ことで、それによる影響を検討しやすい設定になっていると考えていきます。

　これら2つの原則に加えて、**「4つのシナリオが起きる確率はどれも同じと考える」**という点も忘れないようにしてください。

具体的な中身の検討方法

　最初は自由に4つのシナリオの世界観を考えてください。すべて

のシナリオが「5年後の日本社会」の状態を表しているので、たとえば**「右上のシナリオ①になったとしたら、どんな日本社会になっているだろうか？」**という形で考え、思いついたものを付せんやデジタルツール上に書き留めます。

　世界観を考えると言っても、いきなりそれぞれの日本社会のストーリーのようなものを想像することはできません。そのため「日本社会」という幅広いテーマを、自分なりに分解して、要素を1つずつ考えていくほうが進めやすいでしょう。たとえば、**日本社会を登場人物で分解して「政府」や「企業」等の要素をあらかじめ想定し、そのうえで、それらの要素を使って、4つのシナリオの違いを検討する**という方法があります。

　たとえば、右下のシナリオ②は**「人や社会の行動志向は自己の利益を優先していて、企業における人材確保は社外との協働を重視している日本社会」**ですが、このシナリオを**「企業」**という要素を使って考えてみます。そうすると、この日本社会では、本業に特化する企業が増えてきて、それ以外の社内業務は積極的にアウトソーシングしているという状態が考えられるかもしれません。この場合、付せんに「企業は本業特化」「本業以外の業務のアウトソーシングが進展」というように書き、右下の「シナリオ②」の位置に貼り付けるという形で中身の検討を進めます。

　このようにして自分が思いついたシナリオから、あるいは自分が思いついた観点からで構いませんので、自由にいろいろなことを想像していきます。

　シナリオの世界観を考える際に覚えておいてほしいのは、**シナリオ・プランニングでは自分が思いついたことを「合っている、間違っている」という基準で考える必要はない**ということです。未来のことを考えていますので、**今の常識や自分にとっての思い込みに**

とらわれずに、**自由に発想する**ようにしましょう。

また、なかなか想像がしにくい場合は、まず考えやすいシナリオから考えます。今回のシナリオの場合、シナリオ④の**「社会の行動志向性は自己の利益を優先していて、企業における人材確保は社内人材を中心としている日本社会」**では、比較的、現在に近い世界観を思い浮かべて、具体的な内容を考えていくことができるのではないでしょうか。このようにまずは考えやすいシナリオから考え、そのうえで「では、今、考えた世界観をもとにして、企業における人材確保が社外との協働を重視するようになったとしたら、何が変わるだろうか？」と、1つずつ変数（極）を変えていくと、考えやすいでしょう。

ただし、この**「現在に近い世界観」を考える際、注意が必要なこと**があります。それは**「現在に近いものの、現在と同じではない」**という点です。では、どこが同じではないのかと言うと、**5年後の世界になっている**という点です。確かに極で表されている世界は今と同じかもしれませんが、そこで表される世界は「5年後の世界」です。

ここで参照するのがベースシナリオの情報です。

たとえば、シナリオ④をもとにして考えると、確かに「社会の行動志向性」や「企業における人材確保」は、現在と大きくは変わらないかもしれませんが、人口動態は今よりも少子高齢化が進んでいて、さまざまな技術の進化は進んでいる（ただし普及しているかどうかはわからない）と考えることができます。

未来創造ダイアローグ実践ステップ②【社会の層】
共通の切り口を設定し、4つのシナリオの違いを考える

　次のステップでは、**共通の切り口**を設定し、それをもとに4つの
シナリオの違いを考えていきます。このステップは、シナリオ・プ
ランニング実践のためのステップで紹介した**「ステップ⑥：シナリ
オ詳細分析」**に相当します。

　前のステップで日本社会を登場人物で分解し、その中の「企業」
という要素でシナリオの中身を検討することを紹介しましたが、こ
のやり方をより具体的にしたものが、このステップです。

　たとえば、みなさんが人事に関する仕事を担当していると仮定し
ます。この未来創造ダイアローグをとおして、人事の仕事にかかわ
る自分は、自社の今後の採用計画や人材育成計画等を考えながら、
自分の今後のキャリアについても考えたいと思っていたとしましょ
う。そのような場合、たとえば、次のような共通の切り口を設定で
きます。

- このシナリオになった場合の「人事担当者の役割」は何
  だろうか？
- このシナリオになった場合の「新卒の採用活動」はどう
  なっているだろうか？
- このシナリオになった場合に「重視されるスキル」は何
  だろうか？

　このような共通の切り口に基づいて、4つのシナリオをまんべん
なく検討します。そうすることで、このあとの「組織」や「個人」
を考えるための材料を引き出しやすくなります。

切り口は、自分が考えたいことを自由に設定します。

代表的なものとしては、世界経済フォーラム「2030年の世界における食糧システム」シナリオの解説でも紹介した次の3つの切り口です（表4-2）。

切り口を考えるためのこれらの3つの観点は組み合わせて考えることも可能です。たとえば、登場人物と考えたい問いを組み合わせて「このシナリオになった場合のマネジャーのもっとも重要な役割は何か？」という切り口を設定することもできます。

最初は1つか2つほどの切り口を設定し、参加者全員でその切り口をもとにして4つのシナリオごとの違いを考えてみてください。その段階で自分たちが考えたい観点が網羅されているかを確認し、必要があれば他の切り口を設定し、シナリオごとの違いを考えます。

未来創造ダイアローグ実践ステップ③【組織の層】
自身が所属する組織への影響を考える

ここからは「影響ピラミッド」を1段上がり、**「組織」**の層に移ります。この前の「社会」の層で考えた変化の可能性を踏まえて、それが自分の所属する組織へ与える影響を考えます。

進める際には、ステップ①と同じように、思いついたシナリオや

登場人物	それぞれの世界での特定の役割や立場の人が置かれている状況等の違いを考えるために設定する ＊136ページの例では「人事担当者」と設定したものが相当
活動場面	それぞれの世界での仕事や生活の一場面を切り取って、その状況等の違いを考えるために設定する ＊136ページの例では「新卒の採用活動」と設定したものが相当
考えたい問い	設定したアジェンダを踏まえて、それぞれの世界で組織や個人が気になっている点についてどのような違いがあるかを考えるために設定する ＊136ページの例では「重視されるスキルは何か？」という設定したものが相当

表4-2　代表的な切り口

自分が思いついた観点から考えを深めていき、思いついたことを付せんに書き、記録として残していきます。その際、ステップ①で出した内容と区別するために付せんの色を変えたり、貼る場所を変えたりすることをお薦めします。

なお、このタイミングで組織への影響だけではなく、その対応策までをあわせて考えてしまう人がいるのですが、**この段階では影響を考えることに留めます**。

■ 未来創造ダイアローグ実践④【個人の層】
個人への影響を考える

ここからは「影響ピラミッド」の一番上、**「個人」**の層に移ります。これまで考えた社会の変化、そしてその変化が組織に与える影響を踏まえて、「社会」の一員であり、かつ「組織」の一員でもある自分個人への影響を考えていきます。考え方はこれまでのステップと同じです。

■ 未来創造ダイアローグ実践ステップ⑤【個人の層】
個人の対応策を考える

最後は自分個人として、これまで見たような未来の可能性とその影響に対する対応策を考えていきます。

まずは前提や制約にとらわれず、対応策を自由に発想する

対応策を検討する際には**「そのような未来の可能性と影響に対して、自分は今からどんな準備をしていけば良いのか？」**という問いを念頭に置いて進めます。

この時、「こんな世界はあり得ないのではないか」と前提を置い

たり、「今の自分に、こんな対応策に取り組む能力はない」と制約を設けたりせず、**やったほうが良いと思うもの**を自由に考えます。具体的な取捨選択や整理はあとから行いますので、この時点では「こんなことは現実的ではないな」と思ってしまうことでも出していきましょう。

　対応策を考える際、**まずは4つのシナリオそれぞれを個別に考えていく**と良いでしょう。たとえば、まずは「5年後、シナリオ④が現実のものになるとしたら、今からどんな対応策をとっておけば良いだろうか？」と考えて対応策を出したあと、残りの③から①のシナリオについて同じように考えます。

　ここで、シナリオ④から書いているのは、今回の複数シナリオではシナリオ④が現在とのギャップが小さいからです。もし、現在とのギャップが大きいシナリオ①からのほうが自由に考えやすいという方は、シナリオ①から考えてください。

　このように各シナリオを1つずつ考えていくと、**シナリオの違いにかかわらず、共通して出てくる対応策が思い浮かぶことがあります**。たとえば「どのシナリオになったとしても、やっぱり英語はできるようになっておいたほうが良いなぁ」とか「右側のシナリオになったとしたら、どちらにしても会社の名前に頼らない実績を残しておいたほうが良い」というようなものです。それは決して悪いことではありません。むしろ、**どのようなシナリオになったとしても重要な対応策**だという捉え方をします。

　あえて、このような観点を盛り込むために、個々のシナリオでの対応策を考えたあとに、**「5年後、どのシナリオになったとしても、今からとるべき対応策は何だろうか？」**と考え、シナリオの違いにとらわれずに取り組むべき対応策を考えてみるのも1つの方法です。

検討した対応策の整理

　このように前提や制約を設けずに対応策を検討したあとは、対応策の分類を行います。分類する際には、それぞれの対応策を確認しながら**「その対応策は、今の自分の能力ですぐに実行できるものか？」**と問い、その答えに応じて分類します（図4-10）。

　ここで答えがYESの場合の対応策は**「a.　今の自分の能力で実行できる対応策（実践オプション）」**です。一方、NOの場合の対応策は**「b.　その対応策を実行するために、まずは新たな能力を身につける必要がある対応策（探求オプション）」**です。

　実践オプションは、今の自分の能力で実行できるもののため、すぐにでも取り組むことができます。一方、**探求オプション**は必要性を感じて対応策として挙げたものの、今の自分の能力では取り組むことができないものが該当します。そのため将来的に探求オプションに取り組むために、**「c.　bに取り組むことができるようになるために今から取り組む対応策（学習オプション）」**を検討します。

　そうなると探求オプションは今後考慮しないのかというと、そう

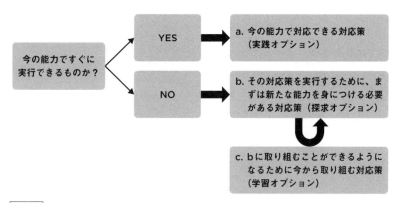

図4-10 検討した対応策の整理の進め方

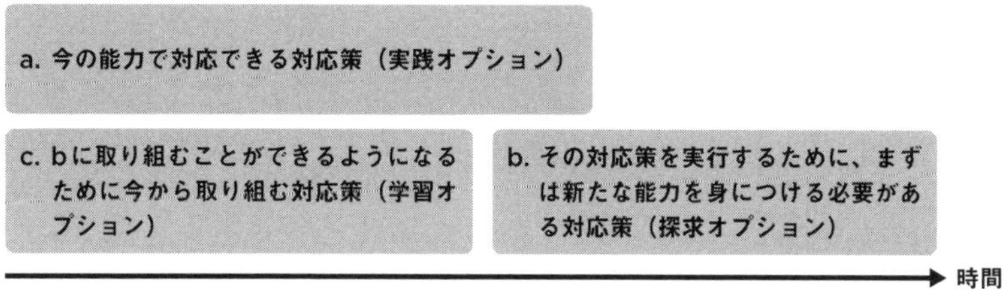

図4-11 分類した3種類のオプションの実行イメージ

ではありません。今回の時間設定の「5年」のように長期のスパンでシナリオを検討した場合、長期的に取り組みたいこととして探求オプションを残しておきつつ、将来的に探求オプションに取り組むことができるようになるために**学習オプション**に着手すると考えます。イメージとしては次のようになります（図4-11）。

オプション検討のイメージ

　たとえば、ある企業の人事部に職属しているAさんは、最近、組織をより良くするためのプロジェクトチームに参加したばかりです。そのプロジェクトの今後の方向性を考えるために、未来創造ダイアローグをとおして、自分個人として取り組んでいくことを検討しています。

　Aさんが勤める会社は海外にも多くの拠点をもっています。

　シナリオ①の世界になった場合のことを考えていたAさんは、自社が最近力を入れているSDGsの活動等が後押しされるような世界になっていくと考えました。また、自社人材にこだわらない世界になるということで、社内にいる人材も、1人ひとりが自分のパーパス等を明確にし、自律して仕事をしていけるようになっていく必要があると考えました。

そういう考えを踏まえて、Aさん個人の対応策としては、これまで勉強したコーチングの知識を活かして社内で1on1の取り組みを始めたいと考えました。

　また、今回取り組んだ未来創造ダイアローグがとてもおもしろかったので、これを全社的に広げていきたいとも考えました。未来創造ダイアローグに取り組む際には多様なメンバーで取り組むと良いという話も聞いたので、できれば海外の拠点のメンバーも巻き込んで進めていければ良いと考えています。そういうことができるのであれば、全社的にパーパスを見直す取り組みにもつなげていけると良いかもしれない……と、やりたいことが次々と浮かんできます。

　一度、ここで考えるのをやめて、今、考えたことを**「それは、今の自分の能力ですぐに実行できるものか？」**という問いで分類することにしました。

　その結果、次のようになりました（図4-12）。

「a. 今の自分の能力で実行できる対応策（実践オプション）」が1つと**「b. その対応策を実行するために、まずは新たな能力を身につける必要がある対応策（探求オプション）」**が3つとなっていて、Aさ

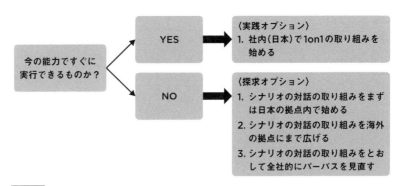

図4-12　Aさんのオプション案

んの意気込みを感じます。

「a. 今の自分の能力で実行できる対応策（学習オプション）」である「社内（日本）で1on1の取り組みを始める」については、これまで勉強したコーチングの知識と他社のコーチ仲間から聞いた1on1の取り組みをもとにしていけば、何とか着手できそうだったので、すぐにできるものとして分類しました。

「b. その対応策を実行するために、まずは新たな能力を身につける必要がある対応策（探求オプション）」のうち、「1. シナリオの対話の取り組みをまずは日本の拠点内で始める」と「2. シナリオの対話の取り組みを海外の拠点にまで広げる」に取り組むためには、まずはシナリオ・プランニングについて学ぶ必要がありそうです。

　話を聞いてみると、自分が体験した未来創造ダイアローグはシナリオ・プランニングの前提がなくても取り組んでいけるもののようなので、「1. シナリオの対話の取り組みをまずは日本の拠点内で始める」のために、まずは自分がファシリテーターとして未来創造ダイアローグを実施できるようになるための学びの場がないか探してみるのが良さそうです。

「2. シナリオの対話の取り組みを海外の拠点にまで広げる」に取り組むことができるようになるためには、自分の英語力をどうにかしなくてはいけません。英語力をつけるために英語関連の資格の勉強から始めるのは手っ取り早くて良さそうですが、最終的なゴールはコーチングやファシリテーションを英語でできるようになることなので、資格の勉強から始めることが本当に良いのかどうかはわかりません。まずは英語の学び方をいろいろと探してみるのが良いかもしれません。

「3. シナリオの対話の取り組みをとおして全社的にパーパスを見直す」については先走ってしまった感じがありますが、ぜひ実現し

たいことであるのは事実です。そのため、「1. シナリオの対話の取り組みをまずは日本の拠点内で始める」や「2. シナリオの対話の取り組みを海外の拠点にまで広げる」をできるようになるための取り組みと並行して、まずはパーパスのつくり方や社内への浸透についての情報収集から始めるのが良いかもしれないと考えました。

このように考えた結果、**「b. その対応策を実行するために、まずは新たな能力を身につける必要がある対応策（探求オプション）」** に取り組むことができるようになるために今から取り組む対応策（**学習オプション**）も追加して、取り組むべき対応策のアップデート版を作成しました（図4-13）。

Aさんは、このようにして、将来における不確実な可能性を検討した「5年後の日本社会」シナリオから、個人としての対応策まで

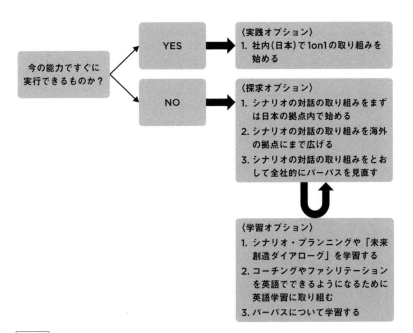

図4-13 Aさんのオプション案（アップデート版）

検討することができました。

対応策をグループで検討する

　なお、この対応策を考えるステップは自分個人のことなので、自分1人で考えれば良いと思うかもしれません。もちろん、1人で取り組むことで、他人には言いにくいような野心的な対応策を検討しやすくなるというのはあるでしょう。

　ただし、**共有して差し支えない話を中心として、できれば複数のメンバーでお互いに共有しながら検討し、他の人からフィードバックをもらうような進め方をしてみる**ことをお薦めします。

　それによって、自分1人では当たり前だと思っていて気づいていなかった自分の強みに気づくことができるかもしれません。

　特に同じ組織や定期的に顔を合わせる人と一緒に対応策を考えることは、「戦略的対話」（第2章）の土壌を育むことにつながります。これによって、組織における非公式な場（たとえば休憩中や食事中等日々の何気ない会話）で、検討したシナリオに基づいたさまざまな対話が生まれ、シナリオをきっかけにして考えたことを考え続ける機会になるでしょう。

未来創造ダイアローグ実践 オプションステップ①
検討した対応策を整理して行動計画に落とし込む

　ここまでのステップで、未来創造ダイアローグの基本は完了となります。各自で検討した対応策を整理し、それを実行に移します。

　ただし、「最後のステップで検討した対応策を、どのように計画に落とし込み、実行につなげていけば良いのかわからない」というコメントをもらうことがあります。

そこでここからは、**未来創造ダイアローグに取り組んだあと、対応策を整理して、今後の方向性を明確にし、計画につなげていく考え方**を紹介します。組織での実践では、このステップは、**「戦略オプションを検討し、自社の戦略等を策定していく部分」**（337ページ）に相当しますが、ここでは個人で取り組んでいることを前提としたシンプルな考え方を紹介します。

　具体的には、**「大きな方向性を定める」**ことと**「行動に移すための準備をする」**ことの2つに取り組みます。

大きな方向性を定める

　大きな方向性を定めるためには、**「対応策の絞り込み」**と**「対応策の並び替え」**の2つに取り組みます。

　「対応策の絞り込み」では、前のステップで出した**さまざまな対応策を取捨選択し、本当に取り組むべきものだけに絞り込みます**。

　取捨選択で難しいのは、捨てることです。どうしても、あれもこれも取り組みたくなってしまいたくなってしまいますが、時間は有限です。さらに、今回の未来創造ダイアローグで出した対応策は仕事関連のものがほとんどかもしれませんが、プライベートでも取り組みたいこと、取り組まなければいけないことがたくさんあるでしょう。そのため、**実際にかけられる時間や労力を念頭に置きながら、現実的に対応策の取捨選択を進める**必要があります。

　ただし、進めていくためには何らかの基準が必要です。対応策を取捨選択していくための基準の考え方については第6章で紹介していきますが、個人の対応策を取捨選択するためには、次のような点を出発点とするのが良いでしょう。

- 複数のシナリオに共通している対応策は残す（4つに共通しているものは特に）
- 個々のシナリオでのみ出てきている対応策は自分なりの基準を設けて、それに照らして取捨選択する

2つ目の自分なりの基準として、**「実現性（実現しやすさの程度）」**や**「新規性（自分にとっての新しさの程度）」**等は、現実的な観点から検討するために欠かせない基準です。

また、**個人がもっている「パーパス」等に照らしてみる**ことも有益です。

パーパスというと大げさに聞こえるかもしれませんし、いまいち、その実態がわかりにくい言葉でもあります。**パーパスとは、自分の中にある「なぜ？」という問いかけに対する答えの積み重ねで**す。日々の仕事に取り組んでいる中で**「なぜ、それに取り組むのか？」**と問いかけたときの答え。自分の所属する場所を選ぶときに**「なぜ、そこにいるのか？」**と問いかけたときの答え。そのような答えの積み重ねがパーパスです。これは、**日々仕事や生活をするうえで何を大切にしているのかを言語化したもの**だと言い換えることもできるでしょう。そのようにして明確になったパーパスを、対応策を判断する際の基準とします。

パーパスを基準とすることを提案すると、「個人のこととは言え、そんな曖昧な基準で良いのか？」と聞かれることがあります。確かに、「実現性」や「新規性」等の基準と比べて、「パーパス」を基準とすることは、曖昧に思えるかもしれません。

『インテグレーティブ・シンキング』を著したトロント大学ロット

マン・スクール・オブ・マネジメントの元学長であるロジャー・マーティンは、戦略策定の際に検討する戦略オプションを**「将来についての幸せな物語」**として考えようと提案しています[4]。検討すべき戦略オプションは**「正しくなくてもよいし、理にかなっていなくてもよい。ただ、それにより組織が将来幸せな状況にあればよい」**と述べています。

　もちろん、ここで彼が使っている「正しくなくてもよい」というのは、倫理的な面で正しくなくてもよいというわけではありません。**論理的に正しさが証明できないようなものでも、それに取り組むことで、将来、幸せな状況が想定できるものであれば、それを選ぶのがよい**という意味で言っています。彼の考え方を個人の対応策検討に当てはめれば、パーパスに照らして検討する意義も納得できるのではないでしょうか。

　このように自分なりの基準に照らしたうえで、対応策の絞り込みをします。ただし、この時点で取り組まないと判断したものも、完全に捨ててしまうのではなく、何らかの形で残しておくことをお薦めします。このあと見ていくように、環境の変化によって対応策の優先度が変わってくる可能性があるからです。

　「対応策の絞り込み」が完了したあとは、個々の対応策を取り組む順序に並び替える**「対応策の並び替え」**を行います。

　並び替えを検討していくうえで一番わかりやすいのは、前のステップで検討した「b. 探求オプション」と「c. 学習オプション」に分類される対応策です。図4-11で見たとおり、**「c. 学習オプショ**

4　戦略づくりは「幸せな物語」づくりから始める｜HBR.org 翻訳マネジメント記事｜DIAMOND ハーバード・ビジネス・レビュー https://www.dhbr.net/articles/-/1856 参照

ン」の対応策に優先的に取り組み、それらが完了して必要な能力を身につけられたあとに「b. 探求オプション」の取り組みに着手するという並び替えをすることができるでしょう。

その他の対応策に関しては、**割くことができる時間や労力、お金といったリソースを踏まえて取り組む順序を検討します**。また、それぞれの対応策が並行して取り組めるものなのか、「b. 探求オプション」と「c. 学習オプション」の対応策のように前後関係があるものなのかを見極めることも必要になります。その結果を踏まえて、どの対応策をどの時点で取り組むのかを大まかにマッピングしていきます。

ここまでのステップに取り組むことで、どのような対応策に、どのような順序で取り組んでいくのかという大きな方向性ができあがっています。

行動に移すための準備をする

「大きな方向性を定める」ことができたら、次は**「行動に移すための準備をする」**ことにとりかかります。

大きな方向性を確定させた時点で、実行に移せるような具体的なレベルになっている対応策もあるでしょう。そのようなものは、取り組むタイミングになった時点で、すぐに取り組みます。

それ以外のもの（先ほどのAさんの例で言えば「社内で1on1を始める」や「英語学習に取り組む」といったもの）は、それだけでは漠然としていて、具体的な取り組みが想像できません。そこで、実際に着手できるようなレベルにまで具体化します。

そのために活用するのが**バックキャスティング**の考え方です。バックキャスティングとは、**将来における理想的な状態を描き、そ**

こに到達するためのステップを逆算で考えていく考え方です。

バックキャスティングで検討するために最初にやらなくてはいけないのが、**それぞれの対応策についての「将来における理想的な状態」を具体的に定義する**ことです。

先ほど例として挙げた「英語学習に取り組む」という対応策の場合、「将来における理想的な状態」を次のように定義することができます。

- 3年後には完全ではないものの英語で十分な意思疎通ができるような状態となっており、海外支社に対して未来創造ダイアローグの取り組みを推進するプロジェクトを立ち上げている

このようにまずは**「いつの時点で」「どのような状態になっている」のが理想なのか**、なるべく具体的に定義します。

そのうえで、この3年後の状態に到達するためのステップを逆算して考えていきます。

ここでは先ほど定義した3年後の状態を起点に逆算し、2年後の状態、1年後の状態、半年後、3カ月後……とさかのぼりながら、それぞれの時点での状態を具体的に描いています。それぞれの時点での状態は、その時点で目標とする到達点だと言うこともできます。

このように細分化してみると、「3年後に英語ができるようになっている」と漠然と考えていたときと比べて、到達時点での状態や、そこに至るまでに到達すべき中間時点での状態を、かなり具体的にイメージができるはずです。

3年後	2年後	1年後	半年後	3カ月後
• 完全ではないものの英語で十分な意思疎通ができるような状態となっており、海外支社に対して未来創造ダイアローグの取り組みを推進するプロジェクトを立ち上げている	• 英語で基本的な意思疎通はある程度できるようになっていて、日本の社内で英語をできる人に声をかけて実験的に英語でシナリオの対話の取り組みを推進している	• 忘れていた英語の基礎の復習を終え、マスターできている（実力を客観的に把握する目安としてTOEIC730点を超えている）。将来に向けてシナリオ・プランニングに関する本等を英語で読むことができている	• 英語の基礎をひととおり復習できている。文法等を頭では理解できており、辞書等の補助があれば最低限通じる英語を書くことはできる（実力を客観的に把握する目安としてTOEIC650点を超える）	• 文法書や単語帳等の教材をひととおり終え、理解できているところとできていないところの区別ができており、重点的に学習する部分が明確になっている

図4-14 バックキャスティングの例（例：英語学習）

このようにイメージすることができたら、**直近の状態を達成するための具体的なタスクを明確にします**。図4-14を例にすると、3カ月後の状態に到達するために、必要な教材をそろえ、それを3カ月でひととおり終えるためには、どのようなペースで進めていくのかを明確にすることが相当します。

他の対応策についても、同じ要領で将来における理想的な状態を定義し、そこに到達するまでのステップをバックキャスティングで考えることで、行動に移すための準備を進めます。

未来創造ダイアローグ実践 オプションステップ②
複数シナリオに関する定点観測を行う

ここまで取り組めば、未来創造ダイアローグで検討した複数シナリオの世界に備えて、個人としての具体的な行動を進めていくことができているはずです。

しかし、行動を進めている間にも、複数シナリオで検討した外部

環境要因は変化し続けています。その**変化の兆候を読み取り、必要があれば変化に先んじて行動するために必要なのが「シナリオに関する定点観測」**です。このあとの解説は、組織でのシナリオ・プランニングの取り組みで行う「シナリオに関する定点観測」の進め方をもとにしています。そのため、個人で未来創造ダイアローグに取り組んでいる場合は、ここまで厳密にやる必要はありません。かけられる時間等を踏まえて、必要な取り組みを進めてください。

　本書の考え方として、「複数シナリオを作成した時点では作成した4つのシナリオの実現可能性はどれも同じだと考える」とお伝えしました（133ページ）。しかし、シナリオ・プランニングの取り組み後の外部環境の変化によって、4つの複数シナリオの実現可能性はどれも同じではなくなってきます。**環境が変化し、ある外部環境要因の不確実性が低くなることで、4つのシナリオのうちのどれかが現実のものになる可能性が高まる**のです。

　ただし、あるシナリオが急に現実のものになるわけではありません。**そのシナリオの実現可能性が高まることにつながるような、さまざまな変化が起こり、それが積み重なった結果、どれかが現実のものになる**のです。そのような**変化の予兆を把握する**ために行うのが、**「シナリオに関する定点観測」**です。

　シナリオに関する定点観測では、シナリオの軸にした外部環境要因が、今後、両極のうちどちらの方向性に進んでいくのかを判断するために必要な情報を集めていきます。具体的には、**それぞれの軸に関して、定点観測していくテーマやキーワードを洗い出し、それを組織の中で分担する**等して、定期的に情報を収集していきます。

　今回のシナリオを例にとると「社会の行動志向性」の軸では、

「ESG投資[5]に関する動向」や「企業のSDGsに関する取り組み」、あるいは「個人の消費動向」等のテーマを設定することで軸に関する方向性を見極めることができるでしょう。「企業における人材確保」の軸では、「企業の雇用や副業に関する動向」が軸の方向性を左右するものになるでしょう。

　このようにテーマやキーワードを明確にしたうえで、定期的な情報収集を行っていきます。その際、新聞や雑誌等も参考になりますが、関連する省庁や団体で行われている審議会・研究会の内容は「予兆」をつかむための重要なリソースになります。

　たとえば企業の雇用や副業に関する動向については、個々の企業の施策に関するニュースを追うことも大切ですが、厚生労働省や経団連等で行われている審議会や研究会、そしてそこで発表される資料が、今後の動きを方向づけるきっかけになることがあります。

　このようなしくみで「シナリオに関する定点観測」を行っていくと、**どこかのタイミングで、ある軸のどちらかの極の実現を後押しするような「予兆」に気づくことがあります**。そのような「予兆」を冷静に見極めていき、ある軸の片方の軸の実現可能性がもう一方よりも高くなってきていると判断したら、**「その極を含むシナリオが現実になる可能性が高い」**と判断します。今回のシナリオであれば、さまざまな情報の定点観測をしていった結果、仮に「社会の行動志向性」の軸は「社会の利益も考慮」の極の実現可能性が高まってきている「予兆」があり、「企業における人材確保」の軸では「社内人材中心」の極の実現可能性が高まってきている「予兆」があると判断した場合は、シナリオ③が現実になる可能性が高いと判

5　環境（Environmental）、社会（Social）及びガバナンス（Governance）への配慮を投資判断の基準にする投資のこと

断します。

　そのうえで、**あらためてステップ⑤で出した対応策（138ページ）を確認します**。そして、**環境の変化に伴って取り組むべき対応策や対応策の実現方法に変更がないかを確認し、変更する必要があるものを変え、あらためて取り組んでいきます**。

　仮にシナリオ③が現実になる可能性が高くなってきたとしたら、対応策のうち、4つのシナリオに共通している対応策はそのまま実行しつつ、シナリオ③に関する対応策として検討したものを重点的に取り組むようにしていきます。

　さらに、このタイミングは、**自分たちがもとにしていたシナリオの見直しを検討し始める機会**でもあります。

　シナリオを作成した時点では「4つのシナリオの実現可能性はどれも同じだと考える」と紹介しましたが、その後、時間が経ち、変化の「予兆」が現れ、4つのうち1つのシナリオが現実のものになりつつあります。そこで、これまで自分たちの想定のもとにしていたシナリオはここで役割を終えることとなり、今の外部環境の状況に合ったシナリオを新たにつくっていくことになります。

未来創造ダイアローグの プロセスの振り返り

未来創造ダイアローグのプロセスと「未来創造OS」

ここまで未来創造ダイアローグの流れと、そのあとに取り組む対応策の整理、そして対応策実行後の定点観測までを解説しました。

その流れを **「未来創造OS」** と関連づけながら振り返ってみましょう（図4-15）。

今回は「5年後の日本社会」をダイアローグテーマ（シナリオテーマ）としてベースシナリオ、そして複数シナリオを見ていきました。それぞれの中で描かれた世界観の中には、すでにみなさん自身が「5年後はこうなるだろう」と考えていたものと同じようなものも含まれていたかもしれませんが、それ以外の可能性もあったはずです。このように、シナリオを読むことをとおして、元々想定していた以外の可能性も起こり得ることを理解したことが、物事を見ている **「①枠組みの見直し」** **(reframing)** のステップです。

その新しい枠組みをもとにして、自分が所属する組織や自分自身についての将来についての認識に新たな観点が加わったは

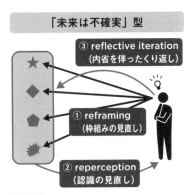

図4-15 未来創造OSの「3つのR」

ずです。たとえば、今まで考えたこともなかった可能性を思いつき、それに向けた具体的な対応策を考えた人もいるかもしれません。あるいは、まったく新しいことではないけれど、これまでずっと取り組まなければと思っていた対応策の必要性や重要性にあらためて気づくことができた人もいるかもしれません。このような経験が「②認識の見直し」(reperception) のステップです。

　そして、最後の「シナリオに関する定点観測」の部分でも紹介したように、シナリオ・プランニングを活用する取り組みは、一時期の環境変化をもとにして考えれば終わりではありません。その後、シナリオをもとにした対応策を実行しつつ、並行して環境変化の定点観測を行い、見極めた「予兆」をもとに自分の想定をアップデートしていくというプロセスをくり返していきます。

　複数シナリオは、自分のパラダイムはいったん保留し、"what if"を念頭に置いて読んでいきます。たとえば、「日本企業がジョブ型に移行することはない」と思い込んでいる人が、今回のシナリオを読む場合、いったん、その思い込みは脇に置き、ジョブ型になった場合の可能性も想定し、対応策を検討した場合を考えます。未来創造ダイアローグをとおしてジョブ型の可能性を想定し、対応策まで検討したものの、個人の意見としては、「やはりジョブ型にはならないだろう」と思っていたとしましょう。その後、定点観測をしていると、自分の想定と反して、日本でもジョブ型人事が進んでいくような兆候が見えてきたとします。この時、以前に検討した「ジョブ型になった場合の対応策」を見直し、取り組みを始めることになります。それと並行して、これまでもとにしていた複数シナリオのアップデートに取り組むことでしょう。そして同時に、「以前の自分はなぜジョブ型に移行することはないと思い込んでいたのか」と

いう点にも意識を向け、新しい複数シナリオを読み込んでいきます。

　このように自分たちの想定を見直しながら、外部環境の定点観測を行い、タイミングによってはシナリオをつくり直し、新たな未来創造ダイアローグに取り組むことが「③内省を伴ったくり返し」(reflective iteration) です。

　なお、今回は影響ピラミッドの一番上の「個人」の層で、その影響に対する対応策を検討しましたが、「組織」の層でもさまざまな影響を検討しているため、個人の場合と同じ形式で組織のメンバーで組織としての対応策を検討することもお薦めします。

column

既成のシナリオの価値と「未来創造ダイアローグ」

　本章では、シナリオを読むことから一歩踏み込み、**シナリオで描かれた環境変化によって組織や個人にどんな影響が及ぶのか、そしてそのような影響にどのように対応していくかについて、対話をとおして考えるための手法**をご紹介しました。

　私がシナリオ・プランニングを専門的に学んだSaïd Business SchoolのOxford Scenarios Programmeでは、「自組織や自分のことを検討するために他の人が作成した既成のシナリオを使うことは推奨しない」と言われました。その理由は、シナリオアジェンダ等の前提が異なっている状態でつくられたシナリオを読んだとしても、自組織にとって得るものが少ないからです。

　自分たちがシナリオ・プランニングに取り組む理由を明確にしたうえで、それをもとに自分たちでシナリオを作成するほうが、自分たちにとって考える意義のあるシナリオになります。そして、その

ようなシナリオを使って対話をしたほうが、将来の不確実な可能性が及ぼす影響やその対応策を、自分事として捉えやすいでしょう。そのため、既成のシナリオを使うのではなく、自分たちでゼロからシナリオをつくり、それを活用していくべきだという主張はそのとおりだと思います。

　ただし、実際にはすべての企業がゼロからシナリオをつくり、それをもとに対話をし、戦略や計画、事業等を検討するリソースをもっているわけではないのも確かです。ここで言うリソースが十分ではないというのは、特に人的な面と時間的な面で見られます。
　そこで実験的に、ある機会に、ゼロからシナリオをつくる代わりに、こちらが作成したシナリオをもとに対話をして、対応策を検討するプロジェクトを実施しました。
　その際に意識したのは、次の2点です。

- シナリオアジェンダや取り組む目的を明確にし、参加者に共有する
- そのシナリオアジェンダや目的を踏まえて、シナリオ・プランニングを理解している人がつくった複数シナリオ等を利用して対話を行う

　この2点を意識することで、確かにゼロからシナリオをつくることに比べると効果は劣るかもしれませんが、より手軽にシナリオ・プランニングの効果を実感することができるプログラムとなりました。
　その後、プログラムの改良を続け、ここまでに見てきたような形式へと体系化したのが、本章で紹介した「**未来創造ダイアローグ**」

(Future Generative Dialogue) です。

　本章の冒頭でも紹介したとおり、「未来創造ダイアローグ」は「ゼロからシナリオ・プランニングを実践する」ことと比べると、時間や労力、そして手順（前提となる知識が必要となる外部環境要因リサーチ等のステップ）を省くことができます。そうでありながらも、将来における不確実な可能性を検討し、それを踏まえた対応策を検討するシナリオ・プランニングの肝となるステップに特化して取り組むことができるように設計されているのが「未来創造ダイアローグ」の特徴です。

　通常であれば、時間や労力をかけてベースシナリオや複数シナリオの軸、そして軸の組み合わせを検討しなければならないところを、シナリオ・プランニングの理解をもち、シナリオアジェンダ等を十分に理解した人がつくることで、考える意義のある複数シナリオをもとにした対話に取り組むことができるのです。

　本書を読んでいるみなさんには、最終的には「ゼロからシナリオ・プランニングを実践する」ことができることを目指していただきたいと思っています。

　しかし、特に組織でシナリオ・プランニングを実践する場合、組織に所属しているすべての人がゼロからシナリオをつくることができるようになるには、かなりの時間と労力が必要になります。

　そのような場合に活用していただきたいのが、この「未来創造ダイアローグ」です。第6章で解説する「ゼロからシナリオ・プランニングを実践する」ための考え方をもとにして組織内のプロジェクトメンバーで、自分たちにとって考える意義のあるシナリオを作成します。その後、「未来創造ダイアローグ」を用いて、組織内のそ

の他のメンバーにシナリオをもとにした対話に取り組んでもらうの
です。

　こうすることで、Oxfordで指摘されている既成のシナリオを使
うことについての問題点をクリアしながら、組織内のすべてのメン
バーが自組織を取り巻く環境変化の可能性を共有し、それに向けた
対応策について考える土壌をつくることができます。こうした取り
組みによって「戦略的対話」が自然と行われる組織がつくられてい
くのです。

第 **5** 章

実践②：
未来創造ダイアローグ＋
（用意された軸を組み合わせて
シナリオをつくり、対話する）

シナリオ・プランニング実践の第2段階

　この章では、前の章で紹介した3段階のうちの第2段階目「用意された軸を組み合わせてシナリオをつくる」ことについて紹介していきます（図5-1）。

▌軸を組み合わせてシナリオをつくることの意義

　この3段階は、前の章でも紹介したシナリオ・プランニング実践のためのステップの「ステップ⑤：複数シナリオ作成」の3つサブステップを逆からたどるようにしたものでした（114ページ）。

　前章で紹介した「未来創造ダイアローグ」は、「複数シナリオ作成」の3つのステップのうち最初の2つ「①軸の作成」と「②2軸の組み合わせ」はあらかじめ済ませた状態のものを使い、「③複数シナリオの中身の検討」に取り組みました。

　この章で取り組む**「未来創造ダイアローグ＋（プラス）」**では、「複数シナリオ作成」の最初の「①軸の作成」をあらかじめ済ませ、次の**「②2軸の組み合わせ」**からシナリオ・プランニング実践に取

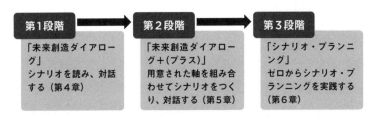

図5-1　段階的なシナリオ・プランニングの実践（再掲）

り組みます。

　前の章で複数シナリオの中身の検討方法を理解したあとは、一足飛びに「第3段階：ゼロからシナリオ・プランニングを実践する」に取り組みたくなるかもしれません。しかし、この章で重点的に取り組む**「どの軸とどの軸を選ぶのか」という判断は、シナリオ・プランニングの実践における非常に重要なポイント**です。軸の組み合わせのポイントをあらかじめ理解しておくことは、第3段階「ゼロからシナリオ・プランニングを実践する」において軸を作成する際にも役に立ちます。

　また、この**「未来創造ダイアローグ＋」**は、前の章で取り組んだ「未来創造ダイアローグ」の自由度を高めたものとも言えます。ある程度、シナリオ・プランニングに慣れてきて、複数シナリオを読むこと以上のことに取り組みたい場合や、シナリオ・プランニングに取り組みたいものの、時間等の関係でゼロからは取り組めない場合の選択肢の1つになります。

シナリオ・プランニング実践②
未来創造ダイアローグ＋

■ 今回の「未来創造ダイアローグ＋」の設定

「未来創造ダイアローグ＋」の取り組みの流れは、前章で紹介した「未来創造ダイアローグ」と基本的には変わりません。両者の違いは、複数シナリオを構成する2軸を自分たちで選ぶかどうかです。

本章で取り組む「未来創造ダイアローグ＋」では、**自分たちで2軸を選び、組み合わせを考えるところから始める形でシナリオ・プランニングを実践する**ことになります。

■ 「未来創造のための問い」と「ダイアローグテーマ」

なお、前章の「未来創造ダイアローグ」では、「未来創造のための問い」（シナリオアジェンダ）を、個人の働き方を考える設定にしましたが、今回は法人向け（B2B）ビジネスを営む自分の会社を想定し、自社の事業の将来の可能性や対応策を考える設定にします。

その前提で設定した**「未来創造のための問い」**と**「ダイアローグテーマ」**は次のとおりです（図5-2）。

今回のダイアローグテーマも、前の章と同じ**「5年後の日本社会」**と設定しています。
同じテーマにしているのには2つの理由があります。

未来創造のための問い

- 今後の環境変化の中で、自社のクライアント企業はどうなっていくのか？
- そのようなクライアントの変化に対応するために、自社はどんな準備をしていくと良いのか？　具体的には、自社の事業は現在のままで良いのか？　将来の不確実な可能性に備えて、自社が今から取り組んでおくべきことは何か？

ダイアローグテーマ

- 5年後の日本社会

図5-2　今回の演習の「未来創造のための問い」と「ダイアローグテーマ」

1つ目の理由は、シナリオ・プランニングを本格的に学び始めたこの段階では、前提であるシナリオテーマを同じにすることで、新しい要素（今回の場合は2軸を組み合わせて複数シナリオをつくること）を学ぶことに集中できるからです。こうすることで、ベースシナリオの内容等、すでに理解していることやこれまでに調べたことをそのまま利用することができます。

2つ目の理由は、同じダイアローグテーマ（シナリオテーマ）を使い、別の未来創造のための問い（シナリオアジェンダ）で未来創造ダイアローグを進めることで、どのような違いが出るのかを理解できるからです。

くり返しになりますが、シナリオ・プランニングの取り組みをとおして未来創造OSの最初の「枠組みの見直し」（reframing）に取り組むためには、ダイアローグテーマ（シナリオテーマ）は幅広く設定しなければいけません。しかし、幅広いテーマだと、「自社の事業については考えられないのではないか」等と疑問に思う人もいるのが事実です。

そのため、この章では前の章で個人のことを考えたときと同じダイアローグテーマの設定をあえて試し、このような幅広いテーマでも企業のことを考えられることを実感していただきたいと思います。

▌影響ピラミッド

　この章では法人向け（B2B）ビジネスを営む自分の会社が、将来における不確実な可能性にどのように対応するのかを検討する設定にしています。

　この場合の影響ピラミッドは次のようになります（図5-3）。

　前の章で解説したとおり、目的に応じて影響ピラミッドのそれぞれの層に当てはめるものを変えることができます。今回の影響ピラミッドでは、一番下の**「社会」**の層は同じですが、その上に**「社会」**の影響を受け、自社が日々取り引きをしている法人企業を含む

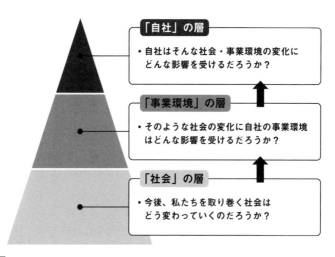

図5-3 本章でもとにする影響ピラミッド

「事業環境」を置いています。さらに一番上には今回の対応策を検討する主体である「自社」を置いています。

なお、消費者向け（B2C）ビジネスに取り組んでいる場合でも、基本的に影響ピラミッドの構成は変わりません。真ん中の「事業環境」の層の中の登場人物を自社の状況にあわせて検討することで、同じ影響ピラミッドを使って考えることができます。

この演習の流れと進め方

ここまでの設定をもとにした「未来創造ダイアローグ＋」の演習の流れを紹介します（図5-4）。

「社会」の層の①と②は、この順番で一度だけ進めるのではなく、一回あたりの時間を半分くらいにして、**これらのステップを二度くり返す**ことをお薦めします。たとえば、この①と②に40分かける

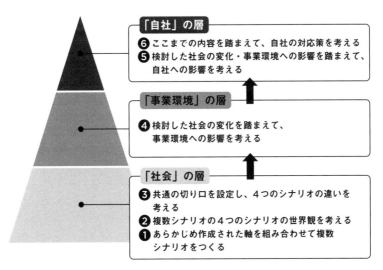

図5-4 「未来創造ダイアローグ＋」の流れ

場合、「①→②」で40分使うのではなく、「①→②→①'→②'」というように、まずは一度②まで試したうえで、もう一度、同じプロセスをくり返します。

なぜ、このような進め方のほうが良いのかについては、このあと軸の組み合わせ方の部分で詳しく解説します（182ページ参照）。

なお、このあとの解説では、この章ではじめて取り組む①を中心にしながら、組み合わせた軸の判断をするための②までを重点的にとりあげます。

③以降のステップは、前の章で紹介した「未来創造ダイアローグ」と同じなので、この章では補足的な解説に留めます。

▌今回の演習で使う軸と軸の内容を言語化する意義

今回の演習の最初のステップでは「あらかじめ用意された軸」を使います。

今回あらかじめ用意した軸は次に示す5本です（図5-5）。

このあと紹介するとおり、ここで挙げた5本の軸から2本を選び、それを組み合わせて複数シナリオをつくるのが、「未来創造ダイアローグ＋」の最初のステップです。

なお、図5-5のそれぞれの軸に番号を振っているのは、ワークを進める際、軸の名称（たとえば「多様性の受容」）で呼ぶ代わりに数字で呼べるようにするためです。特にどの軸を選ぶのかについて複数のメンバーで対話をする場合、軸の名称か数字か、使いやすいほうを使ってください。また、軸の名称の横にカッコ書きで載せているのは、それぞれの軸の分野です。①の「多様性の受容」は「社会」の分野の軸であることを表し、⑤の「環境配慮の取り組み」は「環

図5-5 「未来創造ダイアローグ＋」の軸の候補

境」の分野でもあり、「政治」にも関連する分野であることを表しています。この分野の考え方は第6章の「ステップ②：外部環境要因リサーチ」で詳しく解説します。

複数シナリオをつくる

複数シナリオフォーマット

　このあとの解説では、軸を組み合わせる前と後に考えるべきことを紹介します。解説を読み進める前に、ダイアローグテーマ「5年後の日本社会」を念頭に置いて、一度、図5-5から軸を選び、複数シナリオをつくってみましょう。図5-6のフォーマットを使って、**まずは自分なりに軸を組み合わせて複数シナリオをつくったうえで、4つのシナリオがどのような世界観になるのかを大まかでも良いので検討してください**。

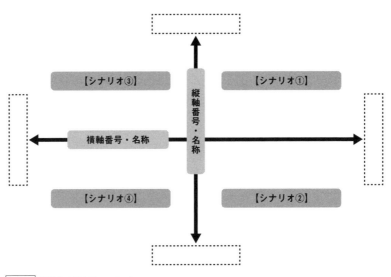

【シナリオ③】　　　　　　【シナリオ①】

横軸番号・名称　　　　　　　縦軸番号・名称

【シナリオ④】　　　　　　【シナリオ②】

図5-6 複数シナリオフォーマット

もちろん、解説を読んでから取り組んでも問題はありませんが、事前に試すことで、このあとの解説をより実感をもって読み進めることができるようになるでしょう。

　また、事前に取り組んだ場合は、**「なぜ、その2本を選んだのか」**をメモしておくこともお薦めします。そのメモと解説をつき合わせることで、理解が深まります。

　なお、軸を選んで組み合わせる際、どちらを縦にして、どちらを横にするのかは、特に決まりはありません。両極の向きもどちらに何を置くのかも、自由に決めて良いでしょう。

　なお、国内外で公表されているさまざまなシナリオを見ていくと、次のような傾向があります。

　参考として紹介します。

- 下側の極、左側の極：現状に近い可能性や現状よりもネガティブな変化の可能性を置く
- 上側の極、右側の極：現状より進んだ可能性、ポジティブな変化の可能性を置く

演習:未来創造 ダイアローグ＋

未来創造ダイアローグ＋ 実践ステップ①【社会の層】
作成された軸を組み合わせて複数シナリオをつくる

まずは図5-5で紹介した軸から2本を選び、それを組み合わせて複数シナリオをつくります。基本的には、ただ組み合わせるだけなのですが、**組み合わせる前と後に検討すること**を詳しく紹介します。

軸を組み合わせる前の検討：軸と両極の世界観を具体化する

前の章では、複数シナリオの4つのシナリオについて、具体的な世界観を検討しました。「未来創造ダイアローグ＋」でも、その点は変わりませんが、軸を選ぶ際、あるいは「ゼロからシナリオ・プランニングを実践する」にあたって軸をつくる際には、個々のシナリオと同じように、**軸とその両極についても、その世界観を言葉にして具体的に考えます**。

シナリオ・プランニングで不確実な可能性を考える基本的な単位は「軸」です。第3章でも簡単に紹介したとおり、軸として選んだ外部環境要因が設定した期間においてどのような状態になるのかを考え、いくつか想定できる可能性の中から2つを選んだものが、軸の両極になります。

自分でゼロから作成する場合は、このようなプロセスを経て、両極の世界観を詳しく考えたうえでその中から2つの軸を選んでいるのですが、「未来創造ダイアローグ」や「未来創造ダイアローグ＋」のようにあらかじめ軸が組み合わされていたり、軸がつくられている場合、両極の世界観を詳しく確認しないまま、4つのシナリオの中身を考え出してしまいます。

　しかし、その状態で4つのシナリオを考えようとしても、軸の両極を具体的にイメージしていないため、個々のシナリオの世界観を具体的に想像することができません。

　特に、複数のメンバーでシナリオ・プランニングに取り組んでいる場合に、このような漠然とした状態で各シナリオの検討にとりかかると、4つのシナリオを具体的にイメージすることができず苦労します。複数のメンバーがそれぞれ別の世界観を想像している場合は、中身についての対話がかみあわなくなってしまいます。

　たとえば、図5-5の上から2本目の軸 **「新技術の普及状況」** の軸を例としてとりあげてみます。

　この軸を使って「5年後の日本社会」について複数のメンバーでシナリオを検討しようとしています。あまり時間がないため軸と両極の世界観を具体化しないまま対話を始めたものの、まったく話がかみあわないようです。不思議に思って、この軸をどう解釈しているのかたずねたところ、次のようにメンバーがそれぞれ異なる解釈をしていたことがわかりました。

　Ａさん：ダイアローグテーマの「日本社会」という言葉を
　　　　　漠然と捉えて、**新技術が普及しているかどうか**を
　　　　　考えていた

Bさん：ダイアローグテーマの「日本社会」を**自分の仕事の範囲**で捉えて、企業活動で使われる新技術が普及しているかどうかを考えていた

Cさん：ダイアローグテーマの「日本社会」を**自分の生活の範囲**で捉えて、小中学校や病院等の分野で新技術が普及しているかどうかを考えていた

Dさん：日本社会での「新技術の普及」を、最近話題になっている**国や行政のデジタル化の範囲**で捉えて、その取り組みが進んでいるかどうかを考えていた

Eさん：日本社会での「新技術の普及」を、**国としての科学技術政策がうまくいくかどうか**で考えていた

　傾向として、この中でもAさんやBさん、Cさんのような人は、漠然と捉えていたり、自分の身近な範囲で考えているため、「5年後のことを考える」という前提も抜け落ちている場合が多いです。また、DさんやEさんは幅広い範囲で捉えているので一見良いように思えますが、よく話を聞いてみると、自分の関心がある範囲だけで考えているため、このままでは、5年後の不確実な可能性を考えるというよりも、国や行政、科学技術政策に対する持論を展開し出してしまう可能性があります。

　もちろん、このように前提をそろえずに複数のメンバーで話をしても、対話を進めているうちに前提がそろってくることもあります。そうすると、**結果としては同じような状態になるかもしれませんが、実際には、最初からその確認をしていた場合と比べて時間がかかる**ことになります。

また、**事前に軸と両極の世界観を具体化し、さらにそれらを記録に残しておくことには、さまざまなメリットがあります**。

　たとえば、一度、前提をそろえたとしても、複数シナリオの中身を検討していくうちに前提があやふやになってしまった場合、**元々考えていた前提に戻る**ことができます。また、検討した**複数シナリオを組織内で浸透させる場合、複数シナリオの検討にかかわっていない人へ説明する**ときに、この記録が役に立ちます。

　さらに、具体化したものを記録しておくことは、未来創造OSの3番目のステップ**「内省を伴ったくり返し」（reflective iteration）に取り組む場合にも役に立つ**のです。内省をするときに意識する観点の1つは、不確実な外部環境の変化について「軸や極、複数シナリオをつくった時点での自分たちの認識」と「実際の環境変化」の間のギャップに目を向けることです。このギャップに気づくことが、自分たちパラダイムに気づく第一歩になります。そのためには、なるべく具体的にギャップを把握する必要があります。**その際に活用できるのが、具体化したものの記録**です。

　記録として残しておかないと、曖昧な記憶をたどりながら、どこにギャップがあったのかを検討しなくてはいけなくなります。なるべく質の高い内省をするためにも、この言語化と記録として残すことは大切です。

　では、どこまで具体化すれば良いのでしょうか。

　最低限これくらいの情報は整理しておいたほうが良いというサンプルが図5-7の形式です。

　この形式は前の章の「未来創造ダイアローグ」で紹介した両極の説明をするための図と同じものです。

男女の違いをはじめ年齢や身体的な状態、国籍、志向等の観点からの多様性に加え、働き方等でも多様な考え方や選択を選びやすい社会になっているだろうか？

| 限定的 | ← 多様性の受容 → | 受容 |

個人の属性や考え方、あるいは仕事等で個人の状況に応じた選択を尊重する制度や仕組みは整っているが、実際はその選択が尊重されにくい状況が残っている	個人の属性や考え方、選択の違いにかかわらず、あらゆる人が暮らしやすい制度や仕組みが整備され、幅広く受け容れられている
キーワード	**キーワード**
・属性や考え方の違いの尊重は形式的 ・職場等でも人と違う選択はとりにくい	・属性や考え方の違いは尊重されている ・個人の状況に応じた選択をしやすい

図5-7 軸と両極の具体化の例（図5-5の①の軸を例として）

　この形式を参考に、「未来創造ダイアローグ＋」に取り組む際には、最低でも候補として選んだ軸について軸と両極を具体化してください。できれば図5-5で挙げた5本すべての軸について、このような整理をすると良いでしょう。

軸を組み合わせたあとの検討：組み合わせた軸を判断する

　軸とその両極を具体化し、組み合わせたあと、その組み合わせについて「自分たちが考える複数シナリオとして良いのかどうか」を判断しなくてはいけません。

　作成した複数シナリオの出来は次の3パターン（a〜c）に分けることができます（図5-8）。

　この章で示したあらかじめ用意された軸は、どの組み合わせにしたとしてもパターンcにはならないものを用意しています。どのような組み合わせにしてもシナリオ・プランニングの考え方に沿った

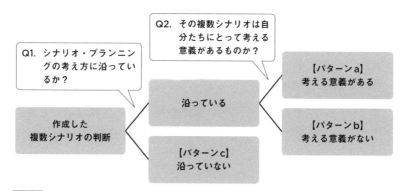

図5-8 作成した複数シナリオの判断

ものになります。そのため、ここではパターンaとbの判断についての考え方を中心に解説し、パターンcにならないようにするための考え方については次の章で解説します。

作成した複数シナリオが考える意義があるものかどうかを判断するためには、次の3つの段階で取り組んでいきます（図5-9）。

最初の**ステップ①**では、**軸を2本選び、まず複数シナリオをつくります**。

ここでのポイントは、**個々の軸だけを見て、その良し悪しを判断するのではなく、組み合わせた状態で判断する**という点です。

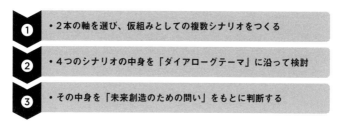

① ・2本の軸を選び、仮組みとしての複数シナリオをつくる

② ・4つのシナリオの中身を「ダイアローグテーマ」に沿って検討

③ ・その中身を「未来創造のための問い」をもとに判断する

図5-9 作成した複数シナリオの判断の流れ

先ほどの解説のとおり、それぞれの軸について世界観を具体化することは大切ですが、それらの軸を使って作成するのは複数シナリオです。そのため、まずはどのような基準でも良いので2本の軸を選び、それらを「仮組み」して複数シナリオをつくります。

　このポイントを言い換えると、**どの軸にするかを軸だけで考えすぎない**ということです。まずは、組み合わせて、複数シナリオの形にすることが大切です。

　次の**ステップ②**（図5-9）では、**「ダイアローグテーマ」（「ゼロからシナリオ・プランニングを実践する」**場合は**「シナリオテーマ」）に沿って、4つのシナリオの中身を考えます**。

　軸を選んでいるときには、それぞれの軸の世界観だけを考えることが多いです。しかし、本来、複数シナリオ作成の際に考えなくてはいけないのは、2軸を組み合わせてできた個々のシナリオです。そして、個々のシナリオを考える際には**「ダイアローグテーマ」**をもとにします。

　たとえば、今回示した軸では、②「新技術の普及状況」の軸を使うと技術のことばかり考えてしまったり、④「他国との関係」の軸を使うと国際関係のことを中心に考えてしまったりしがちになります。しかし、今回の「未来創造ダイアローグ＋」の「ダイアローグテーマ」は**「5年後の日本社会」**です。そのため、4つのシナリオで表されるのはすべて「5年後の日本社会」の可能性です。

　たとえばここで紹介した②と④の軸を選んだ場合の複数シナリオは次のようになります（図5-10）。

　この時、それぞれのシナリオは「ダイアローグテーマ」である**「5年後の日本社会」**を表しているので、たとえば左下の**シナリオ**

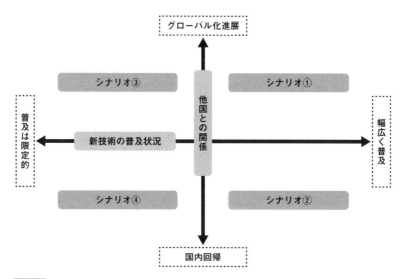

図5-10 ②と④の軸で仮組みした複数シナリオ案

④は**「5年後、新技術の普及は限定的で、他国との関係としては国内回帰となっていて、自国優先の状態になっているときの日本社会はどんな状態になっているか?」**を考えます。また、右上の**シナリオ①**の場合は**「5年後、新技術は幅広く普及していて、他国との関係としてはグローバル化が進展しているときの日本社会はどうなっているか?」**を考えます。

ここまで検討したうえで、これが考える意義があるものかどうかを判断するのが最後の**ステップ③**（図5-9）です。ここでは、**「未来創造のための問い」**（**「ゼロからシナリオ・プランニングを実践する」**場合は**「シナリオアジェンダ」**）をもとに、**ステップ②で検討した複数シナリオが自分たちにとって考える意義があるものかどうかを判断します**。

「未来創造のための問い」（あるいは**「シナリオアジェンダ」**）とはシナ

リオ・プランニングの取り組みをとおして検討していきたい課題や論点をもとにしたものでした。言い換えれば、**シナリオ・プランニングに取り組む目的**です。

　たとえば、今回の「未来創造ダイアローグ＋」の「未来創造のための問い」としては、**「今後の環境変化の中で、自社のクライアント企業はどうなっていくのか？」**という問いを設定していました。この問いに照らして、先ほど例として紹介した②と④の軸を組み合わせた複数シナリオを判断してみるとどのようになるでしょうか。

　意義があるかどうかを判断する際に大切なのは、**「未来創造ダイアローグ＋」に取り組んでいる人が所属している組織によって、結果は変わってくる**という点です。

　「未来創造ダイアローグ＋」に取り組んでいる人がグローバルに事業を展開しているような企業（たとえば商社）、あるいはグローバルな変化の影響を受けるような企業（たとえば自動車部品メーカー）に所属している場合、この②と④を組み合わせた複数シナリオをもとに「今後に環境変化の中で、自社のクライアント企業はどうなっていくのか？」と考えることは意義があると判断できるでしょう。

　その場合、この複数シナリオをもとにして「未来創造ダイアローグ＋」のステップを進めます。

　別のケースとして、国内を中心に事業を展開しているような企業、特に国内の特定の地域を中心に事業を展開している企業（たとえば特定の地域を中心に店舗展開している小売チェーンや地方銀行・信用金庫）で考えてみましょう。そのような企業でも、当然、他国との関係が自社の事業にまったく関係ないわけではないため、この組み合わせは考える意義がないとは言い切れないかもしれません。ただ、

他にも良さそうな軸がありそうです。

　その場合は、再度、図5-9の**ステップ①**に戻り、**「雇用の変化による人口の移動」という観点を盛り込んでみるとどうなるか**と考え、②と③の軸の組み合わせを試すという試行錯誤を続けていきます。

　なお、④**「他国との関係」**という軸を含む②と④を組み合わせた複数シナリオは、国内を中心に事業を展開している企業にはそぐわないと書きましたが、もし、自社が学校教育関連サービスや企業の人材育成関連サービスを提供しているとしたらどうでしょうか？ 5年後、さらにグローバル化が進んでいく場合、それが国としての教育方針や学生自身の進路（留学の積極的な検討等）、あるいは企業における採用や人材育成に影響を与える可能性があります。このように考えると、国内を中心に事業を展開しているからといって、一概に「海外に関する軸は関係ない」とは言い切れないことがわかります。

　先ほど「個々の軸だけを見て、その良し悪しを判断しない」と紹介しましたが、仮に軸だけを見て「うちは国内の学校を相手にサービスをしている企業だから、海外に関する軸は関係が薄い」と判断してしまっていたら、上記のような国の教育方針への影響等は考えられませんでした。

　そのため、軸だけで判断するのではなく、**他の軸と組み合わせた複数シナリオの状態で自分たちにとって考える意義があるものかどうか**を判断してください。

軸を組み合わせる際の検討プロセスで大切なこと

ステップ①、②を二度くり返す

「未来創造ダイアローグ＋」の進め方について紹介した際、**「社会」の層の①と②の進め方として、これらのステップを二度くり返すほうが良い**ことをお伝えしました（167ページ）。その理由を、作成した複数シナリオの判断の考え方と関連づけて解説します。

私たちは順序立てて示されたステップがあると、そのステップを1つずつ確実にこなそうとします。しかし、シナリオ・プランニングに限らず、複数のステップを経て完成にたどり着くような作業に取り組む場合、途中の段階では、その状態が良い状態なのかどうかを明確に判断できないことがよくあります。その場合、**明確な判断ができないまま時間をかけて悩むよりも、いったん先に進んでみて、より判断がしやすい状態になった時点で判断をし、必要があればその流れをくり返すことで精度を高めていく**ほうが良いのです。

これは『イシューからはじめよ』の中で指摘されている「考える」と「悩む」の違いに通じる話です。

同書の中で、この2つの違いは次のように紹介されています。

- **「悩む」**：**「答えが出ない」**という前提のもとに、**「考えるフリ」**をすること
- **「考える」**：**「答えが出る」**という前提のもとに、**建設的に考えを組み立てる**こと

明確な判断ができない途中段階のステップで時間をかけている段階では「悩む」ことはできていますが、「考える」ことができていません。そのため、その段階で立ち止まってしまうのではなく、**まずは先に進み、建設的に考えを組み立てられる状態にまで作業を進めてみる**ことが大切です。

　「未来創造ダイアローグ＋」で軸を組み合わせ、自分たちにとって考える意義がある複数シナリオを作成する場合も同じです。

　ここまでの解説のとおり、いくつかの軸を前にして「このうち、どの軸が良いだろうか？」と思ったとしても、軸だけでは判断することができないため、それは「悩む」ことに時間を使っている状態です。そこから抜け出すために、**まずは曖昧な理由でも良いので2本の軸を選び、仮組みの複数シナリオをつくり、そのうえで「ダイアローグテーマ」と「未来創造のための問い」という基準をもとに、組み合わせた複数シナリオが自分たちにとって意義があるかどうかを判断するために建設的に考えを組み立てる**ことが「**考える**」ことです。

　そのため、「未来創造ダイアローグ＋」の最初の2つのステップはじっくりと時間をかけて順番に進めるのではなく、**一回あたりの時間は最小限に留めながら、2つのステップをくり返す**ことをお薦めしているのです。

複数メンバーで取り組む場合

　また、複数のメンバーでこの演習に取り組む場合、特に同じ組織やチームのメンバーで取り組む場合は、**①と②のステップをまずは個人で取り組み、その結果を全員で共有する流れにする**ことも良い

でしょう。複数のメンバーがそれぞれ個人で取り組むことで、その分だけさまざまな種類の組み合わせができる可能性が高まります。

　さらに、個人で取り組んだ結果を共有する際には、それぞれが作成した**複数シナリオの共通点と相違点**の両方に目を向けてください。特に**相違点に目を向けることが重要**です。

　普段の業務で行われている会議や話し合いでは、効率を重んじるために、各意見の共通点、それも最大公約数的な共通点に目を向けて意見の集約や意思決定を行う場合が多いはずです。そのような最大公約数的な共通点は、その組織やチームで培われてきた「自分たちにとっての常識」が反映されている場合が多いです。このような「暗黙の共通点」に頼るのではなく、**普段なら目を向けられることがない「相違点」に注目する**のです。

　シナリオ・プランニングは、「枠組みの見直し」(reframing) と「認識の見直し」(reperception) をとおして、組織やチームにとって当たり前になっているものの見方や前提を見直していく取り組みです。

　この取り組みの効果を高めるためにも、「未来創造ダイアローグ＋」に限らず、シナリオ・プランニングの取り組み全体をとおして、わかりやすい共通点にだけ目を向けるのではなく、相違点にも意識的に目を向けて対話を進めてください。さらに、対話を進める際には、「どのような点が違っているのか？」という表面的な違いだけではなく、**「なぜそのような違いが生じているのか？」**というように、**違いが出ている背景**にも目を向けながら話を進めてみましょう。その際には、第1章で紹介したリフレクティブ・アプローチの氷山モデル（図1-4）が参考になるかもしれません。

■ ステップ②以降の進め方

　ここまでで、対話の土台となる複数シナリオを確定させることが
できました。このあとのステップの進め方は、基本的に第3章で紹
介した未来創造ダイアローグの流れと同じです。

　この章での演習の流れを再掲します（図5-11）。

　前の章で検討した個人を主体とした検討でも、この章で検討して
いる組織を主体とした検討でも、各ステップの進め方や注意点は、
基本的には変わりません。

　**個人と組織という設定の違いによって変わるのは、ステップの⑤
で対応策を考える際の「能力」についての捉え方です**。

　個人の場合は、その個人がもっている**「能力」**そのものに目を向

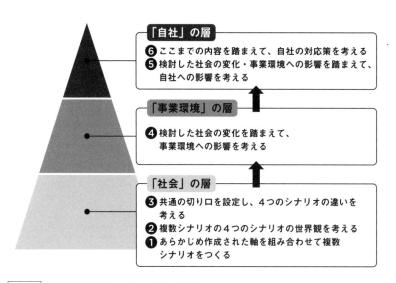

図5-11 「未来創造ダイアローグ＋」の流れ（再掲）

けて、この問いを検討していきました。**組織**の場合は、**「組織が もっている資源」**に目を向けて、この問いを踏まえて分類していき ます。

　組織がもっている資源として、すぐに思い浮かぶのは**「ヒト・モ ノ・カネ」**と言われる経営資源でしょう。さらに、最近ではここに **「情報」**という目に見えない資源も加えて考えることが一般的です。

　なお、ここで言う「情報」とは、文字どおりのデータや情報だけ に留まりません。**技術開発力やノウハウ、特許、ブランド、顧客の 信頼、組織文化や組織風土**といったものも「情報」の中に含みま す。

　このように組織における「能力」は、個人のものよりも幅広いた め、漠然と「今の能力で実行できるか？」と考えているだけでは、 対応策の判断を具体的に進められない場合があります。そのため、 必要に応じて、**このステップに取り組む前に、自社の組織がもつ資 源、特に目に見えない「情報」資源の棚卸しをしておく**ことをお薦 めします。なお、このように検討に必要な情報等を事前に整理する ことについては、次の第6章の「シナリオ作成準備」のステップで 「現在」に関するコンテンツの整理として詳しく解説していますの で（212ページ）、必要があれば、そちらを参照してください。

自分で軸をつくってみたいと思ったら…

　この章では、あらかじめ用意した軸を使って複数シナリオを作成する考え方をご紹介しました。実際にやってみるとグループでの対話からいろいろな気づきがあります。

　そのため、このやり方に慣れてくると、「自分たちでつくった軸の候補を使って「未来創造ダイアローグ＋」に取り組んでみたい」と思う人も多いはずです。

　その気持ちはわかるのですが、まずは次の章で「ゼロからシナリオ・プランニングを実践する」プロセスを学び、特に軸を作成するまでのプロセスを理解してから、自分流の「未来創造ダイアローグ＋」に取り組むことをお薦めします。

　一見すると、シナリオの軸をつくるのはそこまで難しくないように思えます。また、シナリオ・プランニング以外の取り組みでも、2軸のマトリクスを使って何かを考える機会があるため、複数シナリオの形式だけを見ると、「シナリオ・プランニングに詳しくなくても、何となくできそうだ」と思えるかもしれません。

　しかし、形式上、複数シナリオのように見えても、それがシナリオ・プランニングの考え方に沿っているのかどうかは、シナリオ・プランニングの詳細な理解がないと判断ができません[1]。

　この章で紹介した軸の候補も、何気なく並べているように見えますが、軸単体としてシナリオ・プランニングの考え方に沿ったものにしているのはもちろん、候補として挙げている軸のどれを選んだとしても、シナリオ・プランニングの考え方に沿った組み合わせになるようなものに絞っています。

1　インターネット上にあるシナリオ・プランニングの解説記事の中には、形式上は複数シナリオのように見えるもののシナリオ・プランニングの考え方に沿っていない複数シナリオを紹介しているものが少なくないため、読む際には注意が必要です。

つまり、この章で紹介した「未来創造ダイアローグ＋」の演習に向けて、あらかじめ軸を用意するためには、次の2点を理解していなければいけません。

1.　シナリオ・プランニングの考え方に沿った軸のつくり方
2.　シナリオ・プランニングの考え方に沿った軸の組み合わせ方

　1点目は次の章で詳しく紹介しますが、2点目については、この章でも紹介しました。

　ただし、くり返しになりますが、この章で紹介した軸の候補は、どれを選んだとしてもシナリオ・プランニングの考え方に沿った組み合わせになるという前提で絞り込んでいます。そのため、この章で紹介した軸をどのように使ったとしても、「この軸の組み合わせ方をしてしまうと、シナリオ・プランニングの考え方には沿わない」ということは起こらないようになっているのです。

　このような理由から、まずは次の章でシナリオ・プランニングの考え方に沿った軸のつくり方と組み合わせ方についての理解を深めてから、オリジナルの「未来創造ダイアローグ＋」に取り組んでください。

第 6 章

実践③:
シナリオ・プランニング
（ゼロからシナリオ・プランニング
を実践する）

シナリオ・プランニング実践の第3段階

いよいよ、「シナリオ・プランニング実践の3段階」の第3段階目**「シナリオ・プランニング（ゼロからシナリオ・プランニングを実践する」**に取り組みます（図6-1）。

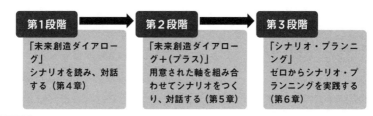

図6-1 段階的なシナリオ・プランニングの実践（再掲）

シナリオ・プランニング実践マップ

これまでの章では簡易的なシナリオ・プランニング実践のためのステップを紹介してきましたが、本章では各ステップの目的や進め方も盛り込んだ**「シナリオ・プランニング実践マップ」**（図6-2、192〜193ページ）を紹介し、この内容をもとに解説します。

シナリオ・プランニング実践マップの各項目の意味は次のとおりです。

項目	意味
ステップ	シナリオ・プランニングの取り組みを段階的に進めていくための作業の区切り
目的	そのステップの目的
進め方	そのステップの進め方
ツール、フレームワーク等	そのステップで活用するツールやフレームワーク
アウトプット	そのステップに取り組むことで得られるアウトプット

表6-1 シナリオ・プランニング実践マップの各項目の意味

　本章では、シナリオ・プランニング実践マップ冒頭の2つの作成準備ステップとメインの7ステップを順番に解説します。実際に取り組む場合には、これらのステップを1つずつ完璧にしながら進めていくのではなく、時間をかけずに先に進める部分と、基準をもとにアウトプットの良し悪しを判断する部分に分けて進めます。

　具体的には、シナリオ・プランニング実践の7ステップを、次の3つのブロックに分けて考えることで、シナリオの質を高めながら、効率よく進めていくことができます。

- **シナリオ作成の方向性を決める**：ステップ①シナリオテーマ作成
- **シナリオを作成する**：ステップ②外部環境要因リサーチ〜ステップ⑤複数シナリオ作成（ステップ⑥シナリオ詳細分析）
- **シナリオをもとに対応策を検討する**：ステップ⑦戦略オプション検討

　3つのブロック間は、原則として後戻りせずに進めます。

　一方、複数のステップが含まれている2つ目の**「シナリオを作成**

ステップ	シナリオ作成準備：プロジェクト準備	シナリオ作成準備：コンテンツ準備	【ステップ①】シナリオテーマ設定	【ステップ②】外部環境要因リサーチ	
目的	シナリオ・プランニングの取り組みを進めていくために必要な準備を行う		シナリオ・プランニングの取り組みの方向性を明確にする	シナリオ作成に使用する候補となる外部環境要因を収集する	
進め方	・プロジェクトコアチームの結成 ・プロジェクトメンバーの選定 ・プロジェクト目的の明確化	・過去に関するコンテンツの整理 ・現在に関するコンテンツの整理 ・近未来に関するコンテンツの整理	シナリオ・プランニングに取り組む目的とシナリオをつくるテーマを考える	文献等を使ってシナリオテーマに関連がある外部環境要因を収集する	
使用するツール、フレームワーク等	プロジェクトマネジメント関連知識	・フューチャーサーチ ・現状分析に関する手法等 ・Futures Wheel	・論点の確認 ・シナリオテーマ設定フレームワーク（時間軸・地理軸・検討テーマ）	STEEP	
アウトプット	・プロジェクトコアチーム ・プロジェクトメンバー ・プロジェクト目的	・整理されたそれぞれのコンテンツ	・シナリオアジェンダ ・シナリオテーマ	外部環境要因	

図6-2　シナリオ・プランニング実践マップ

する」ブロックは、**考える意義があるベースシナリオや複数シナリオを作成できるまで何度もくり返します**。この2つ目のブロックには、「ステップ②：外部環境要因リサーチ」から「ステップ⑤：複数シナリオ作成」までを含んでいます。このステップをくり返すと言っても、毎回、一度ステップ⑤まで進んでから最初のステップ②に戻ってくり返すわけではありません。それぞれのステップの取り組み状況に応じて判断をします。

　具体的にどのような判断をするかについては、各ステップの解説

	【ステップ③】重要な外部環境要因の抽出	【ステップ④】ベースシナリオ作成	【ステップ⑤】複数シナリオ作成	【ステップ⑥】シナリオ詳細分析	【ステップ⑦】戦略オプション検討	戦略実行
	収集した外部環境要因を分類し、その中からシナリオ作成に活用する重要なものを抽出する	影響度が大きく、不確実性が低い外部環境要因を整理し、設定したシナリオテーマにおける確からしい可能性を検討する	影響度が大きく、不確実性が高い外部環境要因を整理し、設定したシナリオテーマにおける不確実な可能性を複数検討する	複数シナリオの内容に自組織が考えたい観点を盛り込むために、共通の切り口で複数シナリオの各シナリオを詳細化する	作成した複数シナリオを踏まえた対応策を検討する	
	収集した外部環境要因を「不確実性」と「影響度」の観点で分類する	不確実性マトリクスのうち、不確実性が低く、影響度が大きい要因を整理する	①軸の作成 ②2軸の組み合わせ ③複数シナリオの中身の検討	共通の切り口を設定し、複数シナリオの個々のシナリオを具体化	作成した複数シナリオをもとに顧客ニーズの変化や自社の脅威を踏まえた対応策を検討する	戦略オプションをもとにして施策等に取り組む
	不確実性マトリクス	不確実性マトリクス	・不確実性マトリクス ・軸 ・複数シナリオ	詳細分析切り口	・顧客ニーズの変化 ・自社の脅威	
	重要な外部環境要因	ベースシナリオ	複数シナリオ	詳細化された複数シナリオ	戦略オプション	

で紹介します。また、「ステップ⑥：シナリオ詳細分析」が（ ）に入っている理由も、ステップ⑥で解説します。

シナリオ作成準備
（プロジェクト・コンテンツ）

▌「プロジェクト準備」「コンテンツ準備」

　シナリオ作成準備のフェーズでは、これから7ステップでシナリオ・プランニングの取り組みを進めていくにあたって必要な準備を行います。

　シナリオ・プランニングの取り組みをプロジェクトとして進める場合、さまざまな準備が必要になります。その中でも、ここではシナリオ・プランニングに関連がある項目に絞って解説します。それ以外の一般的なプロジェクト立ち上げの準備に関しては、プロジェクトマネジメントについて解説した書籍等を参照してください。

　シナリオ・プランニングの取り組みを進めていくために必要な準備は「プロジェクト準備」と「コンテンツ準備」に分けられます（図6-3）。

　プロジェクト準備とは、組織の中等でシナリオ・プランニングの取り組みを立ち上げていくために必要な項目です。

　取り組みの前提や状況によって必要な項目は変わってきますが、どのような場合でも必ず取り組んだほうが良いのが図に挙げた3点です。原則として、これら3点すべてに取り組みます。

　コンテンツ準備では、シナリオ・プランニングの取り組みを進め

プロジェクト準備

- プロジェクト目的の明確化
- プロジェクトコアチームの結成
- プロジェクトメンバーの選定

コンテンツ準備

- 過去に関するコンテンツの整理
- 現在に関するコンテンツの整理
- 近未来に関するコンテンツの整理

図6-3 シナリオ作成準備で取り組む内容

ていくにあたって、7つのステップに入る前に用意しておくべき内容を整理します。これも状況によって必要なものが変わってきますが、主なものとしては図に挙げた3点です。

　コンテンツ準備の3つの要素は、**シナリオ・プランニングに取り組む目的や前提はもちろん、準備にかけられる時間等も考慮して取り組むものを選択します。**

プロジェクト準備

プロジェクト準備では、**シナリオ・プランニングの取り組みにか****かわるコアチームの結成、メンバーの選定**と**シナリオ・プランニン****グに取り組む目的の明確化**に取り組みます。

シナリオ作成準備:プロジェクト準備の概要

目的	・シナリオ・プランニングの取り組みを進めていくために必要な準備を行う
進め方	・プロジェクトコアチームの結成 ・プロジェクトメンバーの選定 ・プロジェクト目的の明確化
ツール等	・プロジェクトマネジメント関連知識
アウトプット	・プロジェクトコアチーム ・プロジェクトメンバー ・プロジェクト目的

プロジェクトコアチームの結成

メンバーの構成

プロジェクトを立ち上げ、さまざまな検討を進めるために、取り組みにかかわる人を選定します。**まずは、プロジェクト全般におい****て主導的な役割を担う人たちから構成するコアチームを先に結成し**

ます。**その後、プロジェクトメンバーを選ぶ**という流れで進めます。

コアチームは、文字どおり**シナリオ・プランニングの取り組みの核となるチーム**です。

コアチームは、基本的には**取り組みを行う組織のメンバーで構成**します。状況によっては、外部のコンサルタントやファシリテーター等の専門家も一員となり、客観的な立場からプロジェクトの検討や進行にかかわることもあります。

コアチームが果たす重要な役割

コアチームは、プロジェクト全般にわたってさまざまな意思決定を行います。また、プロジェクト完了後、組織の中でシナリオ・プランニングの取り組みを浸透させる際にも主導的な役割を果たします。

そのコアチームが、プロジェクトの立ち上げの段階で果たす特に重要な役割は、**プロジェクトの目的の明確化**と**プロジェクトのステークホルダーの対応**です。

プロジェクト目的の明確化については、このあとに解説しますが（200ページ）、通常、大まかな目的が決まっている段階で、その目的に沿ったメンバーを集めコアチームを結成します。そのうえで、**コアチームは、大まかな目的をより明確にし、それをメンバーやステークホルダーに共有する**必要があります。

目的を明確化する過程で、必要なメンバーにヒアリングをしたり、関連するリサーチを行ったりする場合もあります。

コアチームのメンバーに求められるスキル

　プロジェクト立ち上げ時点でこのような役割を担うために、コアチームのメンバーとしては、**シナリオ・プランニングの基本ついて理解をしておく**必要があります。

　また、シナリオ・プランニングの取り組みを進める際、ワークショップのファシリテーターはコアチームが務めることが一般的です。各回のワークショップの合間には、それぞれのワークショップの進捗状況を見極めて全体の進め方を練り直したり、アウトプットの質を踏まえて追加のリサーチを依頼する等の判断を行なったりすることもあるでしょう。さらには、各回のワークショップを複数グループで進めている場合は、複数シナリオ等のアウトプットがグループの数だけ出てくるため、最終的にはそれらのアウトプットの統合作業等も行わなくてはいけません。

　このような役割を担うことから、コアチームのメンバーは、**自分たち自身がシナリオ・プランニングの考え方に沿ったシナリオを作成することができるスキル**をもっている必要があります。

　もちろん、これらすべての役割を自分たちで担うことが難しい場合は、外部のコンサルタントに支援を依頼することも視野に入れます。ただし、外部のコンサルタントに支援してもらう場合でも、たとえば複数シナリオの案がいくつか出ている中から1つの案を選ぶというような場合、最終的に自組織にとっての重要性や必要性を判断するのはコアチームの役割です（外部のコンサルタントは判断のための考え方を教えてくれる存在だと言えます）。

　そのため、プロジェクト開始前に、コアチームだけでトレーニングを受ける等して、シナリオ・プランニングの理解を深めておくこ

とが欠かせません。

■ プロジェクトメンバーの選定

プロジェクトメンバーは、プロジェクトの目的を踏まえたうえで選出します。このあと解説するプロジェクトの目的のうち「プロセス」観点の目的（202ページ）も念頭に置き、**プロジェクト実施時点でシナリオ・プランニングの取り組みを支障なく遂行できるメンバー**だけではなく、**実施するプロジェクトをとおして「そのような人材になってもらいたい」と考えている人**をメンバーに加えるという観点の検討も重要です。

組織内で定期的にシナリオ・プランニングに取り組んでいるある組織では、**過去にプロジェクトに参画したメンバーがメンター役となり、新規メンバーと一緒にシナリオ・プランニングの取り組みを行う**というしくみをとっています。こうすることで、新しいメンバーへのスキルの移行をスムーズに行うと同時に、過去のメンバーの振り返りの機会（reflective iteration）にもしています。

また、メンバーを選ぶ際は、各メンバーの年齢や性別、部署や専門といったバックグラウンドにも目を向け、**全体としてなるべく多様な構成になるように工夫しましょう**。

同じ組織に所属していると言っても、年齢や部署が違えば、物事の見方や考え方がまったく違っていることもめずらしくありません。**メンバーの属性だけではなく「思考の違い」も活かして、作成するシナリオの中に多様な観点を盛り込むことができるようにメンバーを選ぶ**ことが大切です。

■ ステークホルダーへの対応

　また、ステークホルダーの対応としては、シナリオ・プランニングの取り組みに関連する人を特定し、その人たちのプロジェクトへの理解や協力をとりつけます。

　組織でシナリオ・プランニングの取り組みを行う場合、プロジェクトメンバーは、本来の業務のかたわらで兼務としてシナリオ・プランニングに携わることが一般的です。そのような場合、**プロジェクトに参加する本人はもちろん、所属する部署の上司等にプロジェクトの意義を理解してもらい、メンバーがプロジェクトに参画しやすい環境を整えてもらえるように協力を得る**必要があります。

　また、ステークホルダーを組織内部に限るのではなく、**組織外部にも目を向け、関連するステークホルダーに協力を依頼したり、プロジェクトに参画してもらったりする**ことも重要です。

　シナリオ・プランニングを活用して複雑な社会課題に取り組み続けるアダム・カヘン氏は、このことを**「システム全体からチームを招集する」**と呼んでいます。

　筆者が実施した自治体向けのシナリオ・プランニングプロジェクトでは、自治体の職員だけではなく、その自治体でさまざまな役割をもつ多様なメンバーに参画してもらい、シナリオや対応策の検討を行いました。

■ プロジェクト目的の明確化

　プロジェクト準備の段階でコアチームが行うもっとも重要な取り組みが、プロジェクト目的の明確化です。**何のためにシナリオ・プランニングに取り組むのか**を明らかにします。

シナリオ・プランニングの取り組みを、アウトプットをつくるだけではなく、未来創造OSを実践する取り組みにするためには「コンテンツ」と「プロセス」という2つの観点から目的を明らかにします。

「コンテンツ」観点での目的の明確化

まずは「コンテンツ」の観点です。ここでは**作成した複数シナリオ等を何のために活用するのか**を明らかにします。

シナリオ・プランニングで作成したベースシナリオや複数シナリオは「アウトプット」とみなして終わりにしてしまうのではなく、「インプット」とみなし、それを組織における戦略や計画、パーパス等の検討につなげ、それらを実行します。

このようにシナリオ・プランニングの取り組み結果をインプットとして活用するまでの範囲を前提とすると、**シナリオ・プランニングに取り組んだ結果を何に活かしていくのか**を考えなくてはいけないことがわかります。

代表的なものとしては次のものが「コンテンツ」の目的になります。これらは第2章でも紹介したものですが、このあとの「ステップ⑦：戦略オプション検討」でも詳しく解説していきます。

- 戦略や計画
- 事業
- パーパス

もちろん、このレベルに留めるのではなく、**自社の状況に合わせて具体化します**。たとえば戦略であれば、それが研究開発戦略なの

か、事業戦略なのか等を考える必要がありますし、事業であれば既存の事業の見直しなのか、新規の事業の検討なのか、あるいはその両方か等を考えなくてはいけません。

「プロセス」観点での目的の明確化

「プロセス」の観点からの目的の検討では、**シナリオ・プランニングの取り組みをきっかけとして、組織や参加するメンバーがどのように変化し、どのような学びを得てもらいたいのか**等を明らかにします。

シナリオ・プランニングの取り組みでは、「コンテンツ」の目的を達成するだけではなく、組織や個人がもっているものの見方や前提をアップデートしていくことまでを視野に入れることが大切です。

そのため、目的は、「コンテンツ」の観点からだけではなく「プロセス」の観点からも検討します。これは、**シナリオ・プランニングに取り組む組織や人材の観点からの目的**と言うこともできます。「プロセス」観点の目的につながる内容は、第7章で「未来創造組織」「未来創造人材」として詳しく紹介していますので、その内容もあわせて参照してください。

検討した目的の共有と記録

明確化した目的は、プロジェクトメンバーやステークホルダー（たとえばプロジェクトメンバーの上司）に共有します。これはコアチームの重要な仕事です。

目的を共有する際には、**シナリオ・プランニングの概要や基本的な考え方**もあわせて説明します。

この章を読み進めるとわかるとおり、シナリオ・プランニングの取り組みを進めるためには、ある程度の時間や労力が必要です。プロジェクトメンバーの上司等のステークホルダーにシナリオ・プランニングの概要や基本的な考え方を理解してもらうことは、プロジェクトメンバーが、気兼ねなくプロジェクトに時間や労力を使えるような環境を整えるために重要です。

　また、プロジェクトの取り組みが始まるこの段階から、**各ステップでの検討内容について記録を残しておく**ようにしましょう。

　プロジェクトを進めていく過程で残す記録は、プロジェクトを進めていく過程で、本来の目的等に立ち戻るために活用できます。また、プロジェクトが完了したあとの振り返りでも、記録が重要な役割を果たします。

　シナリオ・プランニングの取り組みでは、プロジェクトの進め方についての振り返りをすることはもちろんのこと、**プロジェクトメンバーの外部環境の理解――自分たちのパラダイムについての振り返りにも目を向けます。**

　たとえば、プロジェクトを始める前と終わった時点を比較して、自組織を取り巻く外部環境の捉え方の変化を振り返ることは、自分たちのパラダイムの振り返りにつながります。また、この振り返りはプロジェクト直後だけではなく、プロジェクト後の「作成したシナリオをもとにした定点観測」でも意識します（詳しくは第7章でも紹介します）。

　このような振り返りをできるようにするために、検討した結果だけを残すのではなく、検討の過程についても、可能な限り記録しておくようにしてください。

シナリオ作成準備:プロジェクト準備の完了チェックリスト

☐ コアチームが結成されている

☐ コアチームメンバーはシナリオ・プランニングの基本的な理解をもっている

☐ プロジェクトメンバーが選定されている

☐ プロジェクトメンバーは多様な構成になっている

☐ 組織内（必要があれば組織外）のステークホルダーがプロジェクトの意義を理解している

☐ コンテンツ観点でのプロジェクトの目的を明確化できている

☐ プロセス観点でのプロジェクトの目的を明確化できている

☐ 明確化した目的をメンバーやステークホルダーに共有している

コンテンツ準備

「コンテンツ準備」の概要

シナリオ・プランニングの取り組みを進めるためには、さまざまな情報を用意する必要があります。その中でも、よく知られているものが「ステップ②：外部環境要因リサーチ」で収集する外部環境要因に関する情報ですが、外部環境要因と同じくらい重要な情報が、このコンテンツ準備で整理する情報です。

シナリオ・プランニングの取り組みでは、作成する複数シナリオ等をインプットとして、**不確実な未来の可能性に備える対応策**を検討します。**この対応策を検討する際に必要となる情報を整理するために行うのが、このコンテンツ準備**です。

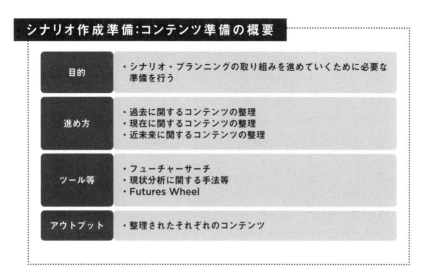

シナリオ作成準備：コンテンツ準備の概要

目的	・シナリオ・プランニングの取り組みを進めていくために必要な準備を行う
進め方	・過去に関するコンテンツの整理 ・現在に関するコンテンツの整理 ・近未来に関するコンテンツの整理
ツール等	・フューチャーサーチ ・現状分析に関する手法等 ・Futures Wheel
アウトプット	・整理されたそれぞれのコンテンツ

コンテンツ準備は、基本的にワークショップ形式で進めますが、このコンテンツ準備のためのワークショップは、通常、**プロジェクト準備で選定されたプロジェクトメンバーが行う最初の取り組み**になります。そのため、コンテンツ準備の**主な目的は対応策を検討するために必要な情報を整理すること**ではありますが、副次的な目的として、**プロジェクトメンバーのチームビルディングにつなげること**も意図しています。

　そのため、プロジェクトの目的やプロジェクトメンバーの状態に応じて、このあと解説する**「過去」「現在」「近未来」という3つの観点からコンテンツを整理するワーク**以外のものに取り組む場合もあります。たとえば、よりチームビルディングを重視したワークに取り組む場合もあれば、より実務的な側面に焦点を当てて、プロジェクトの進め方に関するワークを行うこともあります。

　このあと解説する内容については、「過去」「現在」「近未来」の3つの観点すべてに取り組むことが理想です。ただし、すべてに取り組むと相応の時間がかかります。そのため、それぞれのワークについて、具体的な進め方だけではなく、それぞれをどのような状況の場合に取り組むのが良いのかもあわせて解説します。

　また、それぞれの観点でのコンテンツの整理のために活用している手法・ツールは、筆者が実際に活用したものの中で代表的なもの（かつ、それらの手法・ツールについて知りたい場合により詳しい資料があるもの）になります。同じ目的を果たすことができるのであれば、ここに挙げたもの以外の手法・ツールを使うこともできます。

「過去」に関するコンテンツの整理

　過去に関するコンテンツの整理では、シナリオ・プランニングに

取り組む組織とプロジェクトメンバーのこれまでを振り返ります。

「過去」を捉える視点

　第2章で「未来は現在の延長」型の未来の考え方は避けるべきだと解説しましたが、ここで過去に関するコンテンツの整理をすると、そのような考え方を助長することにつながるのではないかという懸念も出てくるかもしれません。

　確かに、過去を振り返ることをとおして「昔は良かった」と思いをはせるだけでは、不確実な環境への対処を考える際に逆効果になるかもしれません。しかし、**将来のことを考えるからと言って、過去を否定したり、ないがしろにしたりすることが望ましいことではない**のです。

　「未来は現在の延長」型の説明（57ページ）で伝えたかったのは、**環境や顧客の変化に目を向けることなく、自分たちにとって都合が良い面だけに目を向けて、過去の延長線上に未来を見ることを避けるべきだ**という点です。そのような見方は避けるべきではあるものの、過去に行ったことすべてが未来に通用しなくなるわけではありません。そのため、「未来は現在の延長」型の頭の使い方を避けるべきだからと言って、過去を無条件に否定することを薦めているわけではない点には注意が必要です。

　過去のことを冷静に振り返り、成功体験の表面的なところにだけ目を向けるのではなく、**その背後にある組織や個人が積み重ねてきた「資産」に目を向けます**。そのうえで、不確実な未来の可能性を検討し、**これまでの「資産」の中から、未来に向けて変えていくべきもの、変えていくべきではないものを見極めて、それらの活かし**

方を考えていくことがシナリオ・プランニングの取り組みにおける適切な過去の扱い方です。

「過去」に関するコンテンツ整理の具体的な進め方

ここからは「過去」に関するコンテンツの整理の具体的な進め方を見ていきましょう。

「過去」に関するコンテンツの整理で取り組むことは、**過去から現在までの年表づくり**です。過去を振り返るために年表をつくるという考え方については、マーヴィン・ワイスボード氏とサンドラ・ジャノフ氏によって提唱された**フューチャーサーチ**の考え方を参考にしています。

過去を振り返るための年表をつくる際、具体的にどれくらいまでの過去にさかのぼれば良いのかは、状況に応じて設定しています。

目安として、**最低でもシナリオテーマで設定している年数分**（233ページ以降で詳述）**はさかのぼります**。たとえば、シナリオテーマの時間軸で10年と設定しているのであれば、少なくとも10年前まではさかのぼります。

さかのぼる年数を決めたあと、次の3つの観点から年表を作成していきます。

- 外部環境
- 組織
- 個人

これらの観点をもとにして、「過去」に関するコンテンツの整理

に取り組みます。

　ワークショップを対面で実施する場合は模造紙等に、オンラインで実施する場合はパワーポイント等のソフトを使って年表をつくります。資料化する際には**横軸に年代**をとり、**縦軸に「外部環境」**
「組織」「個人」のそれぞれの行をつくり、3つの観点を一覧できるようにします（図6-4）。

　3つの観点を1つずつ見ていきます。

　最初の**「外部環境」**では、**社会で起きた主な出来事**を書きます。「社会で起きた」というと漠然としていますが、**シナリオテーマ**を基準として考えます。たとえば、シナリオテーマの**地理軸**と**検討ス**
コープを「日本の社会」と設定している場合、年表で検討する「外部環境」でも「日本社会」を対象にして出来事を調べます。

　ただし、ひとくちに「日本社会」と言っても、いろいろな切り口があり得ます。どのような切り口を盛り込むのが良いか迷った場合は**「汎用的なもの」**と**「自社に特化したもの」**に分けて、関連する

年代	2011	2012	2013	2014	2015	2016	2017	2018	2019	2020
外部環境	主要な出来事をあらかじめ書いておく									
組織	主要な出来事をあらかじめ書いておく									
個人	個人の出来事 …									

図6-4 過去の振り返りの年表イメージ

出来事を集めます。

「汎用的なもの」とは、**日本社会の大きな変化の流れを感じることができるもの**です。たとえば、それぞれの年に開催された大きなイベントや主要な出来事等の他、歴代の首相、あるいは各年の日経平均や円相場の始値と終値等を盛り込んでおくと、経済や社会の大きな流れを概観することができます。少し変わったところでは、各年の流行語大賞等も時代の流れをつかむ参考になります。

「自社に特化したもの」では、**自社の事業に関連のある分野の歴史**を調べていきます。関連する分野の新商品や新サービス、主要な出来事等を盛り込みます。

外部環境分野の年表作成は、こり始めるといくらでも時間をかけられてしまうため、時間や範囲をあらかめ絞ったうえで作成し、あとは参加者の記憶に頼りながら付け足していくのも良いでしょう。

2つ目の観点の**「組織」**では、存在しているのであれば**自社の社史や関連する情報**を使います。

フューチャーサーチの進め方によっては、「社史等を使って正確なデータを参照する必要はない」という意見もありますが、社史等の自社にとっての公式な情報を振り返ることで現在の事業について新たな見方ができることもあります。そのため整理された公式な情報を入手できる場合は、可能な限り、それを使います。社史がある場合、企業によってはシナリオテーマで設定している年数以上にさかのぼることができますが、**最低でもシナリオテーマで設定している年数は確認**し、それ以上の過去の扱いは、年表にまで落とし込まずに手元で参照できるようにしておく等、状況に応じて柔軟に使い

ます。

　最後の**「個人」**は、**設定した期間におけるプロジェクトメンバー個人の歴史**です。

　自社内での仕事の内容や役割の変遷を中心に、差し支えない範囲で個人的な出来事を入れても良いでしょう。人によっては、その会社に入る前に勤めていた会社での出来事も含まれるかもしれません。

　これら3つの観点のうち、「外部環境」と「組織」については、コアチームを中心にあらかじめ情報収集をし、資料化しておきます。

「過去」のコンテンツ整理に取り組む意義

「過去」のコンテンツ整理に取り組むうえで大切なのは、この年表をつくることではなく、**完成した年表をもとにお互いが自分なりのストーリーを話し、それを共有していく**ことです。

　組織で一緒に仕事をしている場合でも、お互いについて知らないことが多いことに気づくでしょう。特に、**組織の歴史と個人の歴史を織り交ぜながら語られるストーリーからは、その人の人となりや仕事ぶりを形づくってきたものを垣間見ることができる**はずです。

「自分のストーリーを話す」と言うと、最初は抵抗感を示す人が多いのですが、実際に話し始めると、たいていの場合、自由にいろいろなことを話してくれます。それぞれの人が自分のストーリーを話すだけではなく、お互いに質問をしたり、感想を伝える時間をとったりすることで、語られるストーリーがより豊かなものになります。

ここで紹介したように、「過去」に関するコンテンツの整理に取り組むことは、過去と現在をつなぐだけではなく、外部環境と組織、そしてそれぞれのメンバーをつなぐ機会にもなります。そのため、**組織のパーパスやビジョン、ミッション等を考えることを目的としたプロジェクト**の冒頭に特に適しています。

　また、組織の歴史を振り返る機会にもなるので、**中長期的な戦略や計画を立案するプロジェクト**にも取り入れると良いでしょう。

▍「現在」に関するコンテンツの整理

　「現在」に関するコンテンツの整理では、**組織を取り巻く現状を把握するための情報の整理**に取り組みます。

　ここでの「現在」に関するコンテンツの整理では、戦略策定等の分野で広く使われている**「現状分析」の手法・フレームワーク**を活用します。さまざまな手法・フレームワークのうち、どれに取り組むかは、あらかじめ明確にしたプロジェクトの目的によって変わってきます。そのため、シナリオ・プランニングを活用するプロジェクト全体の目的に照らして、どのような分析が必要なのかを検討したうえで、その分析に必要な手法・フレームワークを選びます。

　シナリオ・プランニングに限らず、組織に関するさまざまな検討を行う際、まずは現状分析を行うことが当たり前になっていますが、**現状分析を最初に行わないほうが良い**という指摘もあります。

　たとえば、伊丹氏は『経営戦略の論理』の中で事前に現状分析に取り組むことで、現状に潜んでいる課題やしがらみに気づいてしまい、最終的な戦略や事業案を検討する際に現状を前提としない思い切った案を検討しにくくなる可能性があると指摘しています。

この指摘は、シナリオ・プランニングの取り組みにも当てはまる場合があります。**事前に取り組んだ組織を取り巻く外部の環境や内部の状況についての現状分析が、プロジェクトメンバーの思い込みを強めてしまうことがある**のです。そのような状態でシナリオ作成を進めると、現状認識と大きく異なる複数シナリオが受け入れられなくなってしまったり、戦略オプション検討で出てくる案が、現在の施策の延長のようなものばかりになってしまったりします。

　そのため、**プロジェクトを立ち上げる段階での組織やプロジェクトメンバーの状態によっては、「現在」に関するコンテンツの整理をこのタイミングで取り組むことは控えるという判断も必要**です。

　このタイミングで現状分析を行わない場合、まずシナリオ・プランニング実践マップの「ステップ⑥：シナリオ詳細分析」まで進め、次の**「ステップ⑦：戦略オプション検討」に取り組む前**に現状分析を行います。

シナリオ・プランニングにおける現状分析で意識すること

　どのようなタイミングで現状分析に取り組むにしても、表面的な分析にならないように注意が必要です。

　現状分析に関するフレームワークの解説やひな形がたくさん出ているため、そのようなフレームワークを埋めることが現状分析だとみなしてしまう場合がありますが、それでは現状分析に取り組んだことにはなりません。**単なる現状の記述だけではなく、そのような状態になっている要因や背景を掘り下げていく**ことが大切です。

　たとえば、現状分析として顧客について分析をする場合、既存顧客の数や売上といった定量的な情報を整理して終わりにしてしまうのは、単なる現状の記述です。その記述をもとに、**自社にはどのよ**

うな種類の顧客がいるのか、それぞれの顧客はどのようなニーズを
もっているのかといったところまで掘り下げます。

　シナリオ・プランニングにおける現状分析が単なる現状の記述に
留まってはいけない理由は、**ここでの分析の質が「ステップ⑦：戦
略オプション検討」の質に大きく影響する**からです。
　戦略オプションとは、将来における不確実な環境変化が及ぼす影
響に、今からどのように対処するかを整理したものです。その戦略
オプションを検討する前提となるのが、複数シナリオのそれぞれの
状態になった場合、顧客や自組織に及ぶ影響です。
　たとえば、顧客に関する戦略オプションを検討する場合、その前
提となる既存顧客への影響は次のように考えます（図6-5）。

図6-5 戦略オプション検討の前提となる顧客への影響検討のしくみ

　これを一般化すると、シナリオ・プランニングにおける戦略オプ
ション検討は次のように表すことができます（図6-6）。

図6-6 戦略オプション検討の前提となる影響検討のしくみ

　このように表すとわかりやすくなるように、せっかく時間をかけ

て質の高い複数シナリオをつくったとしても、それにかけあわせる**「現状の理解」**が不十分なものであれば、それとのかけあわせで得られる**「各シナリオの環境変化による現状への影響」**も不十分なものになってしまうのです。

そのため、どのような手法やフレームワークを使おうとも、現状に関するコンテンツの整理に取り組む場合は、単なる現状の記述に留まらず、背後にある要因等にまで目を向け、それを明らかにすることを心がけてください。

「近未来」に関するコンテンツの整理

「近未来」に関するコンテンツの整理は、将来における不確実な可能性を検討するシナリオ・プランニングの取り組みの中で、**目の前の不確実な出来事やその影響に目を向けるために取り組む**ものです。

特に、シナリオテーマの時間軸を、5年や10年といった比較的長期の未来を検討する設定にしている場合には、この「近未来」に関するコンテンツの整理は必ず取り組むことをお薦めします。

現在のように不確実な時代、プロジェクトに参加しているメンバーの中には、5年や10年先の環境変化ではなく、すぐ目の前で起きている出来事に漠然とした不安を感じていたり、その影響を気にしたりしている人もいるでしょう。このように目の前に気になることがある状態では、それよりも先の未来を考えようとしても、なかなか身が入りません。

そこで実施するのが「近未来」に関するコンテンツの整理です。

ここでは、目の前で起きている気になる出来事をとりあげ、それに関する影響等をプロジェクトメンバー同士で言葉にして、整理を

します。このように**目の前の出来事についての影響を言語化、可視化することをとおして、それぞれのメンバーが気になっていること等を明らかにします**。このプロセスをとおして、目の前で起きている出来事に伴う不安や懸念を整理し、それよりも先に起こる可能性がある不確実な出来事について考える心の準備をします。

　この「近未来」に関するコンテンツの整理は、このあとの**シナリオ・プランニングの取り組みに向けて情報を整理する**だけではなく、**メンバーの「心の状態」を整理する**ことも目的にしています。

近未来のコンテンツを整理するFutures Wheel

　近未来のコンテンツを整理するための手法はいくつかありますが、その中でも筆者が使いやすいと感じているのが**"Futures Wheel"**という手法です。この手法は、1971年にジェローム・C・グレンによってつくられ、未来学者や企業の戦略立案担当者、公共政策立案担当者等によって使われるようになり、広く知られるようになりました。

　Futures Wheelは、**今、目の前で起きている気になる出来事をとりあげ、その出来事がもたらす影響を自由に考えていく手法**です。

　たとえば「新型コロナウイルス感染症の拡大」という出来事をテーマとしてFutures Wheelに取り組むと次のようなものができあがります（図6-7）。

　このサンプルのとおり、Futures Wheelでは、まず**気になる出来事等をテーマ**としてとりあげ、中心に置きます。

　その後、**「この出来事によって、私には（自組織には）どんな影響があるだろうか？」**と考え、中心にある出来事による影響や付随的

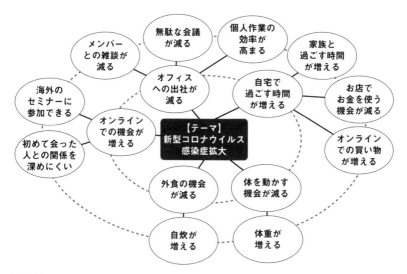

図6-7 「新型コロナウイルス感染症の拡大」をテーマとしたFutures Wheelのサンプル

な出来事等をその外側に書きます。これらを**「一次の影響」**と呼びます。図ではテーマのすぐ外側にある円の上に置かれている項目が「一次の影響」です。

　次に、第一次の影響として挙げたそれぞれの項目を見て、**その項目による影響や付随的に起きること**を外側に書きます。これらは**「二次の影響」**と呼ばれます。図では一番外側の円の上に置かれている項目が「二次の影響」です。

　このステップをくり返して、中心に置いた出来事から派生してどんな影響や出来事があり得るのかを考えていきます。図では「二次の影響」までを考えていますが、必要があれば、三次、四次……と広げて影響を考えていきます。

　このようにして中心に置いた出来事の影響を輪のように広げて考えていくことから"Futures Wheel"、つまり**「未来の輪」**という名称で呼ばれています。

なお、影響を考える際には、ネガティブな影響だけではなく、ポジティブなものもあわせて想像することが大切です。ポジティブ、ネガティブの両面からその影響を二次、三次と考えていくことで、中心に置いた出来事が及ぼすさまざまな影響を把握することができます。

　こうすることで、それまで漠然と不安を感じていた出来事について、より具体的に捉えることができます。具体的に捉えることができれば、この出来事にどのように対処しなければいけないのかについても、具体的に考えることができるようになります。

　この手法をシナリオ・プランニングの取り組みの中に取り入れる際は、プロジェクトメンバーが気になっていることをテーマとして設定します。

　実際のワークでは、まず個人で自分なりのFutures Wheelを描き、その結果をメンバー間で共有します。共有すると、目の前で起きている同じ出来事であっても、そこから受ける影響について、さまざまな捉え方があることに気づきます。これは、それぞれの人がもっているパラダイムの存在を自覚する良いきっかけになります。

　また、コアチームメンバーやファシリテーターとしても、プロジェクトメンバーがもっているパラダイムの傾向を知るきっかけとしてFutures Wheelの結果を活用できます。

　このような使い方をするためにも、Futures Wheelをシナリオ・プランニングとあわせて使う場合は、正確さや厳密さにはこだわらず、それぞれの人が考えていることを自由に出してもらうようにします。そのような設定にすることが、未来について自由に対話をできるような雰囲気をつくることにもつながります。

シナリオ作成準備:コンテンツ準備の完了チェックリスト

☐コンテンツ準備には、チームビルディングにつなげるという副次的な目的があることを理解している

☐コンテンツ準備のために使用するツールや手法は、同じ目的を達成できるのであれば別のものを使っても良いことを理解している

☐「過去」に関するコンテンツの整理の取り組みは、組織とプロジェクトメンバーのこれまでを振り返ることを目的とした設計となっている

☐「過去」に関するコンテンツの整理における対話の重要性について理解している

☐「現在」に関するコンテンツの整理の取り組みは、組織を取り巻く現状の把握をすることを目的とした設計となっている

☐「現在」に関するコンテンツの整理のアウトプットは、単なる現状の記述だけではなく、要因や背景等も掘り下げることができている

☐「近未来」に関するコンテンツの整理の取り組みは、情報整理だけではなく、メンバーの「心の状態」を整理することを目的とした設計となっている

ステップ①：
シナリオテーマ設定

　ここから**シナリオ・プランニング実践マップの「7ステップ」**の解説に入っていきます。

　最初のステップは**「シナリオテーマ設定」**です。

　どのような設定でベースシナリオや複数シナリオをつくるかを定めたものがシナリオテーマです。これまでの章で紹介したとおり、シナリオテーマは**「時間軸」「地理軸」「検討スコープ」**の3点を設定します。

　単純に思える設定項目ですが、プロジェクトの目的にあったシナリオ・プランニングの取り組みを行うためには、それぞれの項目を設定する際の基準を詳しく理解しておく必要があります。ここからは、シナリオテーマ設定の前提となるシナリオアジェンダの考え方も含めて解説します。

【ステップ①:シナリオテーマ設定】の概要

目的	・シナリオ・プランニングの取り組みの方向性を明確にする
進め方	・シナリオ・プランニングに取り組む目的とシナリオをつくるテーマを考える
ツール等	・論点の確認 ・シナリオテーマ設定フレームワーク（時間軸・地理軸・検討テーマ）
アウトプット	・シナリオアジェンダ ・シナリオテーマ

シナリオアジェンダを特定する

これまでの章でも紹介したように、シナリオテーマを検討するためには**シナリオアジェンダ**を明らかにする必要があります。シナリオアジェンダとは、**シナリオ・プランニングの取り組みをとおして検討したい課題をまとめたもの**です。

シナリオアジェンダを検討する際に大切なことは、**シナリオ・プランニングの活用を前提とせずに、組織が抱えている課題を整理する**ことです。準備段階として取り組んだ「プロジェクト準備」や「コンテンツ準備」の内容をもとにして、自組織が抱えている課題を幅広く検討します。

そのようにして特定した課題を踏まえて、**シナリオ・プランニングに取り組むべきかどうか、取り組むとすれば、どのような課題を取り扱うのが良いか**を考えます。

シナリオ・プランニングを活用することを前提としてしまうと、シナリオ・プランニングに沿うようなものばかりに目が向いてしまい、本来の課題を見落としてしまう可能性があります。

これまでに筆者がかかわったプロジェクトの中でも、シナリオアジェンダ特定のために組織が抱える課題を特定していく中で、まずは目の前で起きている課題に取り組む必要性を認識し、シナリオ・プランニング以外の手法を使った取り組みから始めたものもありました。

このような例は多くはありませんが、**シナリオ・プランニングを目的にしてしまうことで、本来、取り組まなくてはいけない課題を見えなくしてしまうことは避けなければいけません**。そのためにも、まずはシナリオ・プランニングの活用を前提にせず、検討すべ

き課題を考えます。

シナリオアジェンダを検討するポイント

　シナリオアジェンダにつながる検討したい課題を明らかにするためには、シナリオ・プランニングの取り組みのコアチームを中心に、自社の組織や事業における課題や課題と言えるまでの状態にはなっていないものの今後、影響を与えそうな気になる点を洗い出すことから始めます。

　この際、自分たちの思い込みに陥らないように、自分たちが課題だと考えているものを検討しているときに、次の3つを意識します。

- **視点**：どんなポイントを見ているのか
- **視野**：どんな範囲で見ているのか
- **視座**：どんな立場で見ているのか

　1点目の「**視点**」を意識することは、**課題を探り、判断する際に何をもとにしているのかに自覚的になる**ことです。

　たとえば、財務諸表上の数字や顧客に関するデータ等の定量的な情報に目を向けることは、客観的に判断するために大切なことです。しかし、それだけではなく、定性的な情報（たとえば社員の声や顧客の声等）にも目を向けると、定量的な情報だけでは見えてこないものが明らかになるかもしれません。

　また、組織の中にはさまざまな業務プロセスがありますが、それらのどこに目を向けるのかによっても変わってきます。

　社内の役割が細分化され、それぞれの専門性や独立性が強くなっている場合は、物事を見る視点が気づかないうちに固定されてし

まっていることは少なくありません。日々の業務を進めていくうえで、そのような状態が問題になることはないかもしれませんが、課題を検討する際には制約になってしまう可能性もありますので、意識して別の視点からも検討してみましょう。

2点目の**「視野」**を意識することは、**課題を検討している際の空間や時間の広がりに自覚的になる**ことです。

空間を意識すると、本社だけではなく、全国の支店や工場等にも目を向けることができるかもしれません。グローバルな競争環境にも目を向けられるでしょう。

時間を意識すると、現在は小康状態になっているものの、過去に起きていた深刻な課題に気がつくかもしれませんし、今は些細なものに見えるものの将来的に深刻化しそうな出来事に目を向けられるかもしれません。

最後の**「視座」**を意識することは、**自分たちにはない立場からのものの見え方に自覚的になる**ことです。

社長・役員の立場から見る自組織、新入社員から見る自組織は、自分が見ているものとはまったく別のものに映るはずです。

時間等の制約から、これらすべての観点を取り入れることが難しい場合もあるでしょう。**大切なのは、これらの観点を網羅するというよりも、課題を考えるために自分たちが無意識に使っている観点に自覚的になること**です。自分の観点を自覚しない限り、その視点・視野・視座を変えて考えることはできません。多様な観点から考えるためにも、まずは**「自分たちは、今、どの視点・視野・視座で課題を考えているのか?」**に自覚的になることから始めましょ

う。

　課題を洗い出す際に意識したほうが良いもう1つの観点は**「なぜ、それが自分たちにとって課題なのか？」**を問い続けることです。

　私たちは日々さまざまな情報にさらされているため、世の中で課題だと言われていることを、そのまま自分たちの課題だと受け取ってしまいます。ただし、そのまま受け取ってしまうだけでは、抽象度が高く、自分たちにとってどういう影響があるのかがはっきりわかりません。その場合に考えたいのが「なぜ、それが自分たちにとって課題なのか？」という点です。

　たとえば「高齢化」という現象について、企業はもちろん、国や自治体等、さまざまな組織が課題だと考えています。しかし、「高齢化は課題だ」という程度の理解のままでは、漠然としていて自組織にとっての影響がはっきりわかりません。そこで**「自組織にとって」という立場を明確にして考え続けていく**ことが必要です。

　たとえば自動車メーカーにとっては安全面の課題や潜在顧客の減少という課題に行き着くかもしれません。また、同じ自動車メーカーでも視点を人事担当者に移してみると、雇用機会確保や再就職支援にまで手が回っていないという課題に行き着くかもしれません。

　このように、まずは一度具体化したうえで、個々の課題を分類して整理し、シナリオアジェンダとします。具体化したものを整理していった結果、最終的に「高齢化によって自社はどんな影響を受けるのか？」というシナリオアジェンダに行き着くことがあります。

　この例を見ると、最初に「高齢化」と出した時点でそのままアジェンダにすれば良かったのではないかと思う人もいるでしょう。

しかし、一見、同じように見える「高齢化」という課題でも、漠然と設定しているのと、**より具体化された個々の課題を踏まえたうえで設定しているのとでは、シナリオアジェンダについての理解度や納得度が変わってきます**。

シナリオ・プランニングは将来のことを抽象的に考えるものだと捉えている人もいるのですが、**作成したシナリオをもとに具体的な自組織の対応策を検討するためには、将来のことであっても、なるべく具体的に考えていくことが必要**です。**そのための第一歩が、シナリオアジェンダを具体的に考えること**です。

一見遠回りに思えるかもしれませんが、ここでの具体的な課題意識が、ベースシナリオや複数シナリオを検討する際の具体性につながります。

また、先ほど「納得度」と書いたとおり、シナリオアジェンダが明確になっていればなっているほど、参加するプロジェクトメンバーが「確かに、これは考えていかなくてはいけない」と思う度合いが高まりますし、プロジェクトメンバー以外の関係者を巻き込んでいくときにも有効です。そのため、時間はかかるかもしれませんが、自分たちにとって納得のいくレベルにまで課題を落とし込んだうえで、シナリオアジェンダとしてまとめてください。

シナリオアジェンダ特定のタイミングとメンバー

ここまで読むと想像がつくとおり、シナリオアジェンダの特定のために検討することは、シナリオ作成準備でとりあげ**プロジェクト目的の明確化**で取り組むことと重なるものが多いです。シナリオアジェンダの検討はシナリオテーマ検討との関連が強いため、便宜

上、ここで解説をしていますが、**実際のプロジェクトではシナリオ作成準備の段階で、プロジェクトの目的の明確化とシナリオアジェンダの特定をあわせて進めることが一般的**です。

　そのため、シナリオアジェンダを検討するメンバーは、プロジェクト目的の明確化同様、**コアチーム**を中心として進めていきます。

▍ シナリオテーマが表すもの：汎用的な影響ピラミッドの概要

　シナリオアジェンダを特定したあとはシナリオテーマの設定に移ります。シナリオテーマの設定方法について詳しく解説する前に、**シナリオテーマの位置づけ**をあらためて確認します。

　シナリオ・プランニングは将来における不確実な可能性を考える手法だとお伝えしてきました。ただし、ひとくちに**「不確実な可能性」**と言っても、さまざまなものがあります。

　メンバーが今後も自組織に残り続けてくれるかどうかということも不確実ですし、協力関係にある企業と今後も同じような条件で事業を進めていくことができるかどうかも不確実です。

　さまざまな「不確実な可能性」が考えられる中で、**シナリオ・プランニングでは外部環境に着目して、その不確実な可能性を考えます**。

　ただし、外部環境と言っても、やはりさまざまなものがあるため、やみくもにいろいろなものを考えるわけにはいきません。そこで**自分たちにとって考える意義のある外部環境に絞って検討する**必要があります。

汎用的な影響ピラミッド

この自分たちにとって考える意義がある範囲を検討するために使うのが、これまでの章でも紹介した**「影響ピラミッド」**です。

第4章、第5章では、それぞれの演習のシナリオテーマにあわせた影響ピラミッドを使いましたが、ここでは次のような汎用的な影響ピラミッドを紹介します（図6-8）。

汎用的な影響ピラミッドは、上から**「自組織」「事業環境」「外部環境」**という層に分かれます。

「外部環境」と「事業環境」の層から、それぞれ上に**「影響」**という矢印が出ていることからわかるとおり**「事業環境」は「外部環境」の影響を、「自組織」は「事業環境」の影響を受ける**という関係を表しています。

一番上の**「自組織」**の層は**シナリオ・プランニングに取り組む主体**が相当します。汎用的に「自組織」と書いていますが、それぞれの状況にあわせて読み替えてください。たとえば、実施する主体が企業であれば「自社」になりますし、個人でシナリオ・プランニングに取り組む場合はここが「自分自身」になります。また、自治体や学校等の組織で取り組む場合は、それぞれの組織がこの層に相当します。

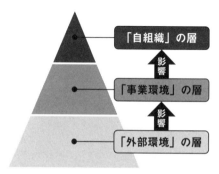

図6-8 汎用的な影響ピラミッド

真ん中の層は**「事業環境」**です。ここは、組織が事業等を営んでいく際にかかわる対象が含まれます。企業の場合、たとえば次のような対象が「事業環境」の層に含まれます。

- 顧客
- 競合企業
- 投資家
- サプライヤー

　自社の意思決定や活動に何らかの影響を及ぼしあう対象がここに含まれます。たとえば、外資系企業の日本法人であれば、海外にある本社もここに含めるというように、この層も自社の状況にあわせて読み替えてください。

　一番下は**「外部環境」**の層です。ここには**自組織ではコントロールができない、あるいはコントロールが難しい対象**が含まれます。ここに含まれるのは、これまで見たように人や組織ではなく、外部環境要因と呼ぶ、さまざまな環境要因です。

汎用的な影響ピラミッドを応用する

　ここで紹介したのは汎用的な影響ピラミッドですが、実際にシナリオ・プランニングを取り組む環境にあわせて、各層に当てはまる対象が変わってきます。

　たとえば、シナリオ・プランニングに取り組む主体を「個人」にすると、第4章で見た影響ピラミッドのとおり、一番上には「個人」、真ん中にはその個人が日々の活動で直接的な影響を受ける

「組織」、一番下には「個人」ではコントロールがきかず、「組織」にも影響を与える「社会」を設定しています。

このように、まずは**一番上の層にシナリオ・プランニングの取り組みを行い、検討したシナリオに基づく対応策を実行する主体**を想定します。それに応じて、真ん中の「事業環境」の層は**その主体が日々活動するうえで直接的な影響を受ける対象**、**一番下**の「外部環境」はその主体ではコントロールできない、あるいはコントロールが難しい対象**を想定します。

シナリオテーマの範囲とその範囲を設定する意義

このようにシナリオ・プランニングに取り組む主体や状況に応じて、影響ピラミッドの各層を読み替えていきますが、そのようにして決まる**一番下の「外部環境」の層が、シナリオテーマを設定する対象**になります。つまり、シナリオ・プランニングで設定するシナリオテーマとは、影響ピラミッドの一番上に相当する「自組織」に影響を与えるだけではなく、真ん中の「事業環境」の層にも影響を与える「外部環境」の範囲を前提とします。

そして、この範囲で得られた情報をもとにベースシナリオを検討し、複数シナリオの軸を作成し、複数シナリオの中身を考えていくのが、このあと取り組むことです。

「自組織」のことを考えるために、わざわざ自組織から離れている層をもとにするのには理由があります。それは、このように**離れた層からの影響を考えることが、未来創造OSの「枠組みの見直し」(reframing) につながる**からです。

私たちが自社や個人といった一番上の層のことを考える場合、自

社や個人の範囲の中だけで考えてしまうか、せいぜい考えたとしても「事業環境」の層からの影響（自社であれば競合企業やサプライヤー等、個人であれば自分が勤める企業等）までしか考えないことが多いのではないでしょうか。しかし、影響ピラミッドを見るとわかるとおり、**「自組織」や「事業環境」は「外部環境」からの影響とは無関係ではいられません**。ここでは、普段ならあまり考えていない「外部環境」の層にも目を向けることで、これまでは考えていなかった枠組みで「自組織」のことを考えようとしているのです。

　さらに、シナリオ・プランニングでは、ここに**「時間軸」**という変数を加えて考えます。これによって**「自組織」のことを考える際、「外部環境」の層の変化を考えるという"距離"に加えて、現在のことではなく将来のことを考えるという時間的な"距離"も加わる**ことになります。

　このような"距離"をあえて設定することによって、普段なら考えられないようなことが考えやすくなる。言い換えると「枠組みの見直し」（reframing）や「認識の見直し」（repeception）がやりやすくなるのです。

「自社の将来について自由な発想で考えてほしい」という指示で立ち上げられる新事業開発プロジェクト等があります。しかし、そのような形で依頼するだけでは、元々、そういう考え方ができない人にとっては難しいのが現実です。このように**個人の能力に頼るのではなく、「自由な発想」で考えることができる設定にするのがシナリオ・プランニング**であり、そのための設定をするのがシナリオテーマです。

シナリオ・プランニングの特徴を最大限発揮するために

　他の文献等でシナリオテーマの設定についての解説を読むと、このあと紹介する「時間軸」「地理軸」「検討スコープ」の設定方法だけが解説されている場合がほとんどです。

　本書で、シナリオテーマの考え方についてこのように掘り下げた解説をしている理由は、**シナリオ・プランニングの実践を進め、複数シナリオ等を考えているうちに、「外部環境」と「事業環境」の層の区別が曖昧になってしまう**ことがよく起きるからです。

　シナリオテーマを「外部環境」の層で設定するということは、複数シナリオの軸や中身も「外部環境」の層に関する要因をもとに作成し、検討することになります。しかし、「外部環境」と「事業環境」の層の区別が曖昧になってしまうと、「事業環境」の層に相当する要因を複数シナリオの軸にしてしまいます。シナリオ・プランニングの実践例として紹介されている複数シナリオの中にも、「事業環境」の層に関する要因（たとえば競合企業の動き等）を軸にしている複数シナリオを目にすることもあります。

　しかし、そのような複数シナリオはシナリオ・プランニングの考え方に沿っているとは言えません。なぜなら、そのような**競合企業の動きも、影響ピラミッドの一番下にある「外部環境」の層の変化の影響を受けて変わってくる可能性がある**からです。

　ただし、実際のビジネスの現場で活用することを考えた場合、競合企業のような「事業環境」の層に相当する要因を軸にして考えることは意味がないわけではありません。特に設定した時間軸が比較的短い場合、「外部環境」の層の変化は大きくないと考え、競合企

業の動きによる自社への影響、つまり影響ピラミッドの真ん中と一番上の層だけを考えることで、日々の事業の意思決定にとって意味がある情報を得られるはずです。

シナリオ・プランニングの理論に沿っているかどうかではなく、日々の意思決定に役に立つかどうかという観点で考えれば、自組織にとって有益な情報を得られるものでありさえすれば、たとえ理論的に正しくない複数シナリオであっても、それは自分たちにとって考える意義があるものとみなすことはできます。

ただし、本書がシナリオ・プランニングについての解説書である以上、「外部環境」の層以外の要因をもとにした軸を組み合わせたものは「2軸を使ったマトリクス」として、シナリオ・プランニングの複数シナリオとは区別して考えます。そのような取り組み方でも一定の実用性があることは認めつつも、**「外部環境」の層以外のもので軸を組み合わせると本来のシナリオ・プランニングの特長を活かせなくなってしまう可能性がある**ことには留意すべきだと考えるためです。

「事業環境」の層で複数シナリオの検討を進めると、たとえば「シナリオ・プランニングに取り組んで、競合の変化の可能性はいろいろと考えられていたけれど、競合にも自社にも影響がある環境変化が起きることなんて考えられていなかった」ということが起こり得ます。

このようなことを避けるためには、**競合の変化を重点的に考えたい場合には競合の動きのパターンを2軸で表すことに取り組み、シナリオ・プランニングとは明確に分けた検討を行う**ことをお薦めします。

どのような手法やフレームワークであっても、万能なものはありません。

そのため、シナリオ・プランニングについても、その特徴を最大限に活かしていくために、ここで紹介した影響ピラミッド（227ページ）の考え方等を含めた、シナリオ・プランニングの原則に沿った使い方をしてください。

以降のページでは、シナリオ・プランニングの原則にのっとり、**影響ピラミッドの「外部環境」の変化の可能性を検討し、それによる「事業環境」や「自社」の影響を考えるものをシナリオ・プランニングとみなす**ことを前提として、解説していきます。

シナリオテーマ設定の3要素：「時間軸」

ここからはシナリオテーマの3要素である「時間軸」「地理軸」「検討テーマ」の考え方について解説します。

まずは**「時間軸」**です。

第2章でも紹介しましたが、**今のように不確実な時代には、シナリオ・プランニングを「長期的な未来を考える手法」と捉えることは避けるべき**です。

たとえば、自社が飲食業を営んでいて、新型コロナウイルス感染症により営業の自粛を強いられている状況を想像してください。このとき、シナリオ・プランニングは不確実なことを考えるのに適しているからと言って、10年後、20年後のことを考えることは意味があるでしょうか。まったく意味がないとは言いませんが、それよりも、「半年後も自粛を強いられるような状況が続いているかどうか？」という不確実な可能性に目を向けて、その対応を考えたほうがより意味があるはずです。

数カ月後や半年後といった先に自組織に大きな影響を与える不確

実な出来事があるにもかかわらず、それらの影響や対応策は考えず、長期的な未来のことだけを考えるのは本末転倒です。

そのようにならないためにも、シナリオ・プランニングを「将来における不確実な可能性を考える手法」だと捉えたうえで、自分たちにとってどれくらい先が不確実なのかを考えることが、時間軸を設定する際の第一歩です。

具体的な時間軸の考え方

具体的に時間軸を検討する際に指針となるのが次の図です（図6-9）。

この図は横軸が時間、縦軸は不確実性の程度を示しています。右側にいくほど将来のことになり、上側にいくほど不確実性が高くな

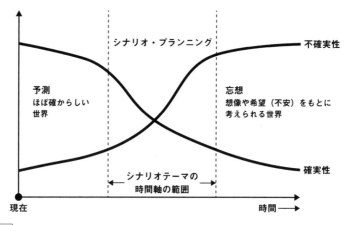

図6-9 シナリオ・プランニングの対象となる時間軸の範囲[1]

---

1 出典：Field manual - Scenario building, https://www.etui.org/publications/guides/field-manual-scenario-building（最終アクセス2021年2月24日）をもとに著者改変

ることを表しています。

　図の左側の**「予測」**と書いている範囲は、現在から近いため確実性が高く、**不確実性が低い、ほぼ確からしい世界**です。この部分は、すでにある情報等を使えば、ある程度、想像がつく範囲を表しています。

　一方、右側の**「妄想」**と書いている範囲は、現在から見るとだいぶ先で、不確実性が高く、確実なことがあまりありません。そのため、**想像力や希望をもとに考えるユートピアの世界、あるいは不安をもとにしたディストピアの世界になってしまう範囲**です。

シナリオ・プランニングはこれらの中間に位置しています。

　確実性と不確実性はどちらも中程度で、**「確実で1つに特定することができるものもあれば、不確実でいろいろな可能性を考えられるものもある」**という**近すぎず、遠すぎない範囲の時間軸**になります。

　では、「近すぎず、遠すぎない」時間軸とは一体どのくらいなのでしょうか。それを判断するための基準は、**具体的なデータや情報をとれるかどうか**という点です。

　比較的安定している状況を前提とすると、10年後という設定であれば、このあと解説する地理軸や検討スコープをどのように設定したとしても、ある程度のデータや情報がとれるはずです。一方で、50年後という設定では、大まかな人口動態データ等は入手できるかもしれませんが、それ以外の具体的なデータや情報があまりとれないはずです。

シナリオ・プランニングの取り組みで作成するベースシナリオや

複数シナリオは、自社の戦略や計画等を検討していくためのインプットとなるものであることは、くり返しお伝えしているとおりです。実行につながるような具体的な戦略や計画をつくるためには、インプットとなるシナリオが具体的なものでなければいけません。シナリオを具体的にするためには、このあとのステップでもさまざまな工夫が必要になりますが、具体的なデータや情報があまり存在しない時間軸でシナリオテーマを設定してしまうと、工夫する余地がかなり限られてしまうのです。

そのような状態を避けるためにも、**シナリオアジェンダを踏まえた「考えたい時間軸」と、入手できるデータや情報をもとにした「考えることができる時間軸」の両方を見極めて、時間軸の設定をする**と良いでしょう。

なお、これまでの経験から、**「考えることができる時間軸」としてもっとも無難な数字は10年**です。特にこのあと検討していく地理軸が日本の場合、10年後程度であれば、かなりさまざまなデータや情報を集めることができます。さらに、考える人にとっても、10年という数字は、今の延長線上で考えられるほど近くもありません。

またシナリオ・プランニングの取り組みを進めていくうえでのやりやすさを考えると、**5年区切りの西暦で設定するとデータがそろいやすいという現実的な都合も考慮する**のが良いでしょう。10年後で考えると設定して、それにあたる西暦が2031年なのであれば、2030年や2035年と設定したほうが具体的なデータや情報を集めやすくなります。

このようにシナリオテーマの時間軸を検討するためには、次の3

つの観点を総合して考えていきます。

- シナリオアジェンダを踏まえた**「考えたい時間軸」**
- 入手できるデータや情報をもとにした**「考えることができる時間軸」**
- 入手しやすいデータや情報という観点での**「きりが良い西暦」**

　ただし、ここまでの解説は、先ほど書いたとおり比較的安定している状況を前提としている点に注意してください。

　シナリオ・プランニングで考えるべき「将来」がどれくらい先のことなのかは、置かれている状況によって変わってきます。図6-9で言えば、比較的安定している状況における「予測」の範囲は今後2〜3年の期間かもしれません。しかし、取り巻く状況が不確実な場合、今後数日、あるいは数週間の期間は「予測」の範囲に入るものの、それ以上長くなると「シナリオ・プランニング」の範囲に入るかもしれません。

　そのため、図6-9の横の時間軸はあくまでも相対的なものとして捉えて、自組織の状況にあわせて「考えたい時間軸」と「考えることができる時間軸」を設定してください。

新型コロナ禍でのシナリオテーマの時間軸設定

　シナリオ・プランニングを「長期的な未来を考える」ための手法ではなく「将来における不確実な可能性を考える手法」として捉え、自分たちにとってどれくらい先が不確実なのかを考えて取り組んだ印象的なシナリオ・プランニングの事例を紹介します。

　その取り組みは、2020年4月7日に東京等7都府県を対象に発出された緊急事態宣言をきっかけに行われました。緊急事態宣言以前から、新型コロナウイルス感染症の拡大によって不確実な出来事が続いていましたが、都市におけるさまざまな活動が制限されるきっかけとなる緊急事態宣言は、その中でも大きな出来事でした。

　この時、あるお客さまから「緊急事態宣言によって事業はもちろん、企業内のマネジメントも今後どのように進めていくのが良いか考えようとしているが、そのためにシナリオ・プランニングが使えないか」という相談を受け、実際に取り組むことになりました。

　この時に設定したシナリオテーマの時間軸は「1カ月」でした。

　相談を受けたタイミングで、お客さまの企業と日本の状況を踏まえ、どの程度先のことが不確実なのかと考えていく中で、緊急事態宣言が明けるかどうかが決まる「1カ月」後を期間として設定したのです。

　その期間で設定したシナリオテーマでシナリオを作成し、その結果をもとに社員の働き方の整備や顧客対応等を整理することができました。

シナリオテーマ設定の3要素:「地理軸」

「地理軸」では**シナリオテーマの地理的な広がり**を定めます。つまり、シナリオ・プランニングの取り組みでベースシナリオや複数シナリオの中身を描いていくときに、**どの地域を前提として考えるのか**を決めるのが、この地理軸の部分です。

　地理軸を検討するポイントは、時間軸の「近すぎず、遠すぎない」と同じような言い方をすれば**「狭めすぎず、広げすぎない」**ことです。中でも注意しなければいけないのは、広げすぎないことです。

「地理軸」は狭めすぎず、広げすぎない

　地理軸を検討するためには、227ページの影響ピラミッドを思い浮かべるとわかりやすくなります。

　たとえば、自社が国内の顧客を対象とした食品事業を営む企業だと仮定して、シナリオテーマを考えるために影響ピラミッドの構成を考えてみましょう。先ほどの解説のとおり、影響ピラミッドのうち「外部環境」の層の設定がシナリオテーマに相当します。すると、国内で食品事業を営む自社が影響を受ける「事業環境」の層には顧客である消費者の他、競合企業や物流を担う企業等、さまざまな対象が含まれます。そして、その「事業環境」の層に影響を与える「外部環境」の層は、日本国内に存在しているさまざまな対象が相当すると考え、日本社会という設定で考えます。このように考えていくと、**この場合のシナリオテーマの地理軸は「日本」と考えれ**ば良いことになります。

　しかし、日本の食品事業は海外からの影響も受けると考え、「事

業環境」の層に日本社会を含め、「外部環境」の層をグローバル社会という設定で考え、地理軸を「グローバル」と設定するという考え方も可能です。

このような場合、**最終的にどちらを選ぶかは、シナリオアジェンダに基づいて判断します**。シナリオアジェンダにおいて、検討したい課題として国内に関することがとりあげられているのであれば、地理軸としては日本を選び、グローバルに関することがとりあげられているのであればグローバルを選びます。

ただし、ここで先ほどの**「広げすぎない」**という観点に目を向けます。シナリオアジェンダにグローバルに関する論点が盛り込まれているのであれば、グローバルに考えたほうが良いように思えます。しかし、**地理軸の広さは、そのまま複数シナリオにおける世界観の広がりにつながります**。

第3章で紹介した「2030年の世界における食糧システム」の複数シナリオにおける各シナリオの中身と、そのあとの未来創造ダイアローグの演習で読んだ「5年後の日本社会」の複数シナリオにおける各シナリオの中身の違いを思い出していただくと想像しやすいでしょう。

先ほどの食品事業を営む組織で考えると、複数シナリオのそれぞれでどんな影響を受けるかと考えるとき、「日本」という地理軸のほうが「グローバル」、つまり世界中のあらゆる国を想定する設定とした場合よりも具体的に考えやすいことがわかります。

どの範囲を設定するか

この時、覚えておいていただきたいのが、**シナリオテーマの地理**

軸を「日本」と設定した場合でも、シナリオの軸でグローバルのことを盛り込んでも良いということです。

　たとえば、食品事業を営む企業において顧客や競合企業のほとんどが日本の消費者や企業であるため、シナリオテーマの地理軸としては「日本」と設定したとします。しかし、国際社会の分断が続くかどうかが原材料の価格に大きく影響するとなれば、複数シナリオの軸の1つとして貿易摩擦について考えられるものを含めることもできます。

　なお、これまでの経験から、**もっとも無難な地理軸の設定は「日本」**です。その理由は、時間軸の場合と似ていますが、データや情報の扱いやすさという点にあります。

　地理軸を広くとろうとする場合（たとえば「グローバル」にしようとしている場合）に考えなくてはいけないのは、**入手できる膨大なデータや情報をうまく扱うことができるかどうか**という点です。

　たとえば、食品事業を営む企業としては食品に関する規制の変化は考慮しなければいけません。そのため食品の規制に関する情報を集めようとしたとき、地理軸が日本であれば農林水産省のウェブサイトを起点にして情報収集を進めることができるでしょう。しかし、地理軸をグローバルに設定すると、各国の規制の現状を調べたうえで、変化の可能性についても調べていく必要があり、リサーチしなければいけない情報の範囲と量が膨大なものになります。また、食品を消費する消費者の行動や価値観に影響を与えるような要因を考える場合も、日本のことは想像がつきやすいですが、グローバルにしてしまうと文化や慣習の違い等も考慮したうえで考えなくてはいけないため、難易度が上がります。

　このように、プロジェクトメンバーのスキルや、かけられる時

間、労力といった観点から考えると、「日本」という地理軸は、もっとも取り組みやすい設定だと言えます。

グローバルで検討したい場合

そのようなメリットがあることはわかったとしても、設定したシナリオアジェンダを踏まえるとグローバルで検討したい場合もあるはずです。ただし、そのような幅広いシナリオテーマであっても、複数シナリオ等を踏まえた対応策の検討は具体的に行いたいはずです。そのような場合は、これまでの経験上、**世界の地域を自分たちにとって意味のある範囲に細分化し、それぞれの範囲を地理軸に設定する**と、もっとも効果が高く、結果として効率良く進めることができています。

たとえば、グローバル展開について考えた場合、グローバルと幅広く設定する代わりに、日本、北米、EU、そして中国の4つの地理軸を設定したシナリオテーマを用意し、各シナリオテーマごとに複数シナリオを作成する等という進め方です。

地理軸を検討する2つの観点

このように、シナリオテーマの地理軸を検討するためには、次の2つの観点を総合して考えたうえで、広すぎると感じる場合は、細分化することを検討するという方向で考えます。

- シナリオアジェンダを踏まえた**「考えたい地理軸」**
- 入手できるデータや情報をもとにした**「（プロジェクトの期限や予算を踏まえて）扱うことができる地理軸」**

■ シナリオテーマ設定の3要素：「検討スコープ」

シナリオテーマ設定の最後の要素は**「検討スコープ」**です。ここでは、**シナリオ・プランニングで検討する範囲**を明確にします。

検討スコープは、シナリオアジェンダをもとにして、考えるべき範囲を設定します。

シナリオアジェンダと検討スコープ

たとえば教育サービスを提供していて、大学受験関連のサービスが重要な位置づけを占めている事業構造になっている企業を想定して考えてみましょう。その企業がシナリオ・プランニングに取り組むにあたってシナリオアジェンダを検討した結果、少子化の進展、新しい学習指導要領の実施や高大接続改革等の文部科学省による新しい動きの影響等を踏まえ、**「今後の大学入試制度の変化にどう対応していくのか？」**というシナリオアジェンダを設定したとします。

このシナリオアジェンダを踏まえると、まず思いつく検討スコープは**「大学受験」**となるかもしれません。この検討スコープに時間軸と地理軸を組み合わせると、たとえば**「10年後の日本における大学受験」**というシナリオテーマになります。このシナリオテーマは、シナリオアジェンダの内容がそのまま含まれているので、確かにシナリオ・プランニングの取り組みをとおして考えたいことを検討できそうです。

しかし、このように**シナリオテーマにシナリオアジェンダをそのまま盛り込むことは、原則として避けるべき**です。なぜなら、**シナ**

リオアジェンダがそのままシナリオテーマに入ってしまっていると、視野を広げてシナリオを考えることが難しくなってしまうからです。

先ほど考えた「10年後の日本における大学受験」というシナリオテーマを例にして考えてみると、この「大学受験」という検討スコープはシナリオアジェンダにも含まれていますが、自社にとっての重要なテーマであるため、シナリオ・プランニングの取り組みに限らず、日頃から頻繁に話題に挙がっている可能性があります。そのような課題をそのままシナリオテーマに盛り込んでしまうと、**外部環境の変化を客観的に考えるための対話というよりも、現在の状況を前提とした今後の方向性やその是非についての議論になりがちで、日頃の議論の延長からなかなか抜け出せなくなる**ことがよく起こります。これはシナリオ・プランニングのプロジェクトメンバーが、シナリオアジェンダで設定した課題の専門家であればあるほど、起こりやすくなる現象です。

さらに、このままのシナリオテーマでシナリオ・プランニングの取り組みを進めると、現在の大学入試制度を前提として考えてしまい、社会人の学び直し等の可能性に目を向けにくくなる可能性もあります。

そのため、シナリオテーマの検討スコープを検討する際は、シナリオアジェンダを踏まえながらも、そこに盛り込まれている課題をそのまま使うのではなく、**それらの論点を、視野を広げて捉えられるような用語**として設定します。

シナリオアジェンダ特定についての説明で紹介した視点・視野・視座（222ページ）の解説をもとにすると、**視野を広げるとは、検討する範囲を広げること**です。

このようにして「大学受験」の範囲を広げると、たとえば**「教育」**という検討スコープを思いつくかもしれません。さらに、受験は教育だけではなく、その後の就職や生活にも影響することから、思い切って範囲を広げて**「社会」**という検討スコープを設定しても良いでしょう。

設定した検討スコープをチェックする

　設定した検討スコープが、視野を広げられるようなものになっているかどうかをチェックするために使えるのが影響ピラミッド（227ページ）です。

　設定した検討スコープが、影響ピラミッドの「事業環境」の層を表すものになってしまっている場合、先ほどの説明のとおり、それはシナリオ・プランニングの考え方に沿っていないものになります。そのため、その検討スコープは避け、**「外部環境」の層を表すスコープに置き換えます**。

代表的な検討スコープ：「社会」

　なお、これまでの経験から、考えたいテーマを含みつつ、視野を広げられるような言葉としてもっとも無難なものが**「社会」**です。

　たとえば地理軸が日本の場合は「日本社会」となります。日本国内での変化の可能性を考える場合、最終的にどのような事業でも、何らかの形で日本で生活している人がかかわることになります。日頃、業界内の競合企業の動きに気を取られてしまっていると、どうしても最終的な利用者でもあり、その利用を推進する働き手でもある人々に目が向かなくなってしまいます。**シナリオ・プランニング**

を使って視野を広げて考えることを目指すのであれば、起きる可能性があることを包括して考えることができる「日本社会」という検討スコープを候補として考えてみると良いでしょう。

「日本社会」と設定した場合、「そんなに広いテーマだと、自社の事業につながりにくい」と心配になるかもしれませんが、それは**軸の設定と複数シナリオの中身の検討を行うステップを正しく進めることで対応することができます**。

軸の設定という点では、「日本社会」という検討スコープであっても、シナリオアジェンダが教育に関するものであれば、教育に影響を与えるものを軸に設定すれば教育のことを考えやすくなります。このような対応をどう進めるのかについては、シナリオ・プランニング実践マップの「ステップ⑤：複数シナリオ作成」の部分で詳しく解説します。

また複数シナリオの中身の検討という点では、第4章～第5章の演習で実践した「共通の切り口を設定し、その切り口をもとに4つのシナリオの違いを考える」方法を使うことができます。この詳細については、シナリオ・プランニング実践マップの「ステップ⑥：シナリオ詳細分析」の部分で詳しく解説します。

検討スコープを設定するポイント

このようにシナリオテーマの検討スコープを設定するためには、次の観点を踏まえ、それを、視野を広げられるようなものに置き換えて考えていきます。

- シナリオアジェンダを踏まえた**「考えたいテーマ」**

シナリオテーマの3要素の統合

これまで考えた3要素を組み合わせて

【＜時間軸＞年後の＜地理軸＞における＜検討スコープ＞】

という枠組みに当てはめて、シナリオテーマとします。

この時、時間軸の部分を「○年後」と相対的な書き方をするのではなく、「20○○年」と西暦で設定したほうが具体的に考えやすくなります[2]。

また「日本社会」というように地理軸と検討スコープを組み合わせて一語で表現したほうが自然な場合は、この枠組みにこだわらずに、言葉として自然な書き方を優先してください。

シナリオテーマの検討と共有

シナリオテーマの検討は、シナリオアジェンダと同様、コアチームが中心となって進めることが一般的です。そのように検討したものを、シナリオアジェンダとあわせて、実際にシナリオ作成に取り組むプロジェクトメンバーやプロジェクトオーナー[3]に相当する社内の役員等に共有します。

この時、確定したシナリオアジェンダとシナリオテーマだけを伝えるのではなく、検討の考え方や経緯、他に出ていた案等も共有すると、聞き手の理解も深まります。

2　ただし、本書ではこれ以降も「○年後」という形式で統一します。具体的な西暦で設定してしまうと、読者が読むタイミングによっては、過去や現在の話になってしまう可能性があるためです。
3　プロジェクトの承認を行ったり、結果の報告を受ける等の役割を担う人。

共有時の注意点

　共有の際、プロジェクトには何らかの形でかかわるものの、実際のシナリオ作成等には関与しない対象（たとえば先ほどプロジェクトオーナーと呼んだ対象等）への説明には、特に注意します。そのような人々への共有の場は時間が限られていることが多いため、シナリオ・プランニングの考え方等を丁寧に説明することができません。そのような状況で、視野を広げるために設定した「10年後の日本社会」というような抽象度の高いシナリオテーマを伝えてしまうと、**「なぜ自社の業界（たとえば「食品業界」）ではなく、日本社会の未来なのか」**という指摘が出ることがあります。場合によっては、その指摘を受けて、シナリオテーマを変えなくてはいけなくなることもあり得ます。

　そのような事態に陥らないようにするためには、**シナリオテーマ（特に検討スコープの部分）の伝え方を工夫します**。

　検討スコープの設定にあたって、シナリオアジェンダそのものや「事業環境」の層に相当する検討スコープを設定するのは「原則として」避けるべきだと紹介しました（243ページ）。「原則として」と言われると「例外があるのか!?」と思った方もいるかもしれません。ここで話題にしている**シナリオ・プランニングの考え方を十分に伝えることができない人々への説明が、まさに例外のパターン**です。このような場合には、**シナリオアジェンダや「事業環境」の層に相当する言葉を使ったシナリオテーマを使って説明をする**ことがあります。

「プロジェクトテーマ」を活用する

　実際のシナリオ作成にかかわるプロジェクトメンバーには、シナリオテーマの考え方や設定方法を正確に理解してもらったうえで、シナリオ・プランニングの考え方に沿ったシナリオテーマを共有します。

　しかし、同じ考え方をプロジェクトの関与が限定的な人たちに理解してもらうことは、現実的には難しい場合が少なくありません。そのような場合、シナリオテーマの上位に**「プロジェクトテーマ」**という位置づけのテーマを設定して、それを共有します。この「プロジェクトテーマ」とは、**シナリオアジェンダで設定した内容を、シナリオテーマの検討スコープに反映させたもの**です。

　たとえば、**「10年後の日本社会」**というシナリオテーマにしている場合でも、プロジェクトオーナー向けには**「10年後の日本における自動車業界」**や**「10年後の日本における教育業界」**という表現にした「プロジェクトテーマ」を紹介します。

　このシナリオテーマとプロジェクトテーマの使い分けは、社内の関係者だけではなく、**シナリオ・プランニングの取り組み結果を広く社外に共有する場合にも応用できます**。今後の自社の方向性を示すための材料として、社内で行ったシナリオ・プランニングの取り組み結果を公開する場合があります。そのような場合にも、視野を広げるためのシナリオテーマではなく、プロジェクトテーマを共有したほうが伝わりやすくなります。

【ステップ①：シナリオテーマ設定】の完了チェックリスト

☐シナリオアジェンダにはプロジェクトをとおして検討したい
　課題が盛り込まれている

☐自分たちの視点・視野・視座を自覚しながら、シナリオア
　ジェンダの検討を行った

☐シナリオアジェンダは自組織にとっての課題として具体的に
　検討した

☐シナリオ・プランニングは影響ピラミッドの「外部環境」の
　変化の可能性を検討するものだと理解している

☐シナリオテーマの「時間軸」は、「考えたい時間軸」「考える
　ことができる時間軸」「きりが良い西暦」という観点を踏ま
　えて検討した

☐シナリオテーマの「地理軸」は、「考えたい地理軸」「プロ
　ジェクトで扱うことができる地理軸」という観点を踏まえて
　検討した

☐シナリオテーマの「検討スコープ」は、シナリオアジェンダ
　を前提に「考えたいテーマ」を踏まえて検討した

☐シナリオテーマを共有する相手にあわせた「プロジェクト
　テーマ」の設定を検討した

ステップ②：
外部環境要因リサーチ

　次のステップは**「外部環境要因リサーチ」**です。

　ここでは設定したシナリオテーマを踏まえて、さまざまな外部環境要因を収集します。ここで調べた外部環境要因が、ベースシナリオ、そして複数シナリオの軸や中身を検討していく材料になります。

【ステップ②：外部環境要因リサーチ】の概要

目的	・シナリオ作成に使用する候補となる外部環境要因を収集する
進め方	・文献等を使ってシナリオテーマに関連がある外部環境要因を収集する
ツール等	・STEEP
アウトプット	・外部環境要因

■ シナリオ・プランニングの取り組みにおける2種類のリサーチ

　シナリオ・プランニングの取り組みの中でリサーチはとても重要です。シナリオ・プランニング実践マップのステップの中でリサーチという名称がついているのはステップ②だけなので、リサーチが必要なのはここだけだと思われてしまうことがあります。しかし、**シナリオ・プランニングでは、外部環境要因リサーチ以降のすべて**

のステップでもリサーチが必要になります。

　ただし、ここで解説する「外部環境要因リサーチ」と、それ以降のステップで取り組むリサーチは種類が違います（図6-10）。

　図に表したとおり、シナリオ・プランニングをとおして行うリサーチは**「広げる」ためのリサーチ**と**「深める」ためのリサーチ**に分けることができます。

「広げる」リサーチでは、設定したシナリオテーマに関する情報をなるべく多く調べます。これは**量を重視したリサーチ**と言い換えることもできます。

　一方、**「深める」リサーチ**では、設定したシナリオテーマに照らして、なるべく具体的な情報を調べます。これは**質を重視したリサーチ**とも言えます。

　このうち「広げる」リサーチは、今から解説する「ステップ②：外部環境要因リサーチ」で行うものです。それ以外のステップで行うリサーチは「深める」リサーチに相当します。

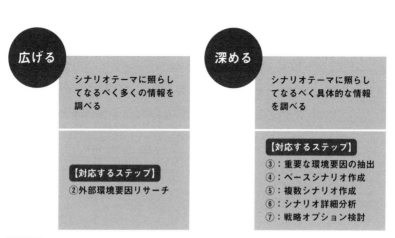

広げる

シナリオテーマに照らしてなるべく多くの情報を調べる

【対応するステップ】
②外部環境要因リサーチ

深める

シナリオテーマに照らしてなるべく具体的な情報を調べる

【対応するステップ】
③：重要な環境要因の抽出
④：ベースシナリオ作成
⑤：複数シナリオ作成
⑥：シナリオ詳細分析
⑦：戦略オプション検討

図6-10　シナリオ・プランニング実践におけるリサーチの種類の違い

たとえば、技術に関するリサーチをする場合を考えてみます。今から解説する**「外部環境要因リサーチ」**では、設定したシナリオテーマを踏まえて、なるべく多くの技術関連の外部環境要因を収集するためのリサーチを行います。このリサーチによって、**設定したシナリオテーマに関連する外部環境要因を「広げる」ことが目的**です。

　一方、それ以降のステップ、たとえばベースシナリオや複数シナリオを作成する部分では、設定したシナリオテーマの世界で、技術がどのような状態になっているかを検討します。そのためには、「外部環境要因リサーチ」のステップで収集したさまざまな技術が、今後、どのように進化し、普及する可能性があるのかを調べます。このようにステップ③以降のリサーチは、**設定したシナリオテーマにおけるベースシナリオや複数シナリオのそれぞれの世界観を具体的なものにしていくために、関連する外部環境の理解を「深める」ことが目的**です。

　この違いを踏まえて、ここからは「広げる」ことを目的とする「外部環境要因リサーチ」のステップを解説します。

■ 外部環境要因リサーチの基本的な進め方

　外部環境要因リサーチでは、**シナリオテーマを踏まえて、関連しそうな情報をなるべく多く収集します**。収集した情報は記録として残しておきますが、その際、最低でも次の3つの項目に関する情報は残しておきます。

- キーワード
- その要因の概要
- 関連するデータ

ある情報を調べたら、まずは「高齢化」や「再生可能エネルギー」という形で、その情報の**「キーワード」**を残しておきます。「キーワード」は、なるべく簡潔にまとめます。たとえば「ブロックチェーンが、今後さまざまな分野で使われるようになり、利用機会が増えていく」という情報を見つけた場合、この外部環境要因については「ブロックチェーン」というように単語だけでまとめるか、「ブロックチェーンの利用増」というように体言止めでまとめます。この2つの書き方のうちどちらが良いのかというと、明確なルールはありません。強いて言えば、「利用増」というような状態を示すような言葉をキーワードに盛り込んでしまうと、それ以外の状態の可能性を考えにくくなる場合がありますので、「ブロックチェーン」というようにもっとも単純な形で残しておくのがお薦めです。

　「キーワード」を押さえたあとは、**「その要因の概要」**として、キーワードが表す外部環境要因がどういうものなのかを確認します。また、入手できる場合は**「関連するデータ」**も押さえておきます。

　たとえば「高齢化」であれば高齢者の数や全人口に占める割合等を確認します。「再生可能エネルギー」であれば導入比率や内訳（太陽光や風力等）を確認します。

　そのうえで、それらの要因がシナリオテーマで設定した時間軸でどのように変化していく可能性があるのかについても、可能な限り調べます。「高齢化」であれば、設定した時間軸の期間における数や割合の変化を確認します。「再生可能エネルギー」の場合は、設定した時間軸の期間でどれくらいの量の導入が見込まれているのかという情報や、太陽光や風力等、それぞれの技術開発に関する情報、関連する政策等まで調べるのが理想です。そのように調べてい

く際、グラフや図表等があれば、それらも保存しておきます。

　最初から、これら3点（キーワード、その要因の概要、関連するデータ）をすべて調べていくことが理想です。ただ、外部環境要因リサーチは「広げる」ことが目的だという点を踏まえると、かけられる時間や労力によっては、**まず「キーワード」だけを集めることにして、数を増やすことに集中するのも1つの方法**です。

　ただし、次の「ステップ③：重要な環境要因の抽出」を進めていく過程では**「その要因の概要」**と**「関連するデータ」**が必要になります。そのため、最初に**「キーワード」**を集めることに集中するとしても、調べる過程で関連するデータや図表、その他の資料を見つけた場合、あとから確認できるような状態で保存・整理をしておくことをお薦めします。

┃ 外部環境要因リサーチで参照する資料

　外部環境要因リサーチで「キーワード」だけを出していく場合、最初の時点では資料等を参照せず、自分が知っているものをどんどん出していくことから始めます。しかし、それだけでは普段から考えていたり、目にしたりしている外部環境要因しか集まりません。そのため、リサーチの途中で何らかの資料を参照することは必要になります。

　最近では、インターネット上の情報も含めると、アクセスできる情報量は格段に増えてきていますが、その質は玉石混交です。世界的にフェイクニュースが大きな問題として認識されているように、情報収集をする際には信頼性にも目を向ける必要があります。

　そのため、**資料を参照するときの順番が重要**です。

具体的には、**まず公的な機関、あるいはそれに準じる機関が出している資料にあたります**。そこである程度の情報やデータを押さえたあと、企業（新聞社や出版社の他、コンサルティング会社やシンクタンク等）が出しているものにあたることをお薦めします。

　公な機関やそれに準じる機関が出している情報やデータを先に確認することを薦めるのは、公開されるまでに多くの人のチェックが入っているために信頼性が高いものが多いからです。そのような資料では、ある外部環境要因についての意見ではなく事実が紹介されていることが多く、関連するデータもあわせて紹介されていることが多いため、外部環境要因リサーチで使いやすいものでもあります。

　具体的な参照先としては、シナリオテーマの地理軸が日本の場合、各省庁が出している白書が相当します。首相官邸のウェブサイトには各省庁が発行している白書へのリンク集[4]がありますので、まずはここで関連しそうな分野の白書に目をとおすことから始めるのが良いでしょう。

　地理軸が日本以外の場合、同じように海外の公的機関の情報を確認することから始めます。日本以外の地理軸ではあるものの、最初は日本語で情報収集したいという場合、たとえばジェトロ（独立行政法人日本貿易振興機構）のウェブサイト[5]を確認するところから始めてみるのも良いかもしれません。

▎外部環境要因リサーチの広げ方

　外部環境要因リサーチは「広げる」リサーチだとお伝えしました

4　白書｜資料集｜首相官邸ホームページ http://www.kantei.go.jp//hakusyo/
5　ジェトロ（日本貿易振興機構）｜ジェトロ https://www.jetro.go.jp/

（253ページ）。「広げる」ためには、先ほど紹介したような文献に数多くあたってみるのが1つのやり方です。ただし、参照する文献をひたすら広げていくと、時間が制約となり限界があります。しかも、文献を参照していく際に、調べる人にとってなじみのある分野だけに目を向けてしまっていると、なかなか「広げる」ことにはつながりません。

そこで、ここでは**「視点」を変えることで「広げる」方法**を2つ紹介します。

「広げる」方法1:STEEPの枠組みを使う

1つ目は**STEEP**という枠組みを使って外部環境要因リサーチを進めていくことです。戦略立案等の本を見ると、PEST分析という外部環境分析の枠組みがよく紹介されています。STEEPは、このPEST分析にもう1つのEを追加したものです。

STEEPの枠組みは次のように考えます（図6-11）。

PEST分析にはなく、STEEPで追加したEは環境（Environment）

S-社会	・人口動態、消費者動向、世論等
T-技術	・技術革新、技術普及、特許等
E-経済	・産業動向、企業活動、投資等
En-環境	・環境問題、エネルギー問題等
P-政治	・法規制、税制、政府・省庁等

図6-11 STEEPの枠組み

です。経済（Economy）と同じ頭文字になってしまうので、区別したい場合は、図のとおり環境をEnと表します。

　このSTEEPの枠組みのそれぞれの項目を意識しながら外部環境要因リサーチを進めていくことで、これまで目を向けていなかった視点を得られます。

　たとえば、最終的に技術戦略や研究開発戦略につなげていくプロジェクトの場合、日頃から技術にかかわっているプロジェクトメンバーが多いため、外部環境要因リサーチでも技術（Technology）に関する要因にばかり注意が向いてしまうことがめずらしくありません。そのような場合、STEEPの枠組みを思い出し、**技術を実装していく先である社会（Society）**や、**技術の推進や普及に影響を与える政治（Politics）**の動向にも目を向けることが「広げる」ことにつながります。

　なお、図6-11ではSTEEPそれぞれの観点にどのようなものが含まれるのかを書いていますが、**なじみが薄い分野については、図の中で書いている観点をさらに細分化してから調べてみてください**。

　たとえば、日頃から仕事で技術に関する動向を追っている人にとっては、「技術」の部分の「技術革新、技術普及、特許等」という書き方だけで、個々の技術だけではなく、技術開発動向や技術普及に関する政策等をすぐに思い浮かべられるでしょう。一方、その人が「社会」の部分の観点を見ても、ここに書いてある観点だけでは、なかなか具体的なものを想像できないかもしれません。その場合は、たとえば「人口動態」を「高齢化」と「少子化」に分けてみて、「高齢化」から社会保障や介護に関する要因を調べてみたり、「消費者動向」を消費者の日常のさまざまな場面に分けてみて、教

育や医療、買い物、余暇、住まい等に関する要因を調べていきます。

なお、このSTEEPの枠組みで考えていくと、たとえば脱炭素に関するような政策は、「環境」に含まれるのか「政治」に含まれるのか迷うということがあるかもしれません。その場合は、**自分なりに納得がいくほうに分類すればいい**でしょう。

この枠組みはあくまでも「広げる」きっかけにするための観点で、正確な分類をしていくための枠組みではありません。そのため、分類にこだわるのではなく、1つでも多くの外部環境要因を出すきっかけとして活用してください。

「広げる」方法2：「事業環境」の層の登場人物を想像する

「広げる」ためのもう1つの「視点」は、影響ピラミッドの**「事業環境」の層の登場人物を考える**ことです。

たとえば自動車関連のシナリオ・プランニングに取り組む場合、最初の段階では日頃の業務でかかわりがある範囲で、自動車メーカーや部品メーカー、ディーラーといった登場人物しか想定できていないかもしれません。外部環境要因リサーチでも日頃よく見聞きしているものしか出てこない可能性もあります。

そのような場合、そのまま無理に外部環境要因リサーチを続けるのではなく、**「事業環境」の層にどんな登場人物が出てくるのか**を考える時間をとります。そうすると、利用者、しかも個人の利用者からバスやタクシー、あるいは物流関連といった利用者も浮かんでくるかもしれません。そこからカーシェアやライドシェアといったサービスを提供する人にも目が向いてくるでしょう。さらにはガソ

リンスタンドや整備工場といった日々自動車を利用するために欠かせない人たちも浮かんできます。また、自動車の政策や規制にかかわる国土交通省や経済産業省、自治体も思い浮かぶでしょうし、近年の脱炭素の動きを念頭に置くと環境省も自動車関連の政策にかかわっていることに気がつきます。

このように、**日頃は直接かかわっていないものの、自分たちの事業に間接的な影響を及ぼす登場人物を想定することが、気づいていなかった外部環境要因を思いつくきっかけになる**でしょう。

STEEPと同様、登場人物を想定して広げていく場合も、**なじみが薄い登場人物については細分化していく**ことをお薦めします。

たとえば、日頃、自動車関連の規制を見ている人は「関連省庁」と言われただけでも理解できるかもしれませんが、なじみが薄い人にとっては、国土交通省、経済産業省、環境省等といったように、具体的な組織名やカテゴリー名にまで落とし込んだほうが具体的にイメージしやすくなります。ただし、細分化をすることが目的ではありませんので、参加しているメンバー全員が同じ認識をもつことができているかどうかを基準として、細分化の程度を判断してください。

▎ 外部環境要因リサーチで「広げる」意味

ここで、なぜ外部環境要因リサーチで「広げる」必要があるのか、また「広げる」ための視点としてSTEEPや登場人物を使うのかを解説しておきます。それは、**比較的広い範囲で設定しているシナリオテーマをもとに考える際に、シナリオアジェンダにつながるような具体的な世界観をイメージできるようにするため**です。

シナリオ・プランニングの考え方に沿うと、シナリオテーマは比

較的抽象度が高い表現で表されます。シナリオテーマを抽象的なものにすると、その抽象度に引っ張られてしまい、中身を考える際も抽象的に考えがちになります。しかし、シナリオ・プランニングで複数シナリオ等の中身を考える目的は、シナリオアジェンダで設定した課題を考えることです。そのため、**STEEPや登場人物といった枠組みを使って「広げる」リサーチに取り組み、課題を考えられるような具体的なシナリオを作成することができるような情報を集める**ことが大切です。

　たとえば、同じ「10年後の日本社会」というシナリオテーマを設定していたとしても、そこで描かれるものはさまざまです。たとえば、影響ピラミッドの一番上にある「自社」が製薬メーカーであれば、日本社会の中で描かれるのは、健康を意識して日々生活をしたり、健康を取り戻すために治療をしていたりする生活者や、そのような生活者を支える病院や薬局、そしてそれらの方向性を司る医療政策に携わる人たちが織りなす社会でしょう。一方、「自社」がスーパーであれば、日本社会として描かれるのは、集中化する都市と過疎化が進む地方にそれぞれ住み、スーパーの他にコンビニエンスストアやドラッグストア、ECサイト等を比較検討しながら買い物をする生活者や、店舗・生活者に商品を届ける物流に携わる人たちが織りなす社会になるはずです。

　このように、シナリオ・プランニングでは**抽象と具体の間を行き来しながら、未来のことではあるものの、あり得そうで、かつ自分たちにとって考える意義がある世界を考えていく**ことになります。そのための材料となるのが、ここで収集する外部環境要因です。
　この点を意識して、漠然と外部環境要因の数を集めていくのでは

なく、自分たちの取り組みに必要な要因を集めていきましょう。

【ステップ②：外部環境要因リサーチ】の完了チェックリスト

☐「広げる」リサーチと「深める」リサーチの違いを理解している

☐「キーワード」を中心にしながら「その要因の概要」と「関連するデータ」もあわせて収集しながら外部環境要因リサーチを進めた

☐資料を参照する順番を意識して外部環境要因リサーチを進めた

☐STEEPの枠組みを使って「広げる」リサーチを行った

☐「事業環境」の層の登場人物を想像して「広げる」リサーチを行った

ステップ③：
重要な環境要因の抽出

　外部環境要因リサーチでさまざまな外部環境要因を収集しました。**収集した外部環境要因の中から、シナリオ作成に活用するものとそうでないものを分類していく**のが、この「重要な環境要因の抽出」のステップです。

【ステップ③：重要な外部環境要因の抽出】の概要

目的	・収集した外部環境要因を分類し、その中からシナリオ作成に活用する重要なものを抽出する
進め方	・収集した外部環境要因を「不確実性」と「影響度」の観点で分類する
ツール等	・不確実性マトリクス
アウトプット	・重要な外部環境要因

　「重要な環境要因の抽出」では、外部環境要因の分類のために**「不確実性マトリクス」**という枠組みを使います（図6-12）。

　不確実性マトリクスは**「不確実性」**という横軸と**「影響度」**という縦軸を組み合わせたマトリクスです。

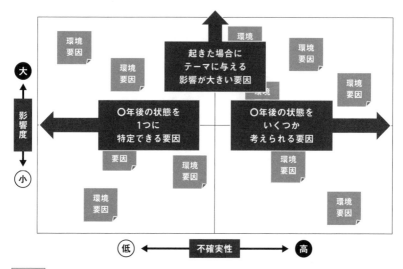

図6-12 不確実性マトリクスの利用イメージ

不確実性マトリクス

　不確実性マトリクスの**横軸**は**「不確実性」**です。「外部環境要因リサーチ」のステップで収集したそれぞれの外部環境要因について、**シナリオテーマで設定した時間軸の時点での不確実性**について判断していきます。

　不確実性を判断していく考え方については第2章で紹介したものをもとにして考えます（図6-13）。

　この考え方に基づき、1つひとつの外部環境要因の設定した期間の状態を想定し、左右に分類します。

　ある外部環境要因について設定した期間（○年後）の状態を1つに特定できる場合は**「不確実性は低い」**と判断し、**左側**に起きます。一方、**設定した期間（○年後）の状態をいくつか想定できる外部環**

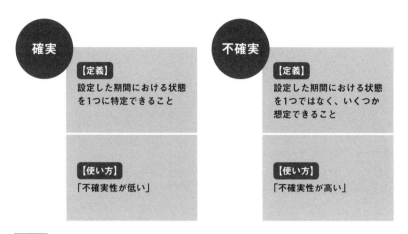

境要因は「**不確実性は高い**」と判断し、**右側**に置きます。

　不確実性マトリクスの**縦軸**は「**影響度**」です。「外部環境要因リサーチ」のステップで収集したそれぞれの外部環境要因について、**シナリオテーマに与える影響の大小**で分類します。影響度を検討する際、シナリオテーマに対してではなく自社に対しての影響をもとに大小を考えたくなってしまいます。しかし、不確実性マトリクスを使って分類している外部環境要因は、自社の未来を考えるものではなく、シナリオテーマで設定した未来を考えるものです。そのため、影響度を考えるときにはシナリオテーマをもとに考えます。

　そのうえで、**シナリオテーマに与える影響が大きいと考えられるもの**は**上**、**小さいと考えられるもの**は**下**に分類します。

　実際の進め方としては、図で示したとおり、まず外部環境要因リサーチで収集した外部環境要因のキーワードを付せんに書きます。その後、それぞれの要因について「不確実性」の高低と「影響度」

の大小を考え、該当する象限に置いていきます。

　この時、各象限の中での位置にこだわる必要はありません。当然、同じ象限の中でも「より不確実性が高い」とか「より影響度が小さい」というような相対的な関係はありますが、**4つの象限のどこに入るのかだけを決められれば大丈夫**です。

不確実性マトリクスにおける「不確実性」の考え方

　シナリオ・プランニングの実践方法を解説している書籍や資料を読んでいると、ほとんどの資料で、外部環境要因を分類するためのツールとして「不確実性マトリクス」を紹介しています（資料によって呼称はさまざまです）。ただし、どのような軸を使って不確実性マトリクスをつくるのかについてはバリエーションがあります。さまざまなものがある中で、もっとも一般的なのが、本書で紹介している**「不確実性」**と**「影響度」**という2本で考えるものです。

　同じ「不確実性」と「影響度」という2本を使っている場合でも、その定義にバリエーションがあります。そのバリエーションの1つが、「不確実性」を識別する基準を各要因の発生確率とするものです。その場合、「不確実性の低い」状態を「設定した期間においてほぼ確実に起きる要因」、「不確実性の高い」状態を「設定した期間において起きるかどうかわからない要因」と定義しています。

　このあとのステップで解説するとおり、複数シナリオの軸は不確実性マトリクスの右上の象限に入っている要因をもとに検討していきます。そのため、この右上の象限に入るものを選別する基準となる「不確実性」をどう定義するかは、完成する複数シナリオの内容、そしてそれをもとにして検討する対応策の内容に大きな影響を

与えます。

　先ほど紹介したように「不確実性が高い」状態を「起きるかどう
かわからない」と定義してしまうと、起きるかどうかわからないも
のをもとに軸をつくることになります。つまり、この定義をもとに
してつくられた軸を使って複数シナリオを作成すると、設定した期
間において現実にならない可能性があるシナリオが含まれる場合が
あり得ることになります。

　ここで考えなければいけないのは、**そのようなシナリオ（起こら
ない可能性があるものを含む複数シナリオ）を検討することが、自分た
ちのシナリオ・プランニングに取り組む目的にかなっているかどう
か**です。これについて確認したうえで、この定義を採用するかどう
か判断してください。

　本書では、企業等の組織で使うことを前提とした場合、「不確実
性が高い」状態を、起きないものを考える可能性が出てしまう「起
きるかどうかわからない」ものと捉えるよりも、設定した期間にお
いて何かしらの形で起きることは確実であるものの、その「起きる
状態をいくつか想定することができ」、その起き方によって対応策
等を変えなくてはいけないものを検討するほうが、より自分たちに
とって考える意義がある複数シナリオになると考えて、この定義を
採用しています。

不確実性と影響度の見極め方

　実際にさまざまな外部環境要因を分類していくと、ここまで解説した不確実性マトリクスの基本的な考え方をもとにして、そのまま分類できる外部環境要因もあれば、分類に迷うものもあるはずです。

　迷うものを分類する際には、外部環境要因リサーチで出した「キーワード」だけではなく、**「その要因の概要」**と**「関連するデータ」**ももとにしながら、**設定した期間（○年後）における個々の要因の状態**を具体的に想像して判断します。

「不確実性」の見極め方

　まず「不確実性」については、個々の要因の概要とデータをもとにして、**設定した期間（○年後）における状態を1つに特定できるかどうか**を検討し、**そう言い切れないものは「不確実性が高い」**と判断します。

　判断する際には、1つの情報源だけではなく、複数の情報源のデータをもとにします。その際、複数の情報源を見ていたつもりでも、実際はどの情報源も同じリサーチ結果をもとにしたものだったという場合があります。そういう点に気づくことができるよう、データを確認する際は、出典もあわせて確認しましょう。

技術関連の要因の不確実性をどう見極めるか

　不確実性の高低の分類をする際、多くの人が判断に迷うのが技術関連の要因です。技術関連の要因を分類する際には、それぞれの要

因について、**その技術が「進化」することに目を向けているのか、「普及」することに目を向けているのか**を確認します。

　たとえば、自動運転技術という要因の不確実性を考えた際、技術開発は今後も多くの企業等が取り組んでいくはずです。そのため**技術が「進化」することは不確実性が低い**と言えます。

　しかし、その技術が「普及」するかどうかは、技術開発以外の事情もからんできます。たとえば、その技術を製品開発にどうつなげるかというビジネス上の課題や、その技術の普及を後押しするような規制の変化があるかどうかという政策上の課題等によって変わってきます。自動運転の場合、自動運転車の開発だけではなく、公道での自動運転の走行のために関連する法律の改正等も関係するでしょう。

　そのような観点も踏まると、今後数年後の日本社会における自動運転技術やサービスの**「普及」は、さまざまな可能性が考えられるので不確実性が高い**と言えます[6]。

　このように技術に関する要因については、次のゆるやかなルールをもとに判断できます

- ある技術の**進化**：不確実性が**低い**
- ある技術の**普及**：不確実性が**高い**

「ゆるやかなルール」と書いたとおり、将来にわたって技術開発が続けられるかどうか判断が難しい技術もあれば、既存の政策等に

6　本書執筆時点（2021年5月）での情報から判断した意見です。今後のメーカーの取り組みや法律の変化により、不確実性が低くなっていく可能性があります。

よって普及が確実な技術もあり得ます。そのため、このルールをすべての技術関連の要因に無条件で当てはめることはせず、このルールを念頭に置き、それぞれの技術に関する具体的な情報やデータを踏まえて、個別に判断してください。

なお、このルールにしたがって判断した場合、同じ技術が不確実性の低いものと高いものの両方に該当する場合があります。その場合は、「○○技術の進化」と「○○技術の普及」と書き分けたうえで、それぞれの象限に置いてください。

「影響度」の見極め方

次に**「影響度」**ですが、シナリオテーマに与える影響の大小は、「不確実性」のようにデータだけで客観的に判断できるものではありません。もちろん、判断をするためには、**それぞれの要因が設定した期間において、どのような状態になる可能性があるのか、情報やデータをもとに検討する**必要があります。

しかし、**その状態がシナリオテーマに及ぼす影響は、最終的にはプロジェクトメンバーの判断として決めなければいけません**。その場合、一部のメンバーの意見だけで判断するのではなく、プロジェクトメンバー全員で話しながら影響度の見極めを行うことが大切です。

たとえば「少子化」という外部環境要因があったとき、さまざまなメディアで課題としてとりあげられているため、何となく影響度が大きいと判断してしまいたくなります。しかし、そのようにイメージだけで判断するのではなく、「少子化」という動きが設定した期間においてどの程度進むのかといったデータ等を確認し、そう

なった場合、設定したシナリオテーマでどんな状態になるのか、どんなことが起こり得るのかを想像しながら影響を考えます。

「不確実性マトリクス」をとおした対話

メンバー間の考えの「違い」を活かす

「重要な環境要因の抽出」のステップをプロジェクトメンバーで進めていく際、それぞれの外部環境要因の分類を、対話をとおして検討します。

この過程で、不確実性の高低や影響度の大小の考え方が一致しない場面が必ず出てきます。その場合、メンバー間の意見を一致させようとして、声の大きな人の意見にあわせたり、数の多いほうの意見を採用したりするようなことはせず、**なぜそのような違いが出ているのか**に目を向けましょう。

意見が一致しない状況の中でも、特に影響度の大小についての意見があわない状況とは、プロジェクトメンバーの中で、その外部環境要因がシナリオテーマ、ひいては自社に及ぼす影響が大きいと考えている人とそうでない人がいることを表しています。

シナリオ・プランニングの取り組みの中でこのような違いが明らかになってきたときに、「あの人は考え方が古いから」とか「あの人は頑固だから」というように個人の属性と結びつけ、「大したことではない」と済ませてしまうことがあります。しかし、このような状況がシナリオ・プランニングの取り組みで起きているということは、**組織におけるさまざまな場面**（たとえば組織における日々の意思決定の場面）**でも同じようなことが起きている可能性があります**。

たとえば、不確実性マトリクスの影響度の大小についての意見があわない状況を何となくやり過ごしてしまった組織では、シナリ

オ・プランニングの取り組み後、その外部環境要因に変化の兆候が見えてきたり、実際に変化したりしたとき、影響があると考えて自社の対応策を検討し、場合によっては行動に移そうとする人と、影響はないと考えて何の検討もしない人に分かれます。後者の人は、元々影響はないと思い込んでいるので、その外部環境要因の変化の兆候や実際の変化にさえ気づかないかもしれません。

自律的な組織・チームの土台

　VUCAな時代に有効な考え方として、第1章で**OODAループ**を紹介しました（25ページ）。いくらOODAループが有効だとしても、組織やチームがこのような状況では、情勢判断（Orient）をして、意思決定（Decide）し、行動（Act）する前の観察（Observe）の時点で、外部環境要因の変化の兆候や実際の変化を見過ごしてしまう可能性があります。また、組織やチームの中の誰かが変化の兆候や実際の変化に気づき、組織としてその影響と対応策を検討するように主張したとしても、影響に対する対話が自由に行われないような状態では、意思決定プロセスのどこかで、意図的にそれを検討しないという判断がなされる可能性もあるのです。

　現在のような不確実な時代には、**組織やチームの中の役職や役割といった権限に関係なく、それぞれの個人が自律的に状況を判断し、行動していくことができるようにしていかなければいけません**。また、その自律的な判断や行動が、組織やチームの都合で制限されるようなことがあってはいけません。

　そのために、**自組織を取り巻く外部環境の変化とその影響に関する共通の見解をもつこと**、そして**それをアップデートし続けていく**ことが必要なのです。

その土台があることで、日々接している情報や状況が異なるメンバー1人ひとりが、各自の周りで起きていることを変化の兆候として受け止め、その影響を判断し、起こり得る変化に柔軟に対応するための意思決定や行動をしていくことができる組織やチームをつくっていくことができます。

組織・チームのものの見方をアップデートする

　ここで解説した「重要な環境要因の抽出」のステップは、単に外部環境要因を分類する作業を行うステップとして捉えられてしまうことがあります。しかし、このステップでの対話は、組織やチームを取り巻く環境に対する常識やものの見方の違いに気づき、それをアップデートしていく機会につなげることができるのです。この機会を活かすために、このステップを単なる作業として形式的に進めるのではなく、プロジェクトメンバーの立場や経験を超え、安心して意見や考え方の違いについて話をすることができる対話の場にしていくことを目指してください。

【ステップ③:重要な外部環境要因の抽出】の完了チェックリスト

□不確実性マトリクスの「不確実性」と「影響度」の定義を正しく理解したうえで外部環境要因の分類を行った

□技術関連の外部環境要因は「進化」と「普及」を区別して「不確実性」を判断した

□「影響度」の判断は意見の違いにも目を向けてプロジェクトメンバー全員での対話をとおして判断した

ステップ④：
ベースシナリオ作成

　対話をとおして不確実性マトリクスをもとに外部環境要因の分類を終えたあとは、分類した外部環境要因を活用してシナリオを作成していきます。

【ステップ④：ベースシナリオ作成】の概要

目的	・影響度が大きく、不確実性が低い外部環境要因を整理し、設定したシナリオテーマにおける確からしい可能性を検討する
進め方	・不確実性マトリクスのうち、不確実性が低く、影響度が大きい要因を整理する
ツール等	・不確実性マトリクス
アウトプット	・ベースシナリオ

不確実性マトリクスの各象限の位置づけ

　はじめに、その前提となる不確実性マトリクスのそれぞれ象限の位置づけを確認します（図6-14）。

影響度が小さい外部環境要因の位置づけ

　まず「影響度：小」に分類される下の2つの象限は、**原則としてシナリオ・プランニングの取り組みでは取り扱いません**。そのため、これらの象限に含まれている外部環境要因は、このあとは使用

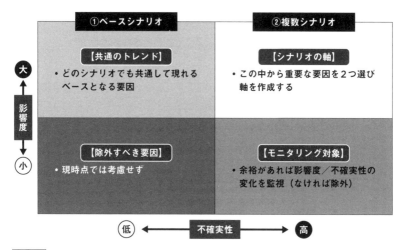

【共通のトレンド】
・どのシナリオでも共通して現れる
　ベースとなる要因

【シナリオの軸】
・この中から重要な要因を2つ選び
　軸を作成する

【除外すべき要因】
・現時点では考慮せず

【モニタリング対象】
・余裕があれば影響度／不確実性の
　変化を監視（なければ除外）

図6-14 不確実性マトリクスの各象限の位置づけ

しません。

　先ほどのステップの最後に、対話をとおして不確実マトリクスの影響度の大小を見極める必要があることをお伝えしました。こうした対話を十分に行わず、本来は影響度が大きい要因を小さいと判断してしまうと、この時点で検討対象から外れてしまいます。この点も留意して、事前の不確実性マトリクスを使った外部環境要因の分類を行ってください。

左下の象限

　話を不確実性マトリクスの各象限の位置づけに戻します。
「影響度：小」の象限の中でも、**左下**は**「設定した期間においてその外部環境要因の状態を1つに特定することができるが、シナリオテーマに対する影響は小さい」**と判断したものが含まれています。つまり、設定した期間において、その要因がどのようになるのかを

理解したうえで、影響は小さいと判断していますので、ここに含まれている外部環境要因は**今後の検討対象からは除外**します。

右下の象限

　右下も影響度が小さいという点で、ここに含まれている要因は左下と同じように検討対象から除外しても差し支えはありません。しかし、**余裕がある場合、ここに該当する外部環境要因はモニタリング対象として、その環境要因がどう変化していくのかを、シナリオ・プランニングの取り組みが終わったあと定点観測をする**ことをお薦めしています。

　この象限には不確実性が高い、つまり設定した期間における状態をいくつか想定できる外部環境要因が含まれています。そのようなものの中でも、一部の外部環境要因（たとえば先進的な技術等）は、既存の基準では影響を判断できないという理由で、右下に置かれている場合があります。しかし、時間が経つにつれ、その外部環境要因についての理解・活用についての検討が進んだりすることで、シナリオテーマに与える影響が検討時点よりも大きくなることもあれば、あるいは不確実性が低くなることもあるかもしれません。

　たとえば、2008年に論文が発表されたブロックチェーンを例として考えてみましょう。発表された当時に「10年後の日本社会」というシナリオ・プランニングに取り組んだ場合、これはビットコインという暗号通貨に関する技術であり、あまり社会全体には関係ないと判断する人が多かったかもしれません。

　しかし、その後の変化を定点観測していくと、ブロックチェーンがビットコイン以外の金融分野ではもちろん、金融以外の分野でも

（たとえば音楽の著作権管理や電力取引、エシカル消費の推進等）、さまざまな使われ方をしています。このような変化を踏まえると、今から取り組むシナリオ・プランニングの実践では、ブロックチェーンに対する影響度の見方は変わってくるかもしれません。

　右下に入っている外部環境要因すべてをモニタリング対象とする必要はありませんが、気になるものに関しては、定期的に情報収集を続けていくと良いでしょう。そのうえで、次にシナリオ・プランニングを実施する機会で、あらためて4つの象限の中のどこに含めるのが良いかを検討します。

影響度が大きい外部環境要因の位置づけと「ベースシナリオ」

　次に影響度が大きい象限の位置づけを確認します。上の2つの象限に含まれている**シナリオテーマに対する影響度の大きい外部環境要因が、シナリオを作成する材料となるもの**です。

右上の象限

　このうち**右上**の象限には**「不確実性が高く、影響が大きい」**外部環境要因が置かれていますが、**これらは複数シナリオを検討していく際に活用する要因**ですので、次のステップで取り扱います。

左上の象限

　この右上の象限と同じくらい重要なのが**左上**の象限です。ここには**「不確実性が低く、影響が大きい」**と判断した外部環境要因が置かれています。つまり、**設定した期間における状態を1つに特定で**

き、さらにシナリオテーマに対する影響が大きい外部環境要因がここに含まれています。

シナリオ・プランニングは設定した期間における不確実な環境変化の可能性を考えるものでしたが、すべての外部環境要因が不確実なわけではありません。たとえば、日本における高齢化や、人工知能等の技術が進化していくことを思い浮かべるとわかるとおり、設定した期間が比較的長いものであったとしても、相対的に不確実性が低い外部環境要因もあります。そのような外部環境要因のうち、シナリオテーマに与える影響が大きいものが明らかになっているのであれば、**それは不確実な外部環境要因をもとにしたシナリオとは別に検討するべき**です。

ベースシナリオ

そのような**不確実性が低く、影響度が大きい要因を検討しやすいように整理したもの**を「ベースシナリオ」と呼びます。

第3章でも紹介したとおり、ベースシナリオはこのあと考える「複数シナリオ」と区別するためにこのような名称にしていますが、「複数シナリオ」とは独立した別のシナリオというわけではありません。

ベースシナリオに含まれる外部環境要因は、このあとのステップで作成する複数シナリオのうち、どのシナリオでも共通して起きる要因をまとめたものです。イメージで表すと図6-15のようになります。

このあとシナリオ・プランニングの取り組みのアウトプットの中でもメインとなる複数シナリオをつくっていきますが、その**どのシ**

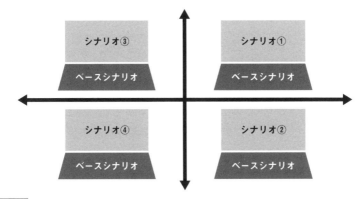

図6-15 ベースシナリオと複数シナリオの関係（再掲）

ナリオになったとしても共通して起きる要因をまとめたものが、このステップで検討するベースシナリオです。

ベースシナリオの作成プロセス

ベースシナリオは、次の3つの流れで作成します（図6-16）。

図6-16 ベースシナリオの作成プロセス

①要因見直し

まずは**「要因見直し」**のステップから取り組みます。ここは、**左上の象限に入っている外部環境要因が、本当に「不確実性が高く、影響度が大きい」**ものかどうかをあらためて見直すステップです。

外部環境要因リサーチのステップで「広げる」リサーチを中心に

行い、個々の外部環境要因の概要やデータを十分に調べ切れていない場合、このステップは特に重要です。判断する情報やデータが十分ではない状態で不確実性マトリクスの分類を行うと、実際は不確実性が高いものであっても感覚的に不確実性の低い左上の象限に置いてしまう場合があります。

「**感覚的に左上の象限に置いてしまいやすい外部環境要因の傾向**」としては、次のようなものがあります。

- さまざまなメディア等で大きくとりあげられている
- 過去から現在までの傾向が同じ方向に進んでいる

1つ目はオンラインも含めて、さまざまなメディアでとりあげられているもの。2つ目は、過去から現在まで増え続けている、あるいは減り続けているというように同じ方向に進んでいるものです。特にこの2つが組み合わさった場合に、正確な情報やデータに基づかずに、左上に置いてしまう場合が多いようです。

そこで、この「要因見直し」のステップでは、感覚的に置いてしまった要因を中心に**「深める」リサーチ**（252ページ）に取り組んでください。特にこのステップの「深める」リサーチで調べる対象は、設定した期間におけるそれぞれの外部環境要因の状態です。複数の情報源を調べる等して、1つに特定できるかどうかを確認します。1つに特定できているかどうかは、次のひな形に当てはめることができるかどうかで確認することができます。

「**（設定した期間）年後に○○という外部環境要因は、△△という状態になっている**」

たとえば、第3章でも紹介した日本の人口動態をもとに考えると、

「2030年に日本の人口という外部環境要因は、1億2000万人を切った状態になっている」

と当てはめることができます。なお、冒頭の「(設定した期間)年後」のところは、このように具体的な西暦で表現しても問題はありません。

このひな形に当てはめることができ、それが複数の人で試した場合に概ね同じような結果になるのであれば、ベースシナリオに含められる外部環境要因だとみなすことができます。

逆に、ここに当てはまらないものは、不確実性が高いものになるため、右上の象限に移します。

同時にあらためて**「影響度」**も確認し、大きいままで良いのかどうかを確認してください。場合によっては、このステップの冒頭で紹介した理由から、この「要因見直し」のタイミングで左下の象限に含まれている外部環境要因も見直してみると良いでしょう。

② 要因分類

次の「要因分類」では、①のステップを経て左上の象限に残っている外部環境要因を共通のテーマで分類していきます。

たとえば「高齢化」や「少子化」等の外部環境要因があれば、それらをまとめて「人口動態の変化」と分類したり、「人工知能の進化」や「5Gの進化」等の外部環境要因があれば「技術の進化」と分類します。

　最後の「意味確認」では、整理した外部環境要因の分類が設定した期間において、どのような状態になっているのかを確認します。すでに出ている外部環境要因とその分類をそのまま確認するだけでも良いのですが、次の2つの点に取り組むと、ベースシナリオの理解がさらに深まります。

・それぞれの分類の**関係性**を確認する
・それぞれの分類から推測される**確からしい変化**を確認する

　要因分類で整理したそれぞれの分類の関係性を確認することが1点目です。分類した要因は、すべてが独立して動いているわけではなく、お互いに関係性をもっているものもあります。

　たとえば、要因を分類した中に「人口動態の変化」と「空き家の増加」という分類があったとします。これらはお互いに独立しているとみなすよりも高齢化や少子化等で「人口動態の変化」が起きたことが世帯数の減少等につながり、それが「空き家の増加」につながっていると考えます。個々の分類をそれぞれ別のものとして理解するよりも、このような関係がある場合は、それを明示したほうがベースシナリオ全体の世界観を理解しやすくなります。

　次の「各分類から推測される確からしい変化を確認する」というのはわかりにくいかもしれません。ベースシナリオは、設定した期間の時点を1つに特定することができる要因を中心に作成しています。ただし、設定した期間にほぼ確実に起こり得る要因が現実のも

のになると、それに付随して別の要因も起きる可能性があります。たとえば「人口動態の変化」という分類が現実のものになると、介護の必要性が増えること、そしてそれによって現役世代の介護負担が増えること、さらにそれによって現役世代が仕事をあきらめざるを得ないようなことが起こり得ること、というように1つの出来事の関係の連鎖を伸ばしていくことができます。このように連鎖を考えていくと、**先にいけばいくほど、不確実性の高いものが出てくる可能性が高くなります**。そのため、**連鎖を考えていく過程で、「ここまではベースシナリオの分類をもとにしたときに確からしい変化と言えると判断できるもの」を、新たなベースシナリオの要因や分類として追加する**のが、2点目で意味していることです。

　この2つの点に順番に取り組むと、まずはそれぞれの分類の関係性を整理したうえで、その結果を踏まえて新たな要因や分類を考えていくことになります。

■ ベースシナリオに含める要因の「不確実性」の程度

　ベースシナリオに含める要因は、先ほど紹介したひな形に当てはめられるような不確実性がかなり低い要因、つまり確実だと言い切れる要因に限るべきだという考え方もあります。しかし、そのような要因に絞ってしまうと、ベースシナリオで描かれる世界は非常に限られたものになってしまいます。

　たとえば、日本の場合、ベースシナリオに盛り込む要因の基準を厳密に考えると「人口動態の変化」と「技術の進化」くらいになってしまいます。ただし、先ほどの2つ目の点として紹介したとおり、**不確実性がかなり低い要因が起きることで、そこから確からしいと推測できるさまざまな要因があります**。

シナリオ・プランニングの取り組みの目的を、厳密な判断基準をもとにしたシナリオ作成とするのであれば、確からしいと推測できる要因をベースシナリオに含めることは避けるべきです。ただ、**組織でシナリオ・プランニングを実践する場合、厳密性を重視しつつ、あわせて実用性も重視しなくてはいけません**。

　実用性に目を向けると、厳密な基準だけで選んだ外部環境要因だけではなく、それによって引き起こされる確からしい可能性も考慮したほうが、より自社にとって考える意義のあるものになります。

　そのように考え、**282ページで紹介した2つの点に取り組み、外部環境要因リサーチで調べた要因をさらにふくらませ、厳密性は維持しながらも、より実用性のある、具体的な世界観を想像しやすいベースシナリオにするための要因を盛り込む**ことをお薦めします。

ベースシナリオのまとめ方

　ここまでの作業を終えると、ベースシナリオの世界観がかなり明確になっているはずです。その世界観を最終的にどのようなアウトプットとして整理するのかは、プロジェクトの目的やシナリオの使い方によってさまざまです。

　プロジェクトを進めていく過程で、まずはプロジェクトメンバー内だけで確認できれば良いような場合は、それぞれの分類の内容を箇条書きにして整理することで済ませるような場合がほとんどです。その後、シナリオ作成が進み、すべてのステップが完了して最終的なアウトプットを整える時点では読み手がイメージしやすいような文章でまとめたり、ストーリー化したりする場合もあります。ただ、このまとめ方も、プロジェクトの目的やシナリオの使い方によって変わってきますので、プロジェクトの目的を再確認し、かけ

られる時間や労力、そして適切なアウトプットの形式等を踏まえて決めていきます。

　ベースシナリオも含めたシナリオのストーリー化については、このあととりあげます。

ベースシナリオをもとにした不確実性が高い外部環境要因の検討

　ここまででベースシナリオの作成は完了です。

　最後に、完成したベースシナリオを使って、この時点で不確実性が高い外部環境要因を追加で検討する方法を紹介します。

　完成したベースシナリオの世界観を見ていると、設定したシナリオテーマにおけるほぼ確実な状態がわかります。それをもとにして**「設定した期間でこのようなことが確実に起きるのであれば、付随してどんな不確実なことが起きるだろうか？」**と考え、**新たな外部環境要因を追加**します。

　たとえば、ベースシナリオの中で「さまざまな技術進化が進み、社会での活用可能性が広がっている」という世界が描かれているとします。そのような状態になっているのであれば、次はそのような技術が本当に活用されていくのか、あるいはどの程度のスピードで普及していくのかが課題になってくるはずです。

　そして、設定した期間において、技術活用や普及がどのような状態になっているのかは、1つに特定することはできません。このことを「最新技術の普及」というキーワードで呼び、新しい不確実性の高い外部環境要因として追加します。

　また、そのような技術が普及していく際のスピードや安全性等について思いをめぐらせると、技術普及に関する政府の規制が影響を及す可能性も考えられます。そのことが設定した期間においてどの

ような状態になっているのかを考えると、やはり1つに特定することはできません。そのため新たに「技術普及に関する規制」という外部環境要因を追加します。

このように新しく追加した不確実性の高い外部環境要因は、「ステップ③：重要な環境要因の抽出」のステップで取り組んだように**シナリオテーマに与える影響が大きいのか小さいのかを判断し、右上か右下の象限に追加します**。

このようにベースシナリオ、つまり設定したシナリオテーマにおける確実な状態を理解し、それをもとに考えることで、不確実性の高い外部環境要因を新たに検討することができますので、このあとの複数シナリオ作成のための材料を増やすためにも、ぜひ取り組んでみてください。

【ステップ④：ベースシナリオ作成】の完了チェックリスト

□不確実性マトリクスの右下の象限に含まれている外部環境要因のうち、余裕があればモニタリング対象とするものを特定した

□ベースシナリオ作成の「要因見直し」のステップにしたがい、左上の象限に入っている外部環境要因を見直した

□ベースシナリオ作成の「要因分類」のステップにしたがい、左上の象限に入っている外部環境要因を共通のテーマで分類した

□ベースシナリオ作成の「意味確認」のステップにしたがい、分類した結果をもとにベースシナリオの状態を確認した

□ベースシナリオをもとに不確実性が高い外部環境要因が他にないか検討した

ステップ⑤：
複数シナリオ作成

いよいよ、ここでは複数シナリオの作成に取り組みます。

シナリオ・プランニング実践マップにも書いているとおり、「ステップ⑤：複数シナリオ作成」の進め方は次のとおりです。

①軸の作成
②2軸の組み合わせ
③複数シナリオの中身の検討

【ステップ⑤：複数シナリオ作成】の概要

目的	・影響度が大きく、不確実性が高い外部環境要因を整理し、設定したシナリオテーマにおける不確実な可能性を複数検討する
進め方	・①軸の作成 ・②2軸の組み合わせ ・③複数シナリオの中身の検討
ツール等	・不確実性マトリクス ・軸 ・複数シナリオ
アウトプット	・複数シナリオ

本書では、シナリオ・プランニングのアウトプットの中でも特に重要な複数シナリオを作成するためのプロセスを上記の3つのサブステップに分解し、その流れを逆にたどっていくことで、図6-17

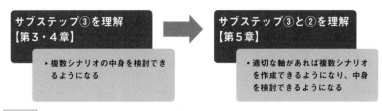

図6-17 これまでのシナリオ・プランニング実践

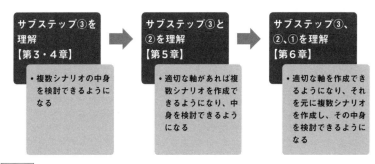

図6-18 第6章も含めたシナリオ・プランニング実践

のように複数シナリオ作成の理解を深めてきました。

第6章では、このサブステップの1番目に取り組みます。第6章の内容を理解することで、図6-18のとおりすべてのステップに取り組むことになります。

この章では、3つのサブステップすべての考え方をとりあげますが、サブステップ②と③についての基本的な考え方はこれまでの章の解説のほうが詳しくなります。そのため、第6章から読まれている方は、後ほど第3章〜第5章も確認してください。

また、第5章では複数シナリオの完成度を次の3点から評価するとお伝えしました（図6-19）。このうち、シナリオ・プランニングの考え方に沿っていないパターンcのような複数シナリオにならないようにするための軸と複数シナリオのつくり方を**「軸のつくり方と**

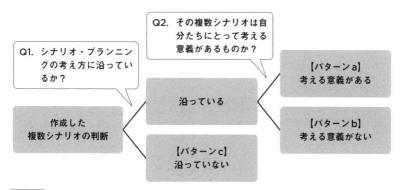

図6-19 作成した複数シナリオの判断（再掲）

組み合わせ方〔原則編〕」として、前半で紹介します。次に、パターンaのように、自分たちにとって考える意義があるものにしていくための考え方を「軸のつくり方と組み合わせ方〔応用編〕」として個別のポイント等を紹介していきます（308ページ以降）。

軸のつくり方〔原則編〕

軸作成の準備としての外部環境要因の整理

複数シナリオの軸は、不確実性マトリクスの右上の象限に入っている外部環境要因をもとにして作成します。

右上の象限に含まれる外部環境要因は不確実性が高く、影響度が大きいもの、つまり**「設定した期間における状態をいくつか想定でき、シナリオテーマに対する影響が大きい」**ものです。シナリオテーマに与える影響が大きいため、自社としては考慮しなければいけない外部環境要因ではあるものの、設定した期間においてどのような状態になるのか考えると、いくつかの可能性を想定することができ、1つに絞り込むことができないものが、ここに含まれている要因の特徴です。

そのような要因をもとにして、**設定した期間における複数の可能性から考える意義があるものを両極において軸をつくります**。そのような軸を2本組み合わせることで、**複数シナリオ**を作成します。

軸を2本つくることになるので、単純に考えると、右上の象限にある外部環境要因から軸にするための環境要因を2つ選ぶことになります。いきなり2つを選んでも良いのですが、ベースシナリオ作成のときと同じように、**事前に右上の象限にあるさまざまな外部環境要因を分類する**ことをお薦めします。

右上の外部環境要因から軸の候補を選び、両極を検討する

軸と両極のつくり方の基本的な考え方は、図6-20のとおりです。

右上の象限に含まれている外部環境要因を2つ選び（環境要因aとb）、それぞれの外部環境要因が設定した期間においてどのような状態になる可能性があるのかを検討し、そのうちの2つをそれぞれの両極（可能性A～D）として設定します。

ここで大切なのは、**まずは軸の形式にとらわれずに、選んだ外部環境要因が、設定した期間においてどのような状態になっている可能性があるのかを考える**ところから軸の作成を進めていくという点です。

図6-20の形式に当てはめてしまえば、外部環境要因の変化の可能性を考えなくても、右上にある外部環境要因の中から適当なものを当てはめ、思いつくキーワードをもとに両極をつくり、軸を完成させることができます。

たとえば、右上にあった「人工知能の普及」を外部環境要因aとして選び、可能性Aとして「普及していない」、可能性Bとして「普及している」というキーワードを置き**「普及していない←人口**

図6-20 軸と両極のつくり方の基本的な考え方

知能の普及→普及している」という軸をつくることができます。

　このようにすると、確かに軸はできているのですが、他の軸と組み合わせ、複数シナリオの中身を検討しようと思うと、次のような疑問が出てきて中身を考えられないことに気がつきます。

- •「人工知能の普及」とは、社会での普及か？　企業での普及か？　何を指しているのか？
- •「人工知能が普及していない」とは、どういう状態か？　今でもある程度は活用されているのに、設定した期間で普及していないという可能性をどう考えるのか？
- •「人工知能が普及している」とは、どういう状態か？　スマートスピーカーみたいなものが使われているのが普及していることか？　あるいは、いろんなものが自動化されているということか？

　形式的に軸をつくってしまうと、複数シナリオの中身を検討するサブステップ③を進めることができず、上に書いたような軸と両極の疑問を解消するために、結局、サブステップ①の軸をつくるステップに戻ることになります。

　このような手戻りを防ぐためにも、**まずは軸の形式にとらわれずに、選んだ外部環境要因が設定した期間においてどのような状態になっているのか、いろいろと検討するところから始めます。**

たとえば、先ほども紹介した「人工知能の普及」であれば、設定した期間における可能性を、さまざまな観点——技術普及の観点、企業での活用の観点、社会実装の観点等——から考えます。そこで浮かんできた可能性の中から、**自分たちにとって考える意義があるものを2つ選び、両極に置く**ことで軸を作成します。

　最初はブレインストーミングのように思いついたものをどんどん出していくのが良いのですが、それらすべてが設定した期間のものとして実現の可能性があるものではないかもしれません。あるいは起こり得る状態として考えていたものの、設定した期間の状態ではなく、現時点での状態が少しだけ進んだような状態までしか想像が及んでいないかもしれません。

　「シナリオ・プランニングは未来のことを考える」ものだという連想からよくある誤解が、「シナリオ・プランニングで想像する未来は妄想でも良い」というものです。**シナリオ・プランニングで検討するシナリオは妄想ではありません**。シナリオテーマの「時間軸」について解説した図6-9のとおり、**シナリオで検討するものは妄想ではなく、起こり得る可能性がある未来**です。

　そのため、軸の両極を検討する際にも、もし、**その外部環境要因の設定した期間における状態が具体的に想像できないのであれば、ここで「深める」リサーチを行います**。選んだ外部環境要因が設定した期間においてどのような状態になる可能性があるのか、それを理解するために、データはもちろん、さまざまな専門家の見解等をもとにして、起こり得る可能性を具体的に想像できるまで「深める」リサーチを行っていくのです。

　そのような過程を経ていくつか想像できた可能性の中から2つを選び、両極に置いて、軸とします。

第5章では、**軸とその両極の状態について言語化する**ことを紹介しました（172ページ）。そうすることで、各シナリオの世界観を話すための前提をそろえることができます。

　しかし、ここで軸のつくり方を理解すると、軸と両極の言語化をすることは軸が決まってから行うことではなく、軸を決める過程で行うものだったということがわかるでしょう。そのため、抽出した外部環境要因から軸をつくっていく場合には、あとから軸とその両極の状態を言語化する必要はなく、**言語化することができたタイミングが軸の完成のタイミング**だと捉えます。

　なお、このように過程で軸をつくり、両極を言語化できるほど具体的に想定した結果、軸の両極が、291ページで形式だけで検討した例として説明した軸と同じ表現になる場合があります。その場合、見た目だけで良いか悪いかを判断するのではなく、**中身がはっきりと言語化できているかどうか**で判断してください。

避けたほうが良い外部環境要因の種類

　図6-20の形式にしたがうと、軸をつくる際にまず検討するのは、**どの外部環境要因を選ぶのか**という点です。

　外部環境要因を選ぶ際の基準として、どのような場合にも当てはまるような一般的なものはありません。強いて言えば**日頃から考えているようなことにとらわれずに選ぶ**ことです。

　シナリオ・プランニングの3つのRの最初が**「枠組みを見直す」**(reframing) であることを考えると、普段から考えているような外部環境要因にとらわれず、これまでは意識していなかったものを選ぶのは一案です。

　ただ、日頃から考えている外部環境要因を絶対に選んではいけな

いわけではありません。普段から考えている外部環境要因ではあるものの、その両極の可能性を考える際に、日頃は考えたことがないような可能性を検討すれば、それが**「枠組みを見直す」(reframing)**につながるかもしれません。

軸を考える時点では、私たちが慣れ親しんだ頭の使い方に影響を受け、「この軸を考えることは正しいのか?」と悩み出してしまうことがあります。しかし、**ここで検討しているのは未来の可能性です。いくら考えても絶対に正しい答えは見つかりません**。そのため、軸をつくる時点では創造性を発揮して、自由にさまざまな可能性を検討していきましょう。

「これを選ぶのが正しい」という基準はありませんが、**「この外部環境要因を選ぶのは避けたほうが良い」**というものがあります。それは次の2つです。

- 外部環境ではなく、事業環境に関連するもの
- 不確実な状態の自社への影響があまりにも大きいもの

1つ目は、影響ピラミッドの**「事業環境」の層に相当する要因は選ばない**という点です。

「事業環境」の層に含まれている要因はシナリオ・プランニングにおける外部環境要因とはみなさないことは、「ステップ①:シナリオテーマ設定」の部分でも解説しました(232ページ)。つまり、**「事業環境」の層に含まれる要因は複数シナリオの軸にはなり得ません**。

顧客や競合他社がどのような動きをするのかを軸にして考えることは、ビジネス上の意味があります。しかし、「事業環境」の層に含まれる対象を軸にすることは、シナリオ・プランニングの考え方

に沿っている軸ではありません。そのため、右上の象限に「事業環境」の層に関連するような要因が入ってしまっている場合は、この時点で除外しておきます。

　ただし、顧客や競合他社を軸にしないからと言って、シナリオ・プランニングの取り組みの中で考えることができないわけではありません。では、どこで考えるのかというと、複数シナリオの中で考えます。詳しくは、次の「ステップ⑥：シナリオ詳細分析」で解説します。

　2つ目は、**外部環境要因の不確実な状態の中で、自社では対処できないほど大きな影響が起こり得るものは選ばないほうが良い**という点です。

　たとえば「10年後の日本社会」というシナリオテーマで進めているシナリオ・プランニングの取り組みにおいて、不確実性が高く、影響も大きいということから「南海トラフ地震」という外部環境要因を選ぶような場合が、この自社では対処できないほどに大きな影響が起こり得るケースに相当します。

　確かに「南海トラフ地震」は、10年後の日本においてどうなっているのかは1つに特定できませんし、実際に起きてしまった場合、シナリオテーマに与える影響は甚大です。そのようなものであれば選んでも良さそうに思えるのですが、このような外部環境要因を選んでしまうと、複数シナリオの中に、自社ではまったく対処のしようがないシナリオができてしまいます（図6-21）。

　図6-21からわかるとおり、横軸に「南海トラフ地震」をとり、右側の極として「南海トラフ地震が起きた」としてしまうと、縦軸に何をとろうとも、右側の2つのシナリオでは南海トラフ地震が起きてしまっており、**自分たちが何らかの取り組みをしようとしたと**

しても、**何の対処もできない可能性が高い世界**であることがわかります。

　第5章で、**2本の軸を組み合わせたあと、その複数シナリオが自分たちにとって考える意義のあるものかどうかを確認するためには、複数シナリオの中身を「シナリオアジェンダ」をもとに判断することが必要である**と解説しました。「シナリオアジェンダ」とは、シナリオ・プランニングの取り組みをとおして検討したい自社の課題のことです。影響が大きすぎる軸を使ってしまうと、通常の企業の場合、どのような「シナリオアジェンダ」であっても、4つの複数シナリオのうち半分が、自社として具体的に対処できることはない世界になってしまいます。このことから、図6-21のように自社では対処できないほど大きな影響が起こり得る外部環境要因をもと

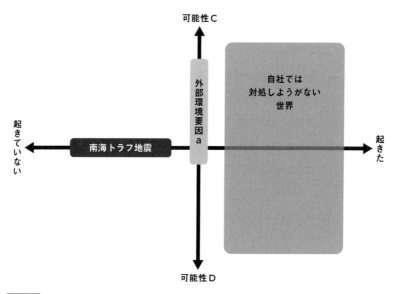

図6-21 「南海トラフ地震」を横軸にとった複数シナリオの例

に軸をつくることは避けたほうが良いことがわかります。

　シナリオテーマを検討する際、「時間軸」を考えるための指針として図6-9を紹介し、**あまりにも不確実性が大きすぎる時間軸で考えることは避けたほうが良い**とお伝えしました。このことは影響度においても当てはまります。**あまりにも影響度が大きすぎる可能性を考えることは自社の対処の範囲を超えてしまうため、複数シナリオの軸にすることはふさわしくない**のです。

　ただし、この説明から「地震や戦争のような影響度の大きすぎる外部環境要因はシナリオ・プランニングには適さない」と一般化してしまうのは早計です。294ページで「不確実な状態の"自社への"影響があまりにも大きいもの」と解説したとおり、**自社にとって影響が大きすぎるものは避けたほうが良い**のです。確かに地震や戦争のような外部環境要因は、一企業にとっては影響が大きすぎるものでしょう。

　しかし、シナリオ・プランニングに取り組む主体が国家であればどうでしょうか。たとえば南海トラフ地震を軸にとって「もし、南海トラフ地震が起きたとしたら、日本としてどうするのか？」という問いをもとに、今から備えを検討しておくことは意義があることでしょう。そのため、この「影響が大きすぎる」という基準は、あくまでも相対的なものであることは理解しておいてください。

　また、南海トラフ地震を軸にとることが、シナリオ・プランニングの考え方には沿っていないのは理解できるものの、企業として起きた場合のことを想定しておく必要はあります。その場合、シナリオ・プランニングの枠組みで考えるのではなく、たとえばコンティンジェンシープラン（緊急時対応計画）等、シナリオ・プランニングとは別の枠組みで対処を検討するほうが、それぞれの特徴を活かし

やすくなります。

┃　軸の組み合わせ方〔原則編〕

　つくった軸を組み合わせて複数シナリオをつくる流れは、第5章で紹介した下記の流れを、「未来創造ダイアローグ＋」ではなく「シナリオ・プランニング」の用語に変えたうえで、そのまま使うことができます（図6-22）。

　この時、図6-19でも紹介した「作成した複数シナリオの判断」のうち**「シナリオ・プランニングの考え方に沿っている」**場合は、問題なく③にまでたどり着きます。そのうえで、第5章でも見たとおり、「シナリオアジェンダ」をもとに、**先に進むか新たな複数シナリオにするか**を検討します。

　一方、この前の部分で解説した方法で軸を作成したものの、それらを組み合わせた結果、図6-19パターンcの**「シナリオ・プランニングの考え方に沿っていない」場合**に当てはまってしまうことがあります。

　シナリオ・プランニングの考え方に沿っていない複数シナリオができてしまうパターンにはさまざまなものがあるのですが、代表的なものとしては②の**「シナリオテーマ」に沿って検討の部分で止まってしまう場合**と、③の**「シナリオアジェンダ」をもとに判断の**

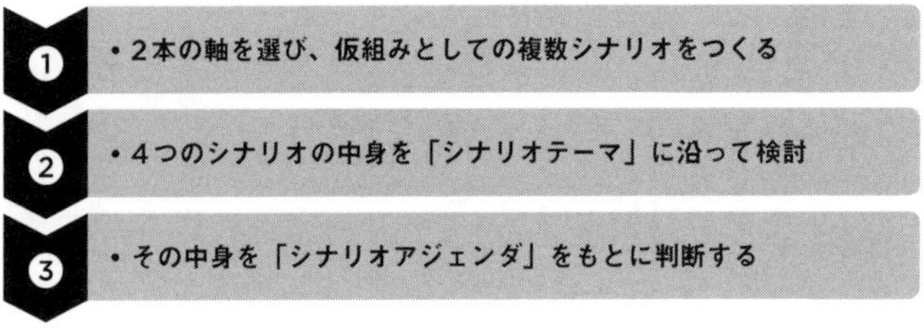

- **①**・2本の軸を選び、仮組みとしての複数シナリオをつくる
- **②**・4つのシナリオの中身を「シナリオテーマ」に沿って検討
- **③**・その中身を「シナリオアジェンダ」をもとに判断する

図6-22　作成した複数シナリオの判断の流れ（再掲）

部分まで進んだものの止まってしまう場合の2種類に分かれます。

ここでは、それぞれについて解説します。

軸を組み合わせた時に②で止まってしまう複数シナリオ

②の4つのシナリオの中身を「シナリオテーマ」に沿って検討しようとした時点で止まってしまうという場合でも、4つすべてのシナリオの中身が考えられないことは滅多にありません。**4つのうちいくつかは考えられるものの、残りが考えられないという状態**になります。

そのような場合は、先ほども紹介した、複数シナリオの完成度評価としては「シナリオ・プランニングの考え方に沿っていない」状態だと判断できます。

そのような状態になってしまう軸の組み合わせのほとんどは図6-23のようになっています。

これは表面的には別に見えるものの、実質的に同じような中身について扱っている軸を使っている場合に起きる状態です。2本の軸を使っているものの、実質的に表していることが同じなので、極の方向性が共通しているシナリオ①やシナリオ④は問題なく中身を考えられるものの、極の方向性が矛盾しているシナリオ②やシナリオ③はうまく考えることができません。

図のように一般化した状態で見るとイメージしにくいかもしれませんが、たとえば横軸に「社会の多様性」に関する軸を設定し、多様性に関する理解が進むかどうかを極で表現しているとします。一方の縦軸には「働き方の裁量」に関する軸を設定し、裁量が大きくなるかどうかを極として表現しているとします。これらの軸を組み合わせた場合、図のようなことが起こり得ます。

つまり、「社会の多様性」が進む場合と「働き方の裁量」が大きくなる組み合わせのシナリオ①と、そうならないシナリオ④については考えられるのですが、「社会の多様性」は進んでいるのに「働き方の裁量」は限定的な世界や、その逆の組み合わせの世界は、考えられないわけではないのですが**「そんな可能性はあるのだろうか」**と詰まってしまいます。

　これは、なるべく具体的に考えようとするからこそ陥ってしまう状態です。横軸は「社会の多様性」に関して、縦軸は企業での「働き方の裁量」に関して具体的に考えたからこそできあがった軸です。ただ、どちらも抽象度をあげていくと、**ある範囲の中でどれだけの自由度が認められているかを想定した軸**だと言えます。**つまり2本の軸で考えていたつもりではあったものの、実質的には1本の軸で考えているのと同じような状況**だったわけです。そのため同じ方向性を示す極の組み合わせは考えやすいが、方向性が矛盾しているものは考えにくいということになってしまっています。

　もちろん、抽象度を上げてみると、同じような軸でも具体的に考えれば独立した軸となり、すべてのシナリオを考えられる場合もあり得ます。そのため、図6-23のような状況を避けるためには**「似たような種類の軸を2本組み合わせない」というルールを頭に入れておきながらも、具体的な軸と極の組み合わせで、それぞれのシナリオがどんな世界観になるのかを考えて判断してください。**

　厳格なルールとして無条件に当てはめるのではなく、2軸を組み合わせて中身を考えていくうちに**「この組み合わせだと右上と左下のシナリオは考えられるけど、残りの2つは考えにくい」という状況になったら、このルールが当てはまるかもしれないと考え、それぞれの軸の抽象度を上げて確認してみる**と良いでしょう。

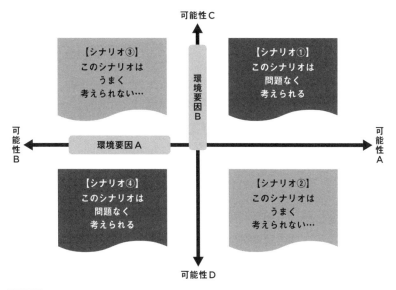

可能性C

【シナリオ③】
このシナリオは
うまく
考えられない…

環境要因B

【シナリオ①】
このシナリオは
問題なく
考えられる

可能性B ← 環境要因A → 可能性A

【シナリオ④】
このシナリオは
問題なく
考えられる

【シナリオ②】
このシナリオは
うまく
考えられない…

可能性D

図6-23 組み合わせたもののいくつかのシナリオが考えられない複数シナリオのパターン

　なお、このように言葉は異なるものの実は似たような種類の軸を2本組み合わせた複数シナリオができあがる時には、シナリオをつくっている人が「未来はこうなってほしい」という強い想いをもっている場合が多いです。本人が理想としている未来への想いが強く、その想いを2本の軸に込めてしまった結果、このような複数シナリオができあがるのです。

　自分たちの理想の世界を考えることは重要ですが、シナリオ・プランニングにおいては、理想の世界を軸やシナリオとして表現するのではなく、4つのシナリオの世界を考える際に、**「この世界で自分たちの理想の世界を実現するには今から何をすれば良いのか？」**と考えるほうが適しています。

また、ここで紹介したような軸の組み合わせの問題に当てはまらない場合でも、中身を考えにくい複数シナリオになってしまうことがあります。そのような場合は、**それぞれの極を組み合わせた世界がどのようなものになるのかを想像するための情報が足りていない**ことが多いです。そのため、ここでも**「深める」リサーチ**（252ページ）を行い、それぞれのシナリオの中身を具体的にイメージできるような情報を調べたうえで、中身を検討してください。

軸を組み合わせた時に③までいくがしっくりこない複数シナリオ

　作成した軸を組み合わせて複数シナリオを確認すると4つの世界は考えられたので、図6-22の2つ目のステップである「4つのシナリオの中身を「シナリオテーマ」に沿って検討」する点では問題なかったものの、次のステップでシナリオアジェンダに沿って考えてみると、しっくりこないという場合があります。

　このときの対処法としては、**自分たちにとって考える意義のある複数シナリオになるように、他の軸の組み合わせを試す**ことです。

　他の軸を試す前に、そのシナリオアジェンダに沿って考えてしっくりこなかった複数シナリオが図6-24のようなパターンになっていないかを確認してください。

　このように技術系の外部環境要因をもとにした軸を2本組み合わせてしまうと、図にあるとおり、それぞれの技術の変化の可能性のパターンは考えることができます。しかし、そのような技術が、社会や企業、個人によってどのように活用されているのか、その技術の活用に規制はどう影響しているのか等といった観点は、この組み合わせからは読み取ることができません。

　今後の世界を考えるとき、どのようなシナリオテーマを設定した

としても、技術の影響からは無関係ではいられません。しかし、**技術の影響を考えるためには、技術自体の変化だけではなく、技術を活用する対象についてもあわせて考えなくてはならない**のです。

たとえば、127ページでも紹介したペーパーレスに関する技術のように、技術的には昔から実現可能であるにもかかわらず、その技術を活用する対象である組織や人の行動が、技術進化と同じペースで進んでいくとは限らないようなケースを考えると、技術自体の変化を考えるだけでは十分ではないことがわかるでしょう。

このように技術系の環境要因を2本組み合わせた複数シナリオは、1つ前の項目で紹介した、似たような軸を組み合わせてしまうパターンと傾向は同じです。ただし、前で紹介したパターンとは異なり、それぞれの技術が独立して進化や普及していくことはあり得るため、シナリオテーマに沿って中身を検討すると問題ないように

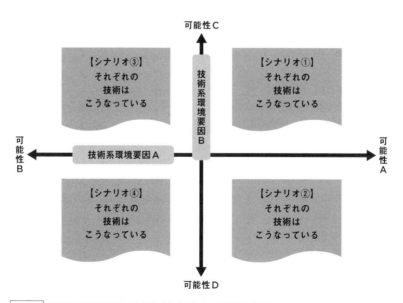

図6-24 技術系の環境要因を2本組み合わせてしまった複数シナリオ

思える場合が多いのです。そのため、前のパターンの発展形として、このパターンも押さえておくと良いでしょう。

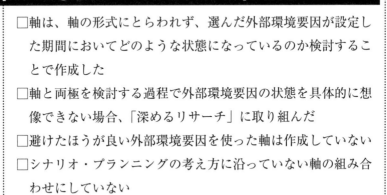

【ステップ⑤:複数シナリオ作成〔原則編〕】の完了チェックリスト

□軸は、軸の形式にとらわれず、選んだ外部環境要因が設定した期間においてどのような状態になっているのか検討することで作成した

□軸と両極を検討する過程で外部環境要因の状態を具体的に想像できない場合、「深めるリサーチ」に取り組んだ

□避けたほうが良い外部環境要因を使った軸は作成していない

□シナリオ・プランニングの考え方に沿っていない軸の組み合わせにしていない

複数シナリオの種類

　ここまで本書では、シナリオ・プランニングの複数シナリオは2軸を組み合わせてつくるものという前提でお話しをしてきました。ただし、「シナリオのつくり方にはさまざまなものがある」と第3章で紹介したように、2軸を組み合わせる以外の複数シナリオの作成方法があります。

　代表的なシナリオの作成方法は次の2つです（図6-25）。

　本書で紹介している2軸を使った複数シナリオの作成方法は、左の**「演繹法」**に相当します。演繹法を使った複数シナリオの作成では、まず、2軸を使って、4つのシナリオを作成します。演繹法では最初に個々のシナリオが重複することなく、独立したものになるよう、個々のシナリオ間の構造を検討します。シナリオ間の構造が固まったあと——つまり2軸の組み合わせを確定させたあと——個々のシナリオの中身を検討します。「演繹」という言葉は、一般的な原理・原則から個別の事実を導き出すことを意味しますが、2軸という枠組みから個別のシナリオを検討するため、このような呼

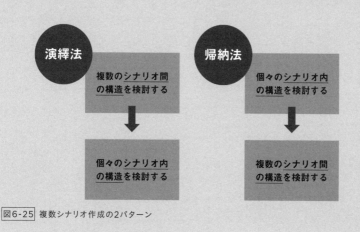

図6-25 複数シナリオ作成の2パターン

び方をします。

　2軸を組み合わせるのとは別のやり方で複数シナリオを検討する方法を**「帰納法」**と呼びます。「帰納」という言葉は、「演繹」とは逆で、個別の事実等をもとにして一般的な原理・原則等を導き出すことを意味します。ここから想像がつくように、「帰納法」での複数シナリオのつくり方では、まず個々のシナリオを作成することから始めます。各シナリオを作成する段階では他のシナリオとの整合性等を意識する必要はありません。自分たちにとって考える意義があるシナリオがいくつかできたら、複数のシナリオを見比べ、シナリオ同士の重複や矛盾を整理し、自分たちにとって考える意義があるシナリオのセットができるまで調整します。

　「帰納法」でシナリオをつくる場合、もととする外部環境要因は、2軸の作成方法で解説したのと同様に、不確実性マトリクスの右上の象限に含まれている要因です。演繹法では、右上の象限に含まれている外部環境要因から2つを選びますが、「帰納法」では選ぶ数に制限はありません。右上に入っている外部環境要因を自由に組み合わせながら、個別のシナリオの可能性を想像していきます。そのためには、右上に含まれている外部環境要因を分類し、システム思考の考え方等を応用し、分類された要因同士の関係性を考えながら、個別のシナリオを検討します。

　このようにつくり方の違いはあるものの、複数シナリオのもととなる外部環境要因は同じであるため、「演繹法」と「帰納法」でまったく別のことをやっているわけではありません。プロジェクトの目的やメンバーの特性を踏まえて、どちらの手法を活用するかを

プロジェクトの初期段階で検討していきます。

　なお、私が参加したオックスフォード大学の授業では、同じシナリオテーマ（同じクライアント）で複数シナリオを考えるメンバーを3つのチームに分け、そのうち1チームが「演繹法」を使い、残りの2チームは「帰納法」でシナリオ作成に取り組みました。最終報告の前日に全員が集まり、それぞれのチームで作成したシナリオを共有し、それを統合する作業を行いました。そこで出てきたシナリオは、作業途中のプロセスをほとんど共有していないにもかかわらず、似たようなものが多くありました。

　また、別の手法を使って作成したシナリオを持ち寄ることで、1つの手法だけで考えるよりもさまざまな観点からシナリオを検討することができます。たとえば、「演繹法」で作成したシナリオを参照することで、複数のシナリオ間の関係性をはっきりさせることができた一方、「帰納法」で作成したシナリオを参照することで、「演繹法」で作成したシナリオの世界観を深めることができました。

　このように「演繹法」「帰納法」のどちらか一方の手法を活用するだけではなく、両方の特徴を踏まえて使い分けながら取り組みを進めることもできます。

▋ 軸のつくり方〔応用編〕

　ここまでの内容を理解して実践していけば、シナリオ・プランニングの考え方に沿った軸や複数シナリオをつくることができるようになります。その理解を踏まえて、ここからは、**自分たちにとって考える意義がある軸や複数シナリオをつくるために考えるべきポイント**を解説します。

　「ポイント」と書いているとおり、それぞれの内容は基本的に独立しているものですので、状況に応じて必要なポイントを参考にしたり、複数のポイントを組み合わせたりして使ってください。

> ポイント①　**軸の抽象度**に注意を向ける
> ポイント②　**軸の両極のパターン**を検討する
> ポイント③（参考）　**軸の両極の表現方法**を検討する

①軸の抽象度に注意を向ける

　軸を作成するときに、どのような抽象度でつくれば良いのかは多くの人が迷うポイントです。

　具体的にどのようにすれば良いかを考えていく前に思い出していただきたいことは、**個々の軸だけを見て、その良し悪しを判断することはできない**という点です（第5章でも紹介しました）。そのため、どのような軸をつくれば良いのかと考えることも必要ですが、**最終的な判断は別の軸と組み合わせて複数シナリオの状態にして行う**ことが大切です。

　その原則を踏まえて軸の検証を行いさえすれば、軸自体はどのように作成しても問題ありません。

軸の抽象度について考慮すべき点としては、**抽象度が高い軸を組み合わせれば複数シナリオの世界観も抽象度が高いものになり、抽象度が低い軸の場合は抽象度が低い、具体的な世界観の複数シナリオになる**という点です。

　たとえば、「**教育に関する制度**」と「**技術に関する規制**」についての軸を組み合わせた複数シナリオと、「**大学が果たす役割**」と「**教育で活用される技術の普及**」についての軸を組み合わせた複数シナリオの2種類の複数シナリオを想像してください。どちらも教育関連のことを考えられる点では共通しているものの、描かれる複数シナリオの世界観の抽象度は異なることがわかります。

　このように比べると、具体的な軸の組み合わせのほうが自社のシナリオアジェンダを考えるときの参考になりそうだと考え、抽象度が低い軸でつくったほうが良いと考えるかもしれません。しかし、複数シナリオの中身の具体化は次の「ステップ⑥：シナリオ詳細分析」で行うため、抽象的な軸であっても、最終的に具体的なことを考えることはできます。

　では、最終的にどのように判断するかというと、ここでも**「シナリオアジェンダ」に照らして考えることを意識する**と良いでしょう。

　先ほどの教育の例を使うと、シナリオアジェンダに照らして、日本の教育の将来について幅広く検討したい場合は、抽象度が高い「教育に関する制度」と「技術に関する規制」の軸の組み合わせを使い、次の「シナリオ詳細分析」で、大学はもちろん、小中高の変化などを検討します。一方、大学教育の役割の変化を詳しく検討したいというのであれば、抽象度が低い「大学が果たす役割」と「教

育で活用される技術の普及」の軸の組み合わせを使い、教育機関としての大学の役割や研究機関としての大学の役割、産学連携の観点からの大学の役割等を「シナリオ詳細分析」で見ていくほうが適しています。

②軸の両極のパターンを検討する

軸のつくり方のポイントの2つ目では、**軸の両極のパターン**を考えます。

なお、軸を作成する際にここから紹介するポイントを当てはめすぎると、環境変化の可能性を十分に考えずに軸をつくってしまうことにつながる可能性があります。そのため、最初から使うのではなく、**作成した軸の確認のために使う**ことをお薦めします。

軸の両極のパターンは、軸と両極を検討する際に、現状の変化を含めるかどうかの違いで2つに分けることができます（図6-26）。

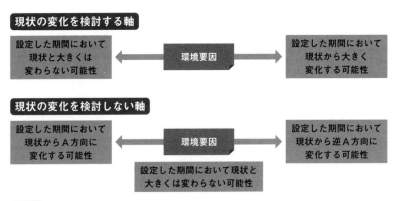

図6-26 軸の両極のパターンの検討の可能性

シナリオ・プランニングは外部環境要因の不確実な変化の可能性を検討するために使われるものですが、検討する外部環境要因が必ず変化するわけではありません。選んだ外部環境要因によっては、設定した期間において、ある程度の違いは出るものの、本質的には大きく変化しない可能性もあるでしょう（たとえば10年前の仕事や生活の様子を思い浮かべてみると、変化したものもたくさんある一方で、今と大きくは変わっていないものもあります）。このように、**現状と大きくは変わらない可能性を検討するかどうか**が2つのパターンの分かれ目です。

　図6-26で示した2つの例のうち上の軸のパターンでは、左側の極に**現状と大きくは変わらない可能性**を置き、右側に**現状から大きく変化している可能性**を置いています。このときの変化は、良い方向への変化もあれば、悪い方向への変化もあり得ます。

　図の下の軸のパターンでは、軸の極としては現状と大きく変わらない可能性は含めていません。片側の極に**ある方向への変化**を想定し、逆の極では**それとは逆方向の変化**を想定しています。たとえば、左側の極では悪い方向への変化を想定し、右側では良い方向への変化を想定するというパターンです。この軸であえて現状と大きくは変わらない世界の位置を示すとすれば、軸の中心になります。

　これは、軸を作成するときだけではなく、**2軸を組み合わせ、複数シナリオを検討するときにも意識するべきポイント**です。それぞれのパターンの組み合わせを一般化すると、複数シナリオでも次の2つのパターンを考えることができます（図6-27、6-28）。

「現状と大きくは変わらない可能性を含まない軸同士の組み合わ

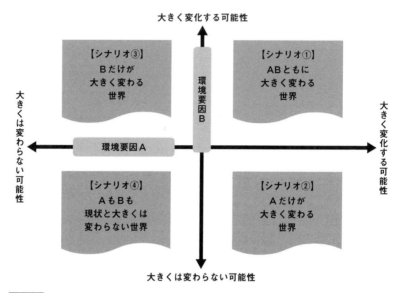

図6-27 現状と大きくは変わらない可能性を含む軸同士の組み合わせ

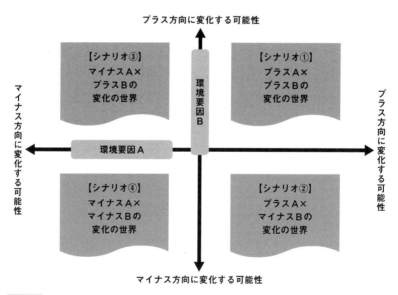

図6-28 現状と大きくは変わらない可能性を含まない軸同士の組み合わせ

せ」は、理解しやすくするために、変化の方向性をプラスとマイナスに分けて、「今よりも良くなるのか、悪くなるのか」という分け方にしています。

　この2つは、どちらもシナリオ・プランニングの考え方には沿っているものなので、その点ではどちらを選んでも問題はありません。ただし、組織でのシナリオ・プランニング活用という観点で考えると、**このどちらのパターンにするのかを明確に検討したほうが良い場合もあります**。

　この2つ複数シナリオのパターンの違いは、**現状が大きくは変化しない可能性を考慮するかどうかの違い**です。**「現状と大きくは変わらない可能性を含まない軸同士の組み合わせ」**には、文字どおり現状に相当するシナリオは出てきません。一方、**「現状と大きくは変わらない可能性を含む軸同士の組み合わせ」**では、左下に位置するシナリオ④として**現状と大きくは変わらないシナリオ**が出てきます。**これを4つの中に含めるかどうか**の判断が、軸のつくり方に影響を与えることになります。

　では、どのように判断をすれば良いのかと言うと、それは**シナリオ・プランニングを活用している組織の状況に大きく左右されます**。

　第1章でも紹介したロイヤル・ダッチ・シェルでシナリオ・プランニングチームを立ち上げたピエール・ワックは、自分たちがシナリオ・プランニングに取り組む際には意思決定者たちのパラダイムをターゲットとしなければならないとして、次のように述べています。

　さらに、彼はシナリオ・プランニングの取り組みの成功を判断する観点として、（成功するのは）**外部環境の変化の可能性と意思決定者のパラダイムをしっかりと結びつけられた時であり、優れたシナリオはその両者にかかる「橋」を提供する**ものだと述べています。

　組織の中でシナリオ・プランニングの取り組みをする際、重要な意思決定者に限らず、さまざまな人が直接的・間接的にプロジェクトにかかわることになります。そして、シナリオ・プランニングの取り組みが、単に複数シナリオというアウトプットを作成することだけではなく、かかわる人の「枠組みの見直し」（reframing）と「認識の見直し」（reperception）に取り組むものだと考えると、先ほどの2つの複数シナリオパターンのうち、**どちらのパターンのほうが、かかわる人にとっての「橋」になるのか**を考慮しなくてはいけません。

　かかわる人の中に「現状が大きく変わることはないだろう」と考えている人が多い場合に「現状と大きく変わらない可能性を含まない軸同士の組み合わせ（図6-28）」で複数シナリオをつくってしまうと、シナリオの中には現状の延長線上にあたる世界が描かれていないため、その人たちにとっては妄想としか思えない複数シナリオと

7　出典：「シェルは不確実の事業環境にどう対応したか」（ハーバード・ビジネス・レビュー 1986年1月）

なるでしょう。そのような場合は、他のパターンの軸があったとしても、あえて「現状と大きくは変わらない可能性を含む軸同士の組み合わせ（図6-27）」で複数シナリオを作成し、**「現状が大きくは変わらないとしたら、どのような状態になるのか」を表したシナリオから確認し、その世界が少しずつ変わっていく**（つまりシナリオ④から、いきなりシナリオ①に飛ぶのではなく、まずはシナリオ②と③から見ていく）という流れで「橋」をかけていくほうが良いでしょう。

たとえ現状と大きくは変わらない世界であったとしても、この中にはベースシナリオの変化も含まれるため、まずはその変化に気づいてもらうことが、その人たちの抱いている世界観に影響を与える大きな一歩になるはずです。

そのため、この**軸の両極のパターンの最終的な判断については、シナリオ・プランニングの考え方だけではなく、当初検討したプロジェクトの目的、中でもプロセスの観点からのプロジェクトの目的にも立ち返って検討していく**必要があります。

③（参考）軸の両極の表現方法を検討する

軸の検討に関する最後のポイントは、両極の表現方法に関するものです。ここで検討するのは、軸の両極の表現方法として**「程度の違い」**と**「世界の違い」**という2つのパターンがあるという点です。

たとえば、軸にする外部環境要因として「人工知能の活用」を選んだとします。そのうえで両極の可能性の組み合わせとして、次の2つの案が思い浮かんだとしましょう。

（a）活用が限定的←人工知能の活用→幅広く活用されている
（b）単純作業を代替←人工知能の活用→知的な作業も代替

この2つのうち **(a)** が「**程度の違い**」のパターンで、**(b)** が「**世界の違い**」です。

　（a）は言葉で表現されているのを見ると、確かに両極それぞれの可能性の違いがわかります。ただし、これは活用の程度を表しているため、たとえば活用度合いを数値で表すこともできます。そうすると、表現を次のように置き換えることもできます。

　（a'）20％程度の活用←人工知能の活用→100％に近い活用

　このように表現するとわかるとおり、両極は厳密には分かれていません。左側の極では20％程度活用されている状態はもちろんのこと、30％、40％といった状態も想定できるでしょう。右側の極にも同じことを言えます。

　このような「程度の違い」の軸を2本組み合わせてしまうと4つのシナリオに分かれているように見えるものの、実際には関数のグラフのように、それぞれのシナリオの中でもどの点をとるのかによって、少しずつ違う世界を表現できてしまいます。たとえば、右上のシナリオの中の右上部分は「100％と100％のシナリオ」と言えるものの、右上のシナリオの中の中心部分は「75％と75％のシナリオ」と言えてしまいます。

　もちろん、実際にはこのような細かい点を指摘する人はほとんどいません（ただし、まったくいないというわけでもありません）。このような細かい点に目を向けているのは、第4章でも紹介したとおり、**作成した複数シナリオを組織全体で共有することを念頭に置いている**からです。

　そのため、**(b)** のように両極の違いに曖昧なところが少ない「世

界の違い」と呼んでいるような軸にすることが理想です。

ただ、実際につくってみるとわかりますが、未来のことを考えて、このようなはっきりとした違いを出すことは簡単ではありません。

そこで現実的には、最初から「程度の違い」や「世界の違い」を意識して両極をつくるというよりは、**まずは軸の形式にとらわれずに、選んだ外部環境要因が設定した期間においてどのような状態になっているのかを検討するところから始める**のが良いでしょう。

▌軸の組み合わせ方〔応用編〕

最後により良い複数シナリオをつくるための軸の組み合わせ方のポイントについて紹介します。

原則編でお伝えした内容をひと言で表すと**「似たような軸を組み合わせないほうが良い」**ということです。では、似たような軸の組み合わせにならないようにするにはどうしたら良いのでしょうか。そのためのポイントを3つご紹介します。以下で詳しく見ていきます。

①STEEPの異なるものを組み合わせる
②影響を与える対象が異なるものを組み合わせる
③軸を組み合わせるための論点を考える

①STEEPの異なるものを組み合わせる

1つ目は、外部環境要因リサーチで「広げる」ために使ったSTEEP（257ページ）の違いを活用するものです。**軸にしたもととなる外部環境要因のSTEEPの違いを確認し、分野が異なる軸を選ん**

で**組み合わせる**というやり方です。

　たとえば、選んだ1本の軸が「技術」（Technology）の外部環境要因をもとにしたものであれば、もう一本は「技術」以外の外部環境要因をもとにしてつくったものを選ぶというように組み合わせていきます。

　ただし、これもルールとしてどんな場合でも当てはめるというよりは、設定したシナリオアジェンダやシナリオテーマを踏まえて、考えていくようにしてください。ただし、303ページでも紹介したとおり技術関連の軸を2本組み合わせることを避けたほうが良い点はどのような場合にも当てはまります。

②影響を与える対象が異なるものを組み合わせる

　2つ目のポイントは、たとえば「サービス利用者」と「サービス提供者」という**2つの異なる対象を想定し、それぞれに影響を与える軸を検討し、組み合わせる**という考え方です。

　自社に関連する「サービス提供者」に影響を与える外部環境要因だけに目を向け、その中から2本の軸をつくり、組み合わせると、自社を含むサービス提供者にとっての変化の可能性を考えられる複数シナリオにはなるかもしれません。しかし、この組み合わせでは、サービス利用者がどのような影響を受け、どう変化していく可能性があるのかは読み取れません。そのため、サービス提供者と利用者両方に目を向けられるような組み合わせを考えるというのが、このポイントです。

　このような**「利用側と提供側」「需要側と供給側」**というような組み合わせの他に、たとえば教育のことを考えるためには、勉強をする**「学生」**本人と、学費等の観点から影響を及ぼす**「保護者」**と

いう組み合わせを考える等、検討しているシナリオアジェンダやシナリオテーマにあわせて具体的に考えてください。

③軸を組み合わせるための論点を考える

最後のポイントは、**シナリオアジェンダやシナリオテーマを念頭に置いて、どのような論点で考えると良いのか**を整理します。

たとえば、シナリオアジェンダとして「製薬業界の将来について考える」というものがある場合、製薬業界の将来を考えるための論点を考えていきます。その結果、「医療関連の政策」と「医療・ヘルスケア分野の技術（HealthTech）進化と普及」が重要な論点だということになれば、この2つに関連する外部環境要因を選び、そこから軸をつくり、それらを組み合わせて複数シナリオを作成します。

実践に取り入れるポイント

ここまで3つのパターンを紹介しましたが、最初からこの3つのうちどれを使うかを決めて進めるというよりは、**出てきた外部環境要因や軸の候補を使って試行錯誤していく過程で、いろいろな組み合わせを試してみる**ことがお薦めです。

作成するメンバーにとってどれが使いやすいかは、場合によって変わってきます。ただ、作成した複数シナリオを関係者等に説明する際、**聞き手にとって納得しやすいのは3つ目の「軸の組み合わせるための論点を考える」パターン**です。シナリオ作成にかかわっていない人たちにとっては、いろいろとリサーチした外部環境要因から、なぜその2つが選ばれたのかという点は気になるところです。

現実的には、2軸を選んだ理由の明確さは、そのあとの複数シナリオの中身の理解度や納得度に影響を与えます。

そうすると最初から3つ目のパターンで進めることが理想のようにも思えます。ただ、最初から論点を絞り込んでしまうと、複数シナリオをつくるときに日頃から考えていることに引っ張られてしまうことにもなりかねません。

そのため、私がかかわるプロジェクトでは、**まずは上記の3つの具体的なパターンは考えず、似た軸は使わないという程度のゆるやかなルールのみを紹介し、さまざまな複数シナリオのパターンをつくります**。それらを評価し、つくり直し、また評価するというサイクルを、まずはいくつかの複数シナリオの候補ができるまでくり返します。

ここまでのくり返しをとおして、シナリオアジェンダやシナリオテーマの理解を深めます。そして、この「自社が考えたいこと」と「シナリオテーマで設定した世界」の両方の理解が深まってきた時点ではじめて論点を考え出します。

このように、**最初からルールありきで考えるのではなく、ある程度、自分たちの思考が進んだ時点でそのタイミングにふさわしいルールの適用を検討する**という進め方をとることで、日頃から考えていることに引っ張られすぎず、シナリオ・プランニングの考え方にも沿いながら、説明したときに納得してもらいやすい論点を整理しやすくなります。

▍考える意義があるものをくり返しながらつくる

ここまで書いた内容を踏まえて、自分たちにとって考える意義がある複数シナリオとなったら、それぞれのシナリオの中身を具体的

に検討します。ただし、複数シナリオを作成している途中で、それが考える意義があるものかどうかを判断するために、ある程度は中身の検討をしているはずです。そのため、**シナリオの中身の検討がある程度進んだ段階で、この次の「ステップ⑥：シナリオ詳細分析」に移ります**。

　ただ、実際には自分たちにとって考える意義がある複数シナリオになるまでは、作成と評価のくり返しを続けていくことになります。ここで考えなければいけないのは、**くり返す際にどこまで戻るのか**という点です。

　複数シナリオ作成の3つのサブステップに基づいて考えると、現在使っているもの以外に軸の候補があり、それを使える場合は、第5章と同じように**「サブステップ②：2軸の組み合わせ」**に戻ります。他に軸の候補がない場合、あるいは軸の候補はあるものの実際には使えそうもない場合は**「サブステップ①：軸の作成」**に戻り、新たに軸をつくるところまで戻ります。

　しかし、戻るのはここで終わりではありません。**「サブステップ①：軸の作成」**に戻って新たに軸をつくろうとしたものの、あまり良い外部環境要因がない場合があります。その場合は、**シナリオ・プランニング実践マップ「ステップ②：外部環境要因リサーチ」**に戻り、再度、外部環境要因リサーチに取り組みます。再度取り組む場合は、シナリオテーマに対して「不確実性が高く、影響度が大きい」要因、つまり不確実性マトリクスの右上の象限に入る外部環境要因に絞ってリサーチをすることも一案です。

　特にシナリオ・プランニングの作成に慣れていない場合、**新たな軸をつくるために外部環境要因リサーチまで戻るのはよく起きること**です。そのため、シナリオ・プランニングの取り組みは、シナリ

オ・プランニング実践マップの各ステップを順番に進めるというよりも、**そのステップをくり返すことを前提にしたプロジェクトの進め方を設計する**ことをお薦めします。

【ステップ⑤:複数シナリオ作成〔応用編〕】の完了チェックリスト

□ 軸を作成する際、必要に応じて「軸の抽象度に目を向ける」「軸の両極のパターンを検討する」「軸の両極の表現方法を検討する」というポイントを考慮した

□ 軸を組み合わせる際、必要に応じて「STEEPの異なるものを組み合わせる」「影響を与える対象が異なるものを組み合わせる」「軸を組み合わせるための論点を考える」というポイントを考慮した

ステップ⑥：
シナリオ詳細分析

　この前のステップで**自分たちにとって考える意義がある複数シナ**
リオが完成しました。

　作成途中の複数シナリオが自分たちにとって考える意義があるも
のかどうかを判断していくプロセスは、ここまでで解説したとお
り、次の2つのステップで進めていきます。

> ①4つのシナリオの中身を**「シナリオテーマ」**に沿って検
> 討し、
> ②その中身を**「シナリオアジェンダ」**をもとに判断する

　たとえば「10年後の日本社会」というシナリオテーマで複数シ
ナリオを作成している場合、2軸を組み合わせ、それぞれのシナリ
オの中身を検討していく際には、①のとおりシナリオテーマ「10
年後の日本社会」の可能性を考えるという前提で4つのシナリオを
検討しました。

　しかし、これだけでは「日本社会」というシナリオテーマに沿っ
た幅広い世界の可能性は検討できるものの、それぞれの世界になっ
た場合に自分たちの考えたい点が具体的にどんな状態になっている
かを考えることまではできません。

　そこで取り組むのが②のステップ、**自分たちの「シナリオアジェ**
ンダ」に照らした各シナリオの中身の検討です。このために行うス
テップが、ここで解説する**「シナリオ詳細分析」**です。

目的	・複数シナリオの内容に自組織が考えたい観点を盛り込むために、共通の切り口で複数シナリオの各シナリオを詳細化する
進め方	・共通の切り口を設定し、複数シナリオの個々のシナリオを具体化
ツール等	・詳細分析切り口
アウトプット	・詳細化された複数シナリオ

このステップの位置づけ

「シナリオ詳細分析」というステップは、その名のとおり複数シナリオを詳細化していくものなので、前の「複数シナリオ作成」の4つ目のサブステップとも考えられます。

しかし、「複数シナリオ作成」の中に含めずに独立したステップとしているのは、下記のとおり、**それぞれのステップが完了しているかどうかを判断するための基準**が異なるからです（図6-29）。

このような違いを踏まえて、本書では「シナリオ詳細分析」を独

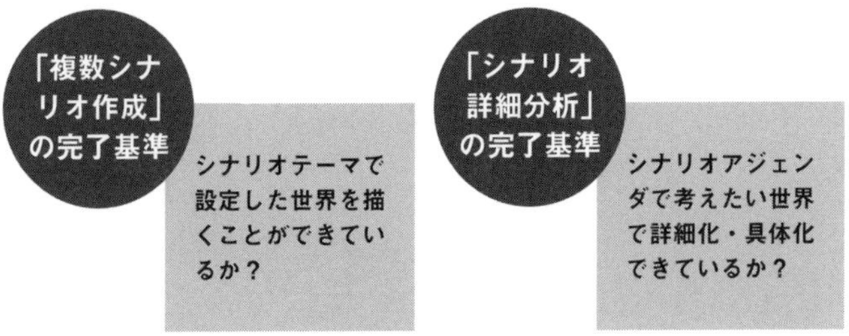

「複数シナリオ作成」の完了基準
シナリオテーマで設定した世界を描くことができているか？

「シナリオ詳細分析」の完了基準
シナリオアジェンダで考えたい世界で詳細化・具体化できているか？

図6-29 複数シナリオ作成とシナリオ詳細分析の完了基準の違い

立したステップとしています。

　なお、この章の冒頭で下記のとおりシナリオ・プランニング実践の7ステップを3つのブロックに分けた際、「シナリオ詳細分析」は2つ目のブロックの「シナリオを作成する」の中に含めたものの、かっこ書きで表記しました。

- **シナリオ作成の方向性を決める**：①シナリオテーマ作成
- **シナリオを作成する**：②外部環境要因リサーチ〜⑤複数シナリオ作成（⑥シナリオ詳細分析）
- **シナリオをもとに対応策を検討する**：⑦戦略オプション検討

　このようにブロックに分けた理由は、この**「シナリオを作成する」ブロックは、より良いものができるまで何度もステップをくり返す場合がある**ことを示すためです。

　この中で「シナリオ詳細分析」をかっこに入れている理由は、「複数シナリオ作成」のステップで考える意義がある複数シナリオが完成し、「シナリオ詳細分析」のステップに入れば、通常、再び前のステップに戻って考えることはないからです。複数シナリオのつくり方によっては、この「シナリオ詳細分析」のステップで考えているうちに、前のステップに戻ってつくり直したほうが良いことに気づく場合もあります。そのような手戻りが起きないように、このあとの解説では、「複数シナリオ作成」に取り組む中で「シナリオ詳細分析」の考え方を取り入れて確認する方法も紹介します。

■ シナリオ詳細分析の進め方

　シナリオ詳細分析は、複数シナリオの中身を詳細化・具体化して

いくために、**4つのシナリオを分ける共通の切り口を設定して、その切り口にしたがって4つのシナリオの違いを考えていく**ものです。細かく分けて考えていくことから「**分析**」という名称で呼んでいます。

実はこのシナリオ詳細分析は、第4章、第5章でも紹介しています。たとえば、第4章の「シナリオを読み、対話する」演習の中で「共通の切り口を設定し、その切り口をもとに4つのシナリオの違いを考える」というステップ（136ページ）が、シナリオ詳細分析に相当するものでした。

その演習では人事職の人が詳細分析に取り組むという設定で、次のような共通の切り口の例を紹介しました。

- このシナリオになった場合の「人事担当者の役割」は何だろうか？
- このシナリオになった場合の「新卒の採用活動」はどうなっているだろうか？
- このシナリオになった場合に「重視されるスキル」は何だろうか？

本格的にシナリオ詳細分析に取り組む場合も、このように「**切り口**」を設定し、それにしたがって詳細化していきます。

シナリオ詳細分析の切り口は、シナリオアジェンダ等を参照して、自由に設定します。第4章でもお伝えしたとおり、設定する際に次の3つのカテゴリーを念頭に置いておくと、さまざまな切り口を考えやすくなります。

- **登場人物**：それぞれの世界での特定の役割や立場の人が置かれている状況等の違いを考えるために設定する
- **活動場面**：それぞれの世界での仕事や生活の一場面を切り取って、その状況等の違いを考えるために設定する
- **考えたい問い**：設定したアジェンダを踏まえて、それぞれの世界で組織や個人が気になっている点についてどのような違いがあるかを考えるために設定する

　最初に切り口を考える時点では、人事職にかかわる人の例のように、「問い」の形で具体的に考えていくほうが良いでしょう。その後、プロジェクトメンバー全員で考えていくときや、最終的なアウトプット資料に盛り込む際は、模造紙やオンラインツールを使って一覧しやすいようにキーワードを抜き出して表記します。

■ シナリオ詳細分析を進める際のポイント

　シナリオ詳細分析は、**切り口を設定する時点と切り口にしたがって中身を検討していく時点**で、それぞれ注意するポイントがあります。

　先ほど、切り口を設定する際には、自由に設定して良いと書きましたが、自由に設定する中でも**自分たちにとって考える意義があるものを考えられる切り口**を設定してください。考える意義がある切り口とは、**その切り口で詳細化することで、事前に設定したシナリ**

オアジェンダに十分答えることができるものです。

　具体的には、先ほど紹介した「登場人物」「活動場面」「考えたい問い」という3つのカテゴリーのうち**「考えたい問い」**を活用して、事前に設定したシナリオアジェンダを反映した切り口を作成します。

　ただし、シナリオアジェンダを反映した「考えたい問い」に答えるためには、その問いを考えるために必要な登場人物や活動場面についてあらかじめ整理したほうが良い場合もあるでしょう。その場合は、**「考えたい問い」に答える前提となる「登場人物」や「活動場面」に関する切り口もあわせて設定し、その切り口についての分析にも取り組みます**。

　具体的には図のような形で、まずは設定した切り口を並べてみて、自分たちが考えたい項目が網羅されているかを確認します（図6-30）。

切り口	シナリオ1 （右上）	シナリオ2 （右下）	シナリオ3 （左上）	シナリオ4 （左下）
アジェンダを 考えるための 登場人物1	それぞれのシナリオにおける登場人物1の状態の違いを書き分ける			
アジェンダを 考えるための 登場人物2	それぞれのシナリオにおける登場人物2の状態の違いを書き分ける			
アジェンダ1に 関する切り口	登場人物1、2の違いを踏まえてアジェンダ1に関する違いを書き分ける			
アジェンダ2に 関する切り口	登場人物1、2の違いを踏まえてアジェンダ2に関する違いを書き分ける			
アジェンダ3に 関する切り口	登場人物1、2の違いを踏まえてアジェンダ3に関する違いを書き分ける			

図6-30 シナリオアジェンダをもとにしたシナリオ詳細分析の切り口設定

この図の場合は、まず事前に設定したシナリオアジェンダに関する「考えたい問い」を切り口として設定しました。ただし、それを考えるためには、関連する登場人物がどのような状態になっているかについての理解が必要だということがわかりました。そのため、「考えたい問い」を考える前提となる「登場人物」を2パターン設定しました。細かく見ていけば、より詳細化していくこともできるのですが、**一度、最低限網羅できた状態で中身を考えていき、必要があれば切り口を追加するという流れで進めていく**ほうが効率的です。

このように切り口を網羅的に設定することができたら、それぞれの中身を考えていきます。**ここで必要となるのが「深める」リサーチ（252ページ）です**。

シナリオ詳細分析までの具体的なレベルになってくると、リサーチをしても、切り口に直結する具体的な情報がない場合のほうが多いです。その場合は、「深める」リサーチで得た情報や作成した複数シナリオの世界観を踏まえて、推測も交えて中身を検討します。

■ 「複数シナリオ作成」時点での「シナリオ詳細分析」活用

このステップの冒頭で「ステップ⑤：複数シナリオ作成」に取り組む中で「ステップ⑥：シナリオ詳細分析」の考え方も取り入れた確認を行うことについて紹介しました。

くり返しになりますが、考える意義のある複数シナリオを作成するためには、「シナリオテーマ」に沿って検討した複数シナリオの中身を「シナリオアジェンダ」をもとに判断することが大切です。この**シナリオアジェンダをもとに複数シナリオを判断するタイミングで、シナリオ詳細分析の考え方を取り入れる**のです。

シナリオ詳細分析の具体的な切り口を検討するのは、複数シナリオ作成のステップが終わってからですが、複数シナリオの検討を進めていく中で、ある程度、複数シナリオの候補が絞られてきた時点で、シナリオアジェンダに基づいた**「考えたい問い」**カテゴリーの切り口を設定します。そして、**いくつかの複数シナリオの候補を検討する際に、この切り口を判断のための「共通の指標」として使います**。このような指標がないと、複数シナリオの判断をしていくときに、判断基準が曖昧なままになってしまいます。

また、「シナリオアジェンダに基づいて判断をする」と言っても、それぞれのメンバーが自分なりに判断をしてしまっていては、その結果を比較することはできません。プロジェクトメンバー全員が同じ基準で判断できるようにするために、この**「共通の指標」**を活用することができます。

そのため、シナリオ詳細分析に本格的に取り組むのはこのステップ⑥になりますが、先回りしてステップ⑤で1つ切り口をつくり、「共通の指標」として複数シナリオ作成の時点で活用することをお薦めします。

【ステップ⑥：シナリオ詳細分析】の完了チェックリスト

□3つのカテゴリーを念頭に置いて自分たちにとって考える意　義のある切り口を設定できている

□詳細分析を進める際、「深める」リサーチの結果ももとにし　て考えている

シナリオストーリーとタイトル

　作成した複数シナリオを組織内で浸透させるためには、複数シナリオの中身の表現方法を検討しなければいけません。特に海外で公開されている複数シナリオの中には、つくり込まれたストーリーを使って各シナリオを伝えているものもあります。

　私が参加したオックスフォード大学の授業では、最終的にクライアントに複数シナリオを報告する際、ストーリーを寸劇で表現しました。それぞれのシナリオの世界観をBBCの臨時ニュースとして伝えるという形式で表現しました。寸劇を使うことでそれぞれのシナリオの世界観をわかりやすく伝えることができました。ただ、寸劇だけでは、世界観は伝わるものの、シナリオアジェンダに照らした違い等を細かく伝えることはできません。そのため、寸劇でひととおり世界観を伝えたあとにシナリオ詳細分析の結果を投影し、シナリオアジェンダを反映した切り口での違いを詳しく解説しました。

ストーリー作成の判断

　ここまでつくり込んだ報告ができれば理想的ですが、現実にはプロジェクトの状況によって判断する必要があります。たとえば、作成した複数シナリオを共有する先は組織の中だけで良いのか、あるいは対外的に公開するのかによって変わってきます。組織の中で共有する場合でも、共有する先の人数がどのくらいなのかによっても変わってくるでしょう。また、現実的にどのくらいの予算や時間をかけられるのかによっても、できることは異なります。

　ただし、このような検討以前に、**そもそもストーリーを作成するかどうか**から判断したほうが良い場合があります。ストーリーにすることでわかりやすくなる一方、報告や共有する相手が、このよう

な表現方法を好まない場合、ストーリーをつくり込みすぎることで、かえって伝わらなくなってしまうこともあり得ます。

　ストーリーを作成しない場合でも、シナリオ詳細分析のアウトプットがあれば、それを説明することで、各シナリオの世界観を伝えることができます。たとえば図6-30のようなものをつくった場合、「シナリオ1では登場人物1が○○のような状態になっていて、登場人物2は○○になっています……」というように、シナリオ詳細分析の結果を個々のシナリオごとに読み上げていくだけでも、それぞれのシナリオの世界観は十分に伝わります。

ストーリーをつくる場合の留意点：ストーリーの内容

　ストーリーを作成する場合も、**シナリオ詳細分析の結果をもとにすること**をお薦めします。

　最近は「SFプロトタイピング」といって、サイエンスフィクションを事業開発に活かす考え方に注目が集まっていることもあり、ストーリーをつくるとなると、どうしても印象深く伝えることだけに意識を向けてしまいがちになります。しかし、ストーリーを使って複数シナリオを伝える目的は、あくまでもシナリオアジェンダでとりあげた課題を考えやすくすることです。シナリオアジェンダでとりあげた課題を自然と考えてもらえるようなストーリーにするためにも、シナリオ詳細分析の結果は必ず盛り込むようにしてください。

　なお、シナリオ詳細分析の切り口を設定する際のカテゴリーの1つとして**「登場人物」**を設定することを紹介しましたが、この登場人物をそのままストーリーに登場させることで、シナリオ詳細分析の内容を活かしたストーリーをつくりやすくなります。複数シナリオの中身における登場人物は、第3章の「2030年の世界における食糧システム」シナリオでも紹介した58歳のアメリカ人ビリーや43

歳のインドネシア人アリフという人物等のように、他にもさまざま
なシナリオで使われています。

　いざストーリーを考え出すと、その世界観をふくらませるところ
に時間を使ってしまいがちになるのですが、その時に**「ストーリー
は、あくまでもシナリオアジェンダを踏まえた課題を、自分たちに
とって考えやすいようにするものである」**という目的を忘れないよ
うにしてください。

ストーリーをつくる場合の留意点：ストーリーの形式

　組織内で浸透させたり、組織外に公開したりする場合には、**作成
したストーリーをどういう形式で共有するのか**にも目を向ける必要
があります。

　もっとも単純なのは紙（あるいはファイル）で共有することです。
その場合、ストーリーだけを載せるのではなく、そのストーリーを
もとにして考えてもらいたいことを「問い」として載せたり、その
問いの答えを書き込むための枠を用意したりする等、**ワークシート
形式**にすることをお薦めしています。複数シナリオをとおして、シ
ナリオアジェンダを踏まえた課題を考えてもらうという本来の目的
が達成できるような形式を考えてください。

　また、共有する人数が多い場合、複数シナリオのストーリーに気
軽に触れてもらうためにも、その世界観を動画にすることも一案で
す。

　シナリオ・プランニングの取り組みを幅広く浸透させ、その結果
をもとにいろいろなことを考えてもらいたい場合は、各シナリオの
世界観を表現した動画と、上記で紹介したワークシートの両方を用
意することが多いです。動画とワークシートの組み合わせによっ
て、コアチームメンバーがかかわらない機会でも、複数シナリオの

理解を深め、それをもとにした対話を行いやすくするしくみを提供することができます。

シナリオタイトルの設定

ここまで紹介したとおり、シナリオのストーリーは、組織の状況やシナリオ・プランニングの取り組みを行う目的に応じて、作成するかどうか、作成するとしたら、どこまでつくり込むのかを検討します。

一方、各シナリオの世界観をひと言で表すような**「シナリオタイトル」**は、**たとえシナリオのストーリーを作成しない場合でも、必ず設定してください。**なぜならば、これまでの経験上、**シナリオタイトルを適切に設定しておくと、「戦略的対話」が起こりやすくなる**からです。

「戦略的対話」とは、複数シナリオを共有することで生まれる組織内の非公式なやり取りだとお伝えしました。戦略的対話を起こしやすくするためには、**複数シナリオの内容を共通言語化する**ことが大切です。このとき共通言語となるのが、**シナリオタイトル**なのです。

複数シナリオを共有して、各シナリオを読んでもらったとしても、タイトルがついていなければ、対話の際に複数シナリオの話を持ち出しにくくなります。しかし、適切なタイトルがついていれば、それを持ち出した話をしやすくなります。

たとえば、「2030年の世界における食糧システム」シナリオであれば、何かのニュースをきっかけとして「このままだと"豊かなものだけが生き残る"シナリオが現実のものになりそうだね」というような形で、非公式なやり取りの中で複数シナリオを参照しやすく

なります。

　では、シナリオタイトルをどのように設定すれば良いのかというと、明確なルールはありません。複数シナリオの中身を、シナリオ詳細分析のステップをとおして十分に考えると、「このシナリオはこういう感じ」という共通認識のようなものが出てくるので、それをもとにしてタイトルにすることが一般的です。

　筆者がかかわる場合は、シナリオタイトルの考え方として、次のようなルールをもとにして検討しています（図6-31）。

　図6-32は、2017年に私が代表を務める一般社団法人シナリオプランナー協会で作成した**「10年後の日本における働き方を考えるために作成したシナリオ」**ですが、このタイトルをつける際にも、図6-31で紹介したルールを使っています。

　まずは、それぞれのシナリオの世界観を踏まえて**「オールドコミュニティ」**や**「インディビジュアル」**といった用語を考えました。そのうえで、この複数シナリオが「今後の個人の働き方を考える」というシナリオアジェンダであることを踏まえて4つのシナリオ全体に共通する世界観を表す用語として**「カンパニー」**という言葉を選び、それぞれの用語と組み合わせ、シナリオタイトルとしています。

図6-31 シナリオタイトルの検討ルール

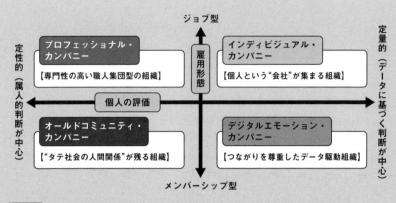

図6-32 2027年の日本における働き方を考えるシナリオ

　ここではすべてをカタカナで表現していますが、複数シナリオを共有する対象を念頭に置き、すべて日本語で表現したほうが伝わりやすい場合はそう設定する等、**あくまでも使い手を意識した設定にすることが大切です。**そうすることが、戦略的対話が起こりやすいシナリオタイトルにつながります。

　また使い手を意識するという意味では、不快な用語や著作権を侵害するような用語を使わないようにすることも大切です。

　なお、先ほども書いたとおり、図6-32の複数シナリオは2017年に作成したものですが、しばらく時間が経った今、見てみるとどうでしょうか。

ステップ⑦:
戦略オプション検討

　最後の**「戦略オプション検討」**では**複数シナリオで検討した不確実な変化の可能性をもとにして、そのような未来に備えるための具体的な方向性を決めるための材料を検討**します。「戦略オプション」という名前のとおり、ここで検討したものが**戦略**をはじめとして、**計画**や**パーパス**等、**企業活動の方向性を示すものを検討するための選択肢**となります。

【ステップ7:戦略オプション検討】の概要

目的	・作成した複数シナリオを踏まえた対応策を検討する
進め方	・作成した複数シナリオをもとに顧客ニーズの変化や自社の脅威を踏まえた対応策を検討する
ツール等	・顧客ニーズの変化 ・自社の脅威
アウトプット	・戦略オプション

　これまで取り組んできた「外部環境要因リサーチ」から「シナリオ詳細分析」までのステップでは、シナリオテーマで設定した時間軸（たとえば10年後）で考えてきました。一方、ここからの「戦略オプション検討」は設定した時間軸において起こり得る不確実な変化の可能性をもとにして、**今から何に取り組んでいくのか**を考えていきます。

外部環境の変化を踏まえて対応策を考えることは、普段の戦略策定や事業開発の取り組みと変わりはないかもしれません。シナリオ・プランニングの取り組みでは、検討した複数シナリオをもとにすることで、**1つの可能性だけを考えていた場合には想像し得なかった対応策を検討し、さまざまな状況に対応できるような柔軟性をもった戦略や事業を検討することができます**。

▌ 戦略オプション検討の流れ

　戦略オプション検討は、大きく次の3段階で取り組みます（図6-33）。

　第2章でも紹介した **"what if"** の考え方に基づき、**「もし、このシナリオで検討した世界が現実のものになるとしたら、その未来に向けて自社はどんな備えをすれば良いのか?」** という問いを立て、今から取り組む必要があることを検討します。ここで出てきたものを **「戦略オプション案」** と呼びます。この戦略オプション案を分類し、その過程でブラッシュアップを行い、最終的な「戦略オプション」を検討します。

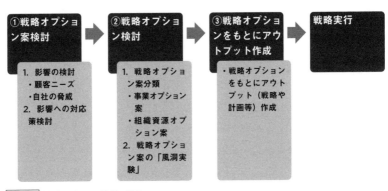

図6-33 戦略オプション検討の流れ

そして、この戦略オプションをもとに、本来のプロジェクトのアウトプット（たとえば戦略や計画等）を作成していきます。

　実際のシナリオ・プランニングの取り組みでは、最終的なアウトプットにあわせて、戦略オプション検討の進め方も少しずつ変えています。
　たとえば、パーパスを検討する場合の進め方と自社の戦略を策定するときの進め方は、大元は同じではあるものの、それぞれのアウトプットにあわせたアレンジをしています。
　そこで、ここからは、まずアウトプットがどのようなものであっても活用することができる汎用的な戦略オプション検討の流れを解説します。その後、シナリオ・プランニングの取り組みで扱う代表的なアウトプットを紹介し、それぞれのアウトプットへの戦略オプションのつなげ方を解説します（355ページ〜）。さらに、ここで紹介した本格的な戦略オプションの検討ほどは時間をかけず、手軽にアウトプットにつなげていくやり方についても紹介していきます（361ページ〜）。

①戦略オプション案検討

　戦略オプション検討の最初のステップでは、**検討した不確実な環境変化によって顧客や自社が受ける影響**を考えていきます。複数シナリオとして描いた環境変化によって、顧客のニーズや自社が現在取り組んでいる事業や計画にどのような影響があるのかを見極めます。
　具体的には、**それぞれのシナリオが実現した場合の影響を外部と内部の観点から検討**します。外部とは顧客をもとにした検討であり、内部とは自社をもとにした検討です（図6-34）。

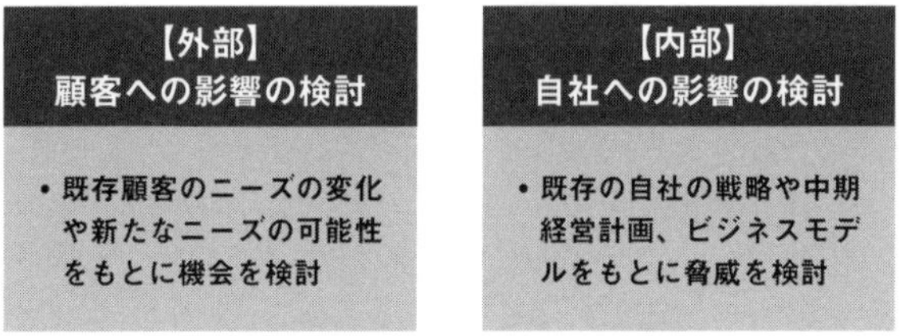

【外部】 顧客への影響の検討	【内部】 自社への影響の検討
• 既存顧客のニーズの変化 や新たなニーズの可能性 をもとに機会を検討	• 既存の自社の戦略や中期 経営計画、ビジネスモデ ルをもとに脅威を検討

図6-34 2種類の戦略オプション案検討

顧客への影響：「顧客ニーズ」の検討

まず外部の顧客をもとにした検討では、**複数シナリオ作成で検討したそれぞれのシナリオにおける顧客のニーズの変化**を考えます。この時、既存の顧客のニーズの変化について考えることはもちろんですが、各シナリオを踏まえて思い浮かぶ、自社にとっての新たな顧客を検討することもあわせて行います。

顧客をもとにした検討の際の注意点としては、**想定する顧客とそのニーズをなるべく具体的にイメージする**ことです。顧客のニーズを具体的にイメージするためには、次の3＋1点をもとに検討すると良いでしょう。

- • 顧客
- • 場面
- • 困り事
- • 根拠

最初の3点をもとに検討すると**「誰がどんな場面で、何を求めているのか」**を明確にすることができます。

このうち特に具体化することが必要なのは最初の**「顧客」**です。もちろん、未来の可能性をもとにしているので漠然としたものになりやすいのですが、事前に設定したシナリオアジェンダ、この前のステップで取り組んだシナリオ詳細分析、そして現状の顧客分析の結果等をもとにして、**なるべく具体的に設定します**。

　たとえば、「高齢者」というような漠然とした設定ではなく「地域に住み、自分で移動する手段をもたない高齢者」というところまで具体化するのが理想です。

　次の**「場面」**は、事前に明確にした**顧客が置かれている場面**をイメージする部分です。ここも「病院に行きたいとき」というような形で、具体的に表現できるのが理想です。

　最後の**「困り事」**は、対象とする**顧客が解消したいと思っている困った状況**をイメージします。たとえば、「時間をかけず、気軽に移動したい」という形で言語化します。

　ここでは「困り事」という書き方をしていますが、そのようなマイナスをゼロにするようなニーズもあれば、**現状のプラスをより高めたいというニーズ**もあるでしょう。そこまで困ってはいないけれど、より便利になると良いという状況です。たとえば、すでにECサイトを使って、移動をせず、好きなときに買い物をしている人が「毎回必要なものを考えて、それを検索して注文ボタンを押すということをしなくても、定期的に購入しているものが必要なタイミングで自動購入されている」状態を望むことは、現状のプラスをより高めたいニーズだと言えます。

このような3点から顧客ニーズを考えることで、具体的な顧客のストーリーが見えてきます。たとえばここまで書いた高齢者の例をまとめると「地域に住み、自分で移動する手段をもたない高齢者が、病院に行きたいときに、時間をかけず、気軽に移動したい」という具体的な顧客ニーズをイメージすることができます。

　また3＋1点の最後の1点という形で**「根拠」**を検討します。**個別のシナリオのどの内容をもとに、この顧客ニーズを考えたのか**を検討するのが、この「根拠」の部分です。

　たとえば、先ほど書いた顧客ニーズについては、作成したあるシナリオから読み取った「都心に人口が集中している中で、自動運転や遠隔医療等が規制によってなかなか地方にまで広がっていかない」という世界観等が根拠となります。

　ここでニーズだけではなく「根拠」まで示す理由は、**顧客ニーズを考える際に曖昧にならないようにするため**です。

　このような形で、複数シナリオのそれぞれの世界が現実のものになったと考えたときに、どのようなニーズが生じるのかを具体的に検討していくのが顧客をもとにした分析です。

　顧客のニーズを検討する中で、自社の事業には関係ないような顧客ニーズや、現在の自社の能力では対応できない顧客ニーズが思い浮かぶこともあるでしょう。そのようなものが浮かんできた場合、「自社には関係ない」として削除したりせずに残しておくようにしてください。そのようなニーズに対応するかどうかは、このあとに検討します。**この段階では自社との関連性や実現可能性はあまり意識せず、むしろ、これまでに考えたことがないような観点も積極的に盛り込む**つもりで考えましょう。

自社への影響：「自社の脅威」の検討

　次の自社をもとにした検討では、**自社の既存の戦略や計画、ビジネスモデル等が、検討した環境変化に耐えられるものかどうか**を確認します。

　顧客の場合と同様、自社についての検討をするときも、なるべく具体的にイメージすることが重要です。

　具体的にイメージするために、次の**2＋1点**をもとにして考えてください。

- 対象
- 脅威の可能性
- 根拠

　最初の**「対象」**とは、**自社の何に脅威があるのか**を考える部分です。漠然と自社の脅威を考えるのではなく、特定の事業なのか、あるいは今の事業を進めるもととなっている経営計画なのかというように、具体的に設定します。

　たとえば「自社の事業」ではなく、「自社の新入社員向けの研修事業」というところまで具体化するのが理想です。

　次の**「脅威の可能性」**は、設定した**「対象」が現在想定しているとおりにならないような可能性**を特定します。

　たとえば、前に挙げた研修事業で言うと「自社の新入社員向けの研修事業の機会がほぼなくなってしまう」というような形で検討します。

そして顧客をもとにした検討と同じように、最後に**「根拠」**を明確にします。

　たとえば先ほど自社の脅威の可能性として特定したものについては、あるシナリオから読み取った「大企業を中心にジョブ型の雇用が進むうえ、対面で集合して何かに取り組む機会が減ってきている」という世界観等が根拠となります。

顧客や自社への影響を出す観点

　戦略オプション案として顧客のニーズや自社の脅威について検討する際には、**複数シナリオを1つずつ確認しながら進めていきます**。たとえば、最初はシナリオ4を見ながら外部と内部の検討をして、それと同じことを残りの3つのシナリオでも行います。

　このあと戦略オプション案を整理し、アウトプットにつなげていくときの参考にするため、戦略オプション案を検討していく過程では、**どのシナリオをもとにして出したものなのかもあわせて記録**しておきます。

　検討していく中で、1つではなく複数のシナリオで同じような顧客ニーズや自社の脅威が出てくる場合があります。せっかく4つのシナリオのそれぞれで見ているのに、複数のシナリオで共通のものが出てくるのは良くないように思えるかもしれませんが、問題はありません。

　複数のシナリオに共通して出てくるという戦略オプション案のうち、**4つのシナリオすべてに出てくるものは、ベースシナリオの内容の影響を受けている可能性が高い**です。「ステップ④：ベースシナリオ作成」でも紹介したとおり、ベースシナリオはすべての複数

シナリオに共通して出てくるシナリオであるため、ベースシナリオの影響を考慮した戦略オプション案は4つのすべてのシナリオで似たようなものになることがあります。

　ただし、ベースシナリオは共通でも、極の組み合わせによって4つは違う世界になっているため、詳細な部分では別の戦略オプション案になるはずです。たとえば、地理軸を日本とした場合のシナリオテーマで検討した場合、「高齢化」に対応するという戦略オプション案は、ベースシナリオの影響を受けていると考えられます。ただし、漠然と「高齢化」を考えるのではなく、複数シナリオのそれぞれの状況を踏まえて具体的に考えていくと、ベースシナリオをもとにした戦略オプション案であっても、似てはいるものの別の内容になる可能性があります。

　同じように4つすべてではないものの、複数のシナリオに出てくる、似たような戦略オプション案は、シナリオの軸の片方の極の影響を受けたものである可能性があります。たとえば、右側2つのシナリオ（右上と右下のシナリオ）に共通する戦略オプション案は横軸の右側の極の影響をもとにして考えられている可能性が高いです。このような場合も、具体的に考えていくと、似たようなものであってもそれぞれのシナリオによる違いが明確になってくる可能性があります。

影響への対応策（＝戦略オプション案）を検討する

　各シナリオにおける顧客と自社の影響を洗い出すことができたあとは、それらに自社がどのように対応するのかを考えます。ここで考える対応策が**戦略オプション案**となります。

　戦略オプション案を考えるポイントは、「顧客ニーズ」と「自社

の脅威」では少し異なります。「自社への脅威」のほうがわかりやすいため、こちらを先に解説します。

「自社の脅威」は、基本的には**出たものすべてに対する対応策を検討します**。顧客ニーズと異なり、「自社の脅威」として出したものは、自社に既存の事業や戦略等に影響があるものであるため、「これは検討しなくても良い」というような取捨選択はせずに、出したものすべてについて対応策を検討し、それらを戦略オプション案とします。

一方、**「顧客ニーズ」**については、自社との関連性や実現可能性は意識せずに変化を考えてきました。そのため、対応策を検討しようとしても、検討できない「顧客ニーズ」が出てくるはずです。対応策が浮かばなかったからといって、すぐにその「顧客ニーズ」を検討対象から除外してしまうのではなく、まずは次のうち**どちらの理由で対応策が浮かばないのか**を判断します。

- **関連性の薄い/ないもの**：現在の自社の事業等と関連がないために対応策が浮かばない
- **実現性の薄い/ないもの**：現在の自社の能力では対応ができないために対応策が浮かばない

前者については、自社の既存の事業領域には当てはまらないために対応策が浮かばないものです。そのため、**このような顧客ニーズの多くは自社には関係がないものとして検討対象から外すことは問題ありません**。
ただし、「自社の事業と関係がない」と判断しているとき、**「どの**

ような範囲で考えているのか」に注意を向けてみると違った見方ができることがあります。ハーバード・ビジネススクールのセオドア・レビットが1960年に発表した有名な論文**「マーケティング近視眼」**（Marketing Myopia）では、製品中心に考えることの危険性を指摘し、**顧客中心に考えるべき**だと指摘しています。そのための例として、米国における鉄道の衰退について鉄道事業者が自社の事業を「（顧客中心の視点である）輸送事業ではなく（製品中心の視点である）鉄道事業だと考えてしまったから」と指摘し、当時のハリウッドの衰退を「（顧客中心の視点である）エンタテインメント産業ではなく（製品中心の視点である）映画産業だと考えてしまったから」と指摘している点を応用して考えることができます。同じ指摘について、榊原清則氏は『企業ドメインの戦略論』の中で**「物理的定義ではなく機能的定義で考える」**と説明しています。

このように事業を考える視点も踏まえて、前者の自社とは関連性が薄い、あるいは関連性がない顧客ニーズについて、**本当に自社とは関連がないのかどうか**、これまでの思い込みを外して考えてみます。そのうえで、それでも関連性が薄いと考えられるものについては、この時点で検討対象から外します。

一方、後者の**実現性**に関しては、今後、新たな能力を身につけていくことで実現可能になる場合があります。そのため、それらについては、**現時点では対応できないものの、今後、対応できる可能性が高いと考えて対応策を考えていきます**。「実現するために自社としてどのような能力を身につけていかなければいけないのか」という点は、このあとのプロセスで検討しますので、今の段階では対応策だけを考えてください。

なお、一見すると関連性が薄い、あるいは実現性が低いように見えるものをもとに検討する戦略オプション案は、シナリオ・プランニングに取り組むからこそ思いつく特徴的な案です。

一握りの天才が未来の顧客のニーズを想像して、それを満たすための画期的な製品を生み出したというストーリーは、確かに魅力的です。しかし、そのような天才的な個人の特性に頼るのではなく、組織やチームとして、それに類するような成果をあげられるしくみを整えていくほうが、企業にとってはずっと現実的です。

そのため、この段階で出てきた対応策を、現時点での関連性や実現性だけで安易に判断せず、**「どのような関連があるのか？」「どのようにしたら実現できるのか？」**と考えたうえで、**戦略オプション案として1つでも多く残すことができないか**と考えてみましょう。

② 戦略オプション検討

事業オプション案と組織資源オプション案の分類

ここからは、さまざまな「戦略オプション案」を分類し、最終的に「戦略オプション」にするための検討を行っていきます。

そのための最初のステップが、これまで検討した戦略オプション案を**「事業オプション」**と**「組織資源オプション」**に区別することです。

これまで、戦略オプション案を分類していく観点として、第4章で個人を対象にしたときは個人能力に照らして考えること、第5章では組織の能力として組織資源に照らして考えることをお伝えしました。ここでは、第5章でもお伝えした組織資源に照らした分類について、詳しく紹介します。

組織資源とは**組織で活用するヒト・モノ・カネ・情報**です。

それらについて、目に見えるものと見えないものという観点で次のとおり分類して考えます（図6-35）。

この分類の**「見える資源」**は**必要なときに調達や蓄積がしやすい組織資源**、**「見えない資源」**は**調達や蓄積に時間がかかる組織資源**だと言い換えることもできます。

「見えない資源」は調達や蓄積に時間がかかるため、このような組織資源を活用した企業の取り組みは、競合他社に真似されにくいものになります。そのため、戦略を検討する際には、短期的に売上に結びつきやすい事業やサービス等を考えるだけではなく、**中長期的に見たときに他社との大きな差別化につながる「見えない資源」をいかに蓄積していくのか**については考えていく必要があります。

このような組織資源をもとにして検討していくのが戦略オプション案の**「事業オプション案」**と**「組織資源オプション案」**という区別です。

検討したさまざまな戦略オプション案のうち、**自社が既にもっている組織資源を活かして実行することができる戦略オプション案**を

見える資源	見えない資源
・ヒト 　従業員等 ・モノ 　工場、機械、備品等 ・カネ	・ノウハウ ・特許 ・ブランド ・顧客の信頼 ・顧客情報の蓄積 ・組織文化

図6-35 組織資源の分類

「事業オプション案」と呼びます。

　一方、現在の自社の組織資源では対応ができないものの取り組んだほうが良いと考えて出した戦略オプション案は、既存の組織資源では対応できない戦略オプション案とも言えます。そのような戦略オプション案を実行するためには、まず、**その戦略オプション案を実行できるようになるために、新たな組織資源を蓄積していかなくてはいけません**。そのような施策を「**組織資源オプション案**」と呼んでいます。さらに、必要な組織資源が蓄積されたあとに取り組むことができる戦略オプション案を、将来的に取り組むものという意味で「**未来事業オプション案**」と呼びます。

　ここまでの過程で出した戦略オプション案は次の3種類に分類することができます。

（a）事業オプション案
（b）組織資源オプション案
（c）未来事業オプション案

　ここに挙げた3種類の戦略オプション案のうち**（a）事業オプション案と（b）組織資源オプション案が、優先的に着手する戦略オプション案**だという整理ができました。

　なお、このようにさまざまな整理をする過程で、個々の戦略オプション案が元々どのシナリオをもとに考えたものなのかは忘れずに記録として残しておくようにしましょう。これは、このあとの検討でも引き続き使っていくうえ、シナリオ・プランニングの取り組みが終わったあと、戦略の見直しをしていく際にも必要となる情報だからです。

戦略オプション案の「風洞実験」

　戦略オプション案の分類をしたあとは「風洞実験」と呼ばれる、シナリオ・プランニングらしい戦略オプション案の最終チェックを行います。

　このステップでは、検討した戦略オプション案が、将来において複数シナリオのどのシナリオになったとしても問題なく機能するかどうかを確認します。

　風洞実験とは、さまざまな速さや流れの風を再現することができる風洞実験装置を使い、自動車や航空機、高層ビル等が受ける風の影響をあらかじめ調査する実験のことです。

　ここまで検討してきた戦略オプション案は、複数のシナリオのうち、どれか1つのシナリオを前提として検討してきたものがほとんどでしょう。その状態の戦略オプション案だと、確かに戦略オプションを検討するもととなったシナリオでは有効かもしれませんが、残りの3つのシナリオではどうかわかりません。必ずしも残りの3つでも有効である必要はないかもしれませんが、残りの3つのシナリオで逆効果になってしまうことがないかどうかの確認は必要です。

　たとえば、あるシナリオでは特定の顧客ニーズに応えられる戦略オプション案であったとしても、別のシナリオでは既存の顧客離れにつながることがあるかもしれません。また、あるシナリオでは自社の脅威に有効に対処できる戦略オプション案であっても、別のシナリオでは自社にとっての脅威を高めるようなものもあり得ます。

　このように状況が変わった場合の効果を確認することを、さまざまな状況をつくり出すことができる風洞実験装置を使った実験にな

ぞらえて「風洞実験」と呼んでいます。

　それぞれの戦略オプション案の「風洞実験」をとおして、あるシナリオでは有効だが、別のシナリオでは逆効果になるというような矛盾をはらむ戦略オプション案がないかを把握し、そのような戦略オプション案がある場合、効果のバランスをとるような修正ができるのであれば修正します。

　ただし、修正することでバランスはとれたものの、本来の特定のシナリオの戦略オプション案としての効果が薄まってしまうようでは意味がありません。そこで、修正することが望ましくない場合は、それぞれの戦略オプション案を実行する場合の注意点を明確にしておきます。

戦略オプションの確定

　ここまでシナリオ・プランニングの考え方を踏まえた戦略オプション案の整理を行ってきました。最後に通常の戦略策定プロセスでも使われている考え方を応用して、**これまで検討した戦略オプション案を整理し、最終的な戦略オプションとして確定させます**。

　まず行うのは、**ここまで出た複数の戦略オプション案の分類**です。個々の戦略オプション案の特徴を踏まえて、複数の戦略オプション案を結びつけながら、分類していきます。

　この時、単に分類していくだけではなく、**複数の戦略オプション案の特徴を活かしながら、新しい戦略オプション案をつくったり、個々の戦略オプション案の内容のブラッシュアップ等に取り組んだりしていきます**。

別々のシナリオをもとにしてつくられた戦略オプション案でも、共通項でまとめることができるものもあれば、上位の戦略オプション案を1つ作成し、シナリオの変化に応じて少しずつとるべきアクションを変えることがわかるような下位の戦略オプション案をつくることもあります。

　また、顧客のニーズや自社の脅威に照らすと非常に重要な戦略オプション案ではあるものの、さまざまな分類を試しても、1つのシナリオにしか当てはまらないような戦略オプション案も出てきます。そのような戦略オプション案は、そのシナリオになった場合の代替案として残しておきます。

　このようにして、個々の戦略オプション案よりも大きなくくりになったものを**優先順位づけ**します。優先順位づけについては、従来、自社が通常の戦略や計画を作成している際に使っている指標や観点があれば、それを応用します。

　優先順位づけのための指標や観点を新たに検討していく場合、次の3つのカテゴリーを踏まえて考えてください。

　・経済性
　・実現性
　・パーパスやビジョンとの整合性

　顧客ニーズを満たす活動にしても、自社の脅威を減らすための活動にしても、企業としては**経済性**の指標・観点を使った検討は欠かせません。

　また、ここで検討している戦略オプション案の中には組織資源を基準にして検討したもののうち「未来事業オプション」は含まれて

いないため、すぐに実現することができると判断したものが多いはずです。ただし、実際にはそれぞれの**実現性**に違いはあるはずなので、その指標・観点での検討も行います。

　最後に、自社の**パーパスやビジョンとの整合性**という観点からの検討も盛り込むべきです。いくら経済性の観点から魅力的なもので、実現性が高いものであっても、その戦略オプション案を実行することが自社の存在意義や実現したい世界等に反するようなものであれば、実行するべきではないでしょう。

　このようにして戦略オプション案の整理と優先順位づけを行った結果、優先的に取り組むものを最終的な**戦略オプション**として残します。

③戦略オプションをもとにアウトプット作成

　シナリオ・プランニングの取り組みでは、完成したベースシナリオや複数シナリオを最終アウトプットと捉えるのではなく、**それらをインプットとして、組織で活用するさまざまなアウトプットにつなげていく**ことが重要であることは、これまで何度か説明してきました。そして、アウトプットをつくることで終わりにせず、**最後はそれらを実行していく「戦略実行」につなげていきます**。ここで言う「戦略実行」とはあくまでも総称で、中期経営計画を立てたのであれば「計画実行」ですし、具体的な施策を検討したのであれば「アクション実行」になります。この「戦略実行」の部分は、シナリオ・プランニングの範囲を超える部分もありますが、シナリオ・プランニングを組織で活用していく点を中心に第7章でとりあげています。

以下では、最後のステップで検討した戦略オプション案、そして
それをもとにして検討した**戦略オプションを、どのようにアウト**
プットにつなげていくのかをご紹介します。

　それぞれのアウトプットについては、その解説だけで1冊の本に
なるようなものであるため、ここではシナリオ・プランニングとの
接点を中心とした解説に留めます。それぞれについて詳しく知りた
い場合は、巻末の「未来創造のためのブックガイド」も参考にして
ください。

各種戦略・計画策定へのつなげ方

　組織の中で策定され、実行されている戦略・計画は、各組織に
よってさまざまな種類があるはずです。そのうちどの戦略・計画を
策定するのかによって、インプットとなる情報の種類も変わってき
ます。

　本書での戦略オプション案検討の際には、インプットとなる情報
として複数シナリオを踏まえた環境変化による**「顧客への影響」**と
「自社への影響」について考えました。たとえば事業戦略や中期経
営計画等を策定していく場合、これらに加えて**「競合他社への影**
響」を検討することも欠かせません。

　複数シナリオを踏まえた環境変化の「競合他社への影響」を考え
る際、もっともわかりやすいのは既存の競合他社が、環境変化に
よってどんな影響を受けるのかを考えることです。ただし、シナリ
オテーマの時間軸を比較的長い期間に設定した場合、技術進化や規
制の変化等の影響を受けて、既存の競合他社以外のプレイヤーが自
社の競合となっている可能性が十分にあり得ます。

　そのような変化の影響を盛り込むためには、マイケル・ポーター

氏による5 forces分析で使われる**5つの要因**を使って「競合他社」を幅広く捉えて影響を検討していくのが良いでしょう。

ポーターの5 forcesでとりあげられる要因は次の5つです。

- 業界内
- 新規参入
- 代替品
- 売り手
- 買い手

このうち買い手については、すでに「顧客への影響」で検討していますので、実質的には残りの4つの要因を念頭において**「競合他社への影響」**を考えます。

不確実な時代には、この要因の中にある業界内の環境変化だけに目を向けていても十分ではありません。そもそも、すでに「業界」というくくりがかなり曖昧になっているため、新規参入企業や既存の製品・サービスの代替品の可能性も幅広く考える必要があります。

このような形で、策定する戦略・計画の種類にあわせて、ここまで見た「顧客への影響」と「自社への影響」以外の影響を、各分野で使われているフレームワークも参考にしながら分析し、戦略オプション案検討のインプットとします。

それらを戦略オプションにつなげていく検討の流れは、これまでの流れと同じものを使います。そして、そのようにして検討した戦略オプションをもとに、それぞれの戦略・計画を策定します。

事業開発へのつなげ方

シナリオ・プランニングの取り組みの検討結果を、事業開発につなげていく場合は、「顧客への影響」で検討した顧客ニーズの可能性を使って、具体的な事業案を検討していきます。顧客ニーズをもとにして事業開発を進めていく手法やツールは、すでにさまざまなものが出ていますので、使い慣れているものを活用するのが一番良いでしょう。

事業開発のために使われるツールとしてよく知られているものは『ビジネスモデル・ジェネレーション』で紹介された「ビジネスモデル・キャンバス」です（図6-36）。

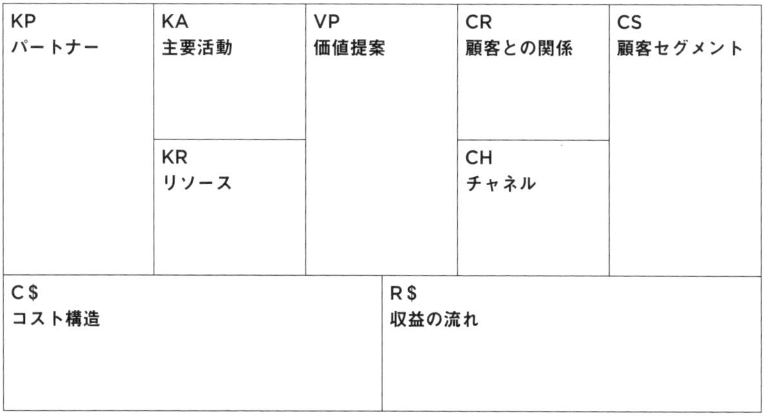
KP
パートナー
KA
主要活動
KR
リソース
VP
価値提案
CR
顧客との関係
CH
チャネル
CS
顧客セグメント
C$
コスト構造
R$
収益の流れ

図6-36 ビジネスモデル・キャンバス

「ビジネスモデル・キャンバス」を使う場合は、戦略オプション検討の中で出てきた**顧客ニーズ**をもとに**「顧客セグメント（CS）」**と**「価値提供（VP）」**を検討していくところから始めていきます。また、戦略オプション案を分類する際に**組織資源**に着目することをお

伝えしましたが（349ページ）、ビジネスモデル・キャンバスでは**「リソース（KR）」**という要素が含まれているため、その点からも考えやすいでしょう。また、すぐに**「リソース（KR）」**を調達できない**「見えない資源」**を補完する**「パートナー(KP)」**の要素もあるため、長期的には自社でその組織資源を蓄積し、活用していくことを目指すものの、短期的には外部パートナーの力も借りて事業化していくというような、時間軸を盛り込んだ事業検討もしやすくなります。

また『Running Lean——実践リーンスタートアップ』で紹介されている**「リーンキャンバス」**も活用できるでしょう（図6-37）。

課題	ソリューション	独自の価値提案	圧倒的な優位性	顧客セグメント
	主要指標		チャネル	
コスト構造		収益の流れ		

図6-37 リーンキャンバス

顧客ニーズを検討した**「顧客」「場面」「困り事」**という3つの観点（340ページ）をもとにすれば、リーンキャンバス内の**「課題」**と**「顧客」**がすでに考えられている状態になっているため、それをもとに顧客への**「価値」**と**「解決策」**を検討することで、具体的な事業につなげていくことができます。

さらに、シナリオテーマで比較的長期の時間軸で設定している場

図6-38 ロジックモデル

合は、社会インパクト評価のため等に使われている**「ロジックモデル」**を事業の検討のために応用することがあります。

「ロジックモデル」は、図のように事業で成果をあげ、社会的なインパクトをもたらすために必要な要素を表したものです。

ロジックモデルでは、**何かを行うために資源を「投入」し、それを使って具体的な「活動」を行い、それによってできた「成果物」をとおして「成果」をあげ、その成果がもたらす社会的な「影響」を検討するという一連の流れにおいて、それぞれの要素で何が必要になるか**を考えます。

実際に中身を考えていくときには、**右から左**、つまり目指す**「影響」**から考えていきます。顧客や社会にとっての**「影響」**と**「成果」**を明らかにし、そのためにどんな**「成果物」**、つまり企業にとっての製品・サービスを提供するのかを考えていくことがロジックモデルでの検討の開始地点です。

ここでは**「成果」**をひとくくりで書いていますが、多くの場合、ここを**「最終成果」「中間成果」「初期成果」**という3段階に分けています。ここがシナリオ・プランニングとの相性が良い点です。**シナリオ・プランニングによって検討した顧客ニーズを満たした状態を「最終成果」と考え、そこからバックキャスティングして「中間成果」と「初期成果」を検討し、それらを具体的に実現していくための「成果物」を検討していく**ことができます。

また、ロジックモデルにも「インプット」という要素があり、ここが先ほどの「ビジネスモデル・キャンバス」でもとりあげた**組織資源**とつながりますので、これまでの戦略オプション案の検討結果との相性も良いと言えます。

　ここではシナリオ・プランニングの取り組みから事業開発につなげていく場合に、実際に著者が活用している手法やツールの中から代表的なものを3つ紹介しました。設定したシナリオテーマの時間軸や作成した複数シナリオ、そしてシナリオ・プランニングに取り組む目的等を踏まえて、どの手法やツールを使うのが最適なのかを考えて、選んでいきます。

パーパス検討へのつなげ方

　近年、企業の社会的役割に対する見方が変わってきていることに加え、企業で働く個人も、自らが働く意義を考える機会が増えています。そのような中で重要性が高まっているのが、**企業における「パーパス」の存在**です。

　ボストンコンサルティンググループによる『BCG 次の10年で勝つ経営』では、**「我々・自分は何者か？」**と**「世界が求めているニーズは何か？」**が交差する領域が「パーパス」に相当すると紹介しています（図6-39）。

　戦略オプション検討で行った顧客への影響をもとにした**「顧客ニーズの分析」**は、この中の**「世界のニーズは何か？」**に相当するものになります。さらに、シナリオ作成準備のステップで取り組んだコンテンツ準備のうち、特に**「過去に関するコンテンツの整理」**

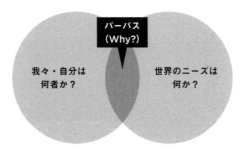

図6-39 パーパスの位置づけ（出典：『BCG 次の10年で勝つ経営』）

で取り組んだ過去の振り返り（206ページ）等は、この中の**「我々・自分は何者か？」**を明らかにする材料となるでしょう。

シナリオ・プランニングをとおして顧客のニーズを検討することで、現在の顧客ニーズだけではなく、設定した期間において外部環境の変化の影響を踏まえた顧客ニーズを明らかにすることができます。そのような現状だけにとらわれない社会や顧客のニーズを材料として検討することで、一過性のものではない、これからの環境変化にも耐え得る「パーパス」をつくることができます。

よりシンプルな戦略オプションの検討方法

ここまで紹介してきたような戦略や計画、事業やパーパスへのつなげ方は、いくつかのプロセスを経てじっくりと検討した戦略オプションが活きるものばかりでした。

ただし、シナリオ・プランニングの取り組みが、このような「重厚な」活用方法にだけ留まってしまっては、その価値を十分に活かすことはできません。**「戦略的対話」を組織の中で起こしていくためには、もう少しシンプルな戦略オプションの検討も進めていきたい**ところです。特に第4章でも紹介した「未来創造ダイアローグ」

は、組織の中でシナリオ・プランニングを活用した戦略的対話を起こしていきやすいように開発した手法ですが、そのあとにつながる戦略オプション検討のプロセスが、ここまでで紹介した流れで行う方法しかないのだとしたら、気軽に取り組むことは難しそうです。

　組織におけるシナリオ・プランニング活用で大切なのは、それぞれのメンバーがシナリオを見ながらオープンに物語っていく場をつくっていくことです。さらには、そのような物語が、公式な場だけではなく、**組織の内外で起きるさまざまな非公式な場でも語られていく**ことが理想です。

　たとえば、オープンに物語っていく公式の場をつくるために、「未来創造ダイアローグ」をもとにしたアイデアソンの実践を数多く行ってきました。そのような「場」の位置づけはさまざまですが、よくあるものとしては、組織や部署単位での全体ミーティングという形で行われます。年度の始めや終わり等によく開催される全体ミーティングでは、これまでの業績の振り返りや今後の方針の発表等が行われ、その前後にさまざまな趣旨の講演等を挟みながら、最後は飲食を伴う歓談という流れが一般的です。

　この流れの中に**「未来創造ダイアローグ」**を組み込むのです。組織全体、あるいは部署全体をグループに分け、検討した複数シナリオをもとにして、最終的には**「このような未来に向けて、今から自社は何をしていくべきか？」**を考え、それぞれのアイデアを発表します。イベントの要素はあるものの、この場で交わされるのはどちらかというと公式な位置づけの物語です。このようなイベントをやったあとの懇親会は、これまでの経験上、日中に語られた以上に多様な物語が飛び交う場となります。そして、このイベントがきっかけとなって、組織での本格的なシナリオ・プランニングの活用が

始まっていくことはめずらしくありません。

　戦略や事業等、経営に直接影響するようなアウトプットにつなげる場合は、時間をかけた「重厚な」戦略オプション検討が必要です。しかし、もっと「シンプルな」シナリオ・プランニングの活用や戦略オプション検討の機会も同じように必要です。どちらが重要だということはありません。

「重厚な」戦略オプション検討の場がなければ、不確実な時代に組織を継続させていくための方向性を描くことはできません。しかし、「シンプルな」戦略オプション検討の場がなければ、組織内の1人ひとりが不確実な可能性の中で、自らの役割を自覚して、自律的に戦略の実行に取り組んでいくこともないでしょう。

　ここでご紹介したアイデアソンのように、組織の中での「シンプルな」戦略オプション検討も進めていってください。

【ステップ⑦：戦略オプション検討】の完了チェックリスト

□検討した不確実な環境変化によって顧客や自社が受ける影響を検討した

□検討した影響への対応策を検討し、戦略オプション案を作成した

□自社の既存の組織資源をもとに戦略オプション案を「事業オプション案」「組織資源オプション案」に分類した

□分類した戦略オプション案の「風洞実験」を行った

□戦略オプション案をもとに戦略オプションを作成した

□戦略オプションをもとに自社にとって必要なアウトプットを作成した

シナリオ・プランニング
実践事例

　以下では、本書で紹介している「シナリオ・プランニング実践マップ」のうちメインの7ステップの具体的な実践例として、架空の企業A社の取り組みを紹介します。

■ ステップ①:シナリオテーマ検討

プロジェクトの背景

　A社は情報処理サービス業界に分類される中堅企業です。クライアント向けの情報処理システム導入に関する事業を祖業としながら、最近の顧客ニーズの多様化や技術進化に伴い、システムの受託開発に留まらず、クライアント企業のサービス開発にも積極的にかかわる等、新しい事業のあり方を模索しています。

　新型コロナウイルス感染症の対応に伴う2020年4月の緊急事態宣言以降、在宅勤務を推進してきました。当初は、いつかは元の働き方に戻るだろうと思っていましたが、そうではない可能性を前提に考えたほうが良いように思えてきました。そのような中、現場から、「これからの働き方を考える必要があるのではないか」という声があがり、その声を受け、社長の支援のもと、A社の中で**「これからの働き方を考えるプロジェクト」**を立ち上げることになりました。

「シナリオテーマ検討」以前の取り組み

　早い時期に手を挙げた数名のメンバーで話し合った結果、シナリオ・プランニングに取り組み、これから起こり得る不確実な変化の可能性を踏まえたうえで、自分たちの働き方を考えることになりました。

　そのメンバーが、そのままコアチームとなりプロジェクトの設計を行い、大まかな目的を確認したうえで、自薦・他薦の両方で、**多様なプロジェクトメンバーを選定**しました（199ページ）。

　プロジェクトメンバーが決まったあとは、コアチームメンバーが中心となってキックオフを行い、まずは**過去、現在、そして近未来のそれぞれのコンテンツの整理**を行いました（206ページ）。特に近未来のコンテンツの整理として行った**Futures Wheel**（216ページ）は、在宅勤務が続き、業務以外の話ができていなかったメンバーにとっては、日々抱えている不安等をじっくり話す機会となったようで、さまざまな声があがりました。中にはすぐに対応したほうが良さそうなものもあったので、それについては人事部等、関連する人に共有しました。

シナリオアジェンダ検討

　このような事前準備を経て、「シナリオ・プランニング実践マップ」の最初のステップである**「シナリオテーマ検討」**に取り組みました。

　まず行ったのは、**シナリオアジェンダ**の検討（221ページ）。これはコアチームメンバーを中心に行いましたが、プロジェクトメンバーからも、今回の大きな目的である**「これからの働き方を考える」**を踏まえて、考えたいことを募集しました。

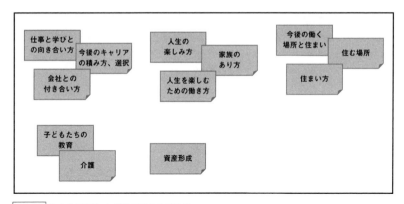

図6-40 シナリオアジェンダ検討のための意見

　さまざまなものが出ましたが、それらを最終的に集約した結果、主な意見は図のようなものになりました（図6-40）。

　似たようなものをまとめていった結果、仕事や普段の生活、そして住まいといった点が、特に興味のある点として出てきました。

　これらの内容について話をしていく中で、「ライフキャリア」という考え方があることを知りました。調べてみると、「ライフキャリア」とは「仕事をはじめ、家庭生活、地域社会とのかかわり、個人の活動（自己啓発・趣味）等、生活全般において生涯にわたり果たす役割や経験の積み重ねのこと[8]」と定義されている様子。

　この言葉を使い、今回のシナリオ・プランニングの取り組みの**シナリオアジェンダ**を次のように定義しました。

8　出典：「ライフキャリア教育支援について - 神奈川県ホームページ」（https://www.pref.kanagawa.jp/docs/m8u/cnt/f532110/index.html）

現在のような先が読めない時代の中で、
自分のライフキャリアをどう考えていくのか？
社員1人ひとりがこれからのライフキャリアを自由に考えて
いけるようにするために、会社は何をすれば良いのか？

　1つ目は、今回のシナリオ・プランニングの取り組みの最終的な目標として、検討した複数シナリオ等をもとに、社員全員が自分のライフキャリアを考える取り組みにつなげたいという思いから、2つ目は、そのような取り組みを推進し、誰もが働きやすい組織にするために、会社の今後のあり方を考えるために設定しました。

　これら両方の点を念頭に置きながら、最終的なプロジェクトの成果としては、2つ目の点について検討したものを会社に提案することになります。1つ目の点については、プロジェクトの成果物として、それぞれの社員が1人で考えることができたり、チームで対話しながら考えることができるような「未来創造ダイアローグキット」（419ページ）を作成することにしました。

シナリオテーマ検討

　このシナリオアジェンダを踏まえて、**自分たちにとってどれくらい先が不確実なのかを考える**こと（233ページ）からシナリオテーマ検討に移ります。

　「確かに目の前にいろいろと不確実なことはありますが、それらは今回取り組んだFutures Wheelの取り組みを全社的に広げていくことで対応したほうが良いのではないか」「既存の会社としてのキャ

リア支援プログラム等との関連性を踏まえつつ、そのプログラムとの違いをはっきりさせるためにも、今回は普段ならあまり考えないような先のことを考えるのが良いのではないか」等の話が出た結果、**時間軸**は10年後くらいの設定にしようということになりました。

　ただし、10年後という数字をそのまま当てはめるときりが良くありません。そのような設定では外部環境要因リサーチに取り組みにくいという話も出たので、きりが良い時間軸として**「2030年」**と設定しました。

　地理軸（239ページ）については、日本国内にサービスを提供しているので「日本」だろうという話になりました。確かに今後は海外にも目を向けたほうが良いのかもしれませんが、これまで本格的にシナリオ・プランニングに取り組んだことがない自社において、このプロジェクトの結果を「未来創造ダイアローグ」の形で全社的に浸透させていくことを考えると、まずは誰もが自分事にしやすい**「日本」**にするのが良いだろうというのが結論です。

　最後の**「検討スコープ」**（243ページ）もいろいろな意見が出ましたが、ライフキャリアについて考えたいという今回のシナリオアジェンダを考えると、検討したいことを含みつつ、視野を広げられるという点で**「社会」**にすることになりました。

　これらの検討結果をまとめ、最終的には次のような**シナリオテーマ**を設定しました。

シナリオアジェンダとシナリオテーマの共有

　ここで決まった内容を、まずは今回のプロジェクトオーナーである社長をはじめとしたステークホルダーに、共有する機会をもちました。さらに、最終的にこの取り組みを全社的に広げていくことを目的としているため、全社員にこの取り組みの趣旨やシナリオアジェンダ、シナリオテーマについて解説した簡単な動画を作成し、全社的に共有しました。このとき**「2030年の日本社会」**というシナリオテーマのままでは、シナリオ・プランニングを知らない人には興味をもってもらえなさそうなので、今回のプロジェクトの目的を踏まえた文言を盛り込んだ**「2030年における私たちのライフキャリア」**という**「プロジェクトテーマ」**（249ページ）を設定し、それを共有しました。

　こうして、本格的にシナリオ・プランニングの取り組みが始まりました。

ステップ②：外部環境要因リサーチ

　シナリオアジェンダ、シナリオテーマが決まったので、外部環境要因リサーチに入ります。外部環境要因リサーチは、プロジェクトメンバーのそれぞれの都合の良い時間で**「広げる」リサーチ**（252ページ）で収集してもらうために、オンラインで共有できるスプレッドシートサービスを利用し、そこに調べたものを入力してもらう形式にしました。

分類	項目	概要
E	サーキュラーエコノミーの進展	サーキュラーエコノミーの実践が進むことで事業のサービス化やバリューチェーンの見直しが必要となる可能性
E	インパクト投資の増加	コロナによって課題が浮き彫りになった社会課題向けの投資が今後ますます増加していく可能性
En	脱炭素化の取り組み本格化	政府や国際的に推進される脱炭素化の取り組みが産業にも大きな影響を与える可能性
P	省庁・自治体のDX進展	公のDX化が進むことで国民・住民の利便性が向上するだけでなく、民間企業への影響が出てくる可能性も
S	遠隔医療の普及	オンライン診療がきっかけとなり、遠隔での手術等、医療を受ける際の場所の制約が少なくなっていく可能性
S	テレワークの浸透	テレワークの推奨が言われつつ、あまり高くない浸透率。今後どうなるのか
S	地方移住・大都市衰退	都市部が衰退する可能性。地価も高いし、税金も高い
S	eスポーツの普及	eスポーツが本格的に普及し、プロスポーツ化が進んだり、関連する企業やイベント等がますます注目される可能性
T	植物性代替肉、培養肉の普及	環境に優しくヘルシーな食事として売り上げを伸ばしている。環境に優しいこととは何かを問われるのではないか
S	インフラ老朽化	人口減少に伴い、国や自治体の税収が減っていく中で、道路やトンネル等のインフラ老朽化が進む可能性
T	ドローンの本格活用	撮影や物流等の他、農業や防犯のための活用等、ドローンがさまざまな分野で活用されている可能性
T	自動運転技術の進化	個人の安全性向上だけでなく、移動、宅配等、商用にも広く活用される
T	人工知能関連市場の拡大	国内の人工知能関連市場が、大幅に伸びていく
S	さまざまな感染症の拡大	永久凍土が溶けること等、これまでにはない影響から新しい感染症が広がる
S	高齢者雇用の増加	高年齢者雇用安定法の改正により70歳までの就業確保が進み、高齢者の雇用機会が増加する可能性

表6-2 外部環境要因リサーチの結果

　その結果とした集まった外部環境要因は上のとおりです[9]（表6-2）。

9　実際の取り組みでは重複や類似のものも含めて、ここに挙げたものよりも多くの外部環境要因が出ますが、ここでは事例用として一部のものだけを載せています。

ステップ③：重要な環境要因の抽出

　それぞれが出した外部環境要因をもとに、不確実性マトリクスを使って重要な環境要因の抽出に取り組みました（264ページ）。**ファシリテーションはコアチームメンバーが務めました**（198ページ）。

　最終的にまとまった結果が次のものです（図6-41）。

　ワークでは、まず自分が出したものを自分の判断でそれぞれの象限に置いてもらい、その結果を全員で見て対話しながら、プロジェクトチームとしての意見をまとめていきます。

　最終的に影響度が小さいほうに入った「Eスポーツの普及」等は、ファシリテーターとして、今回の内容には関係なさそうだとは思ったものの、それは思い込みである可能性もあります。また、今回のシナリオアジェンダやシナリオテーマは、ともすると重い話になるかもしれません。そのため、話しやすい雰囲気をつくるために、ファシリテーターとして、まずは「Eスポーツの普及」について話を振ることから始めていきました。結果、影響度が小さいという結

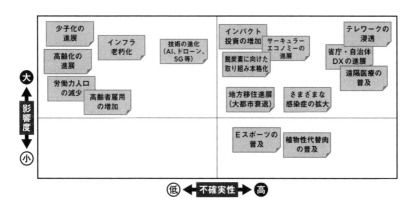

図6-41 重要な環境要因の抽出結果

果は変わりなかったものの、Eスポーツについての余談で盛り上がり、話しやすい雰囲気ができました。

　最終的に右上の象限に置かれた外部環境要因は、最初はそれぞれのメンバーでかなり意見に開きがありました。たとえば、「脱炭素に向けた取り組み本格化」等の環境に関する外部環境要因は、昨今の世界的な気候変動に関する取り組みの動きを受けて、これは2030年の日本でも確実に行われているとして「不確実性が低い」ものと捉えて良いのではないかという意見が出ました。

　確かに、現在の動きを見ていると、今後、そのような取り組みが何かしら行われていくことは不確実性が低いかもしれません。しかし、それがどれくらい本格的に行われているのかという点に目を向けると、他国からの影響や産業界からの要望等も受ける可能性があるという話になりました。そのようなリサーチ結果や過去の事例等も交えて対話を進めた結果、何かしらの取り組みが行われていくことは確実ではあるものの、その程度については「不確実性が高い」とみなして、右上の象限に置きました。

　その他の要因について「今、話題になっているから未来も確実だろう」という意見等が出た際には、ファシリテーターは「それは違う」というような指摘をするのではなく、**「ジェネレーターマインド」**（409ページ）を発揮して、「昔、ペーパーレスの取り組みが話題になって、さまざまなソリューションも出たけど、結局、今でも紙が使われている事例もある」という話を出し、違う視点を提供しました。この話を受け、今、話題になっていることが未来も確実に続いていることを示すような根拠があるかどうかについての対話に発展し、1つずつ見直していくことにつながりました。

このように出ている外部環境要因とは直接は関係ない話も挟みながら、いろんな可能性に目を向けながら、分類を進めました。

ステップ④：ベースシナリオ作成

重要な環境要因を分類したあとは、不確実性マトリクスの左上の象限（「不確実性」が低くて「影響度」が大きい部分）に相当する外部環境要因を整理して**ベースシナリオを作成**します（274ページ）。

今回のプロジェクトでは、複数シナリオも含めて、最終的には作成したシナリオをストーリーとして整理したいとは思っているものの、それよりも早い段階で社内に展開して、戦略的対話を広げるきっかけとしたいと考えています。

そのため、ベースシナリオは、まずは2030年の不確実性が低い状態を具体的にイメージできる情報を整理することを目的として、表形式で簡易に整理しました（表6-3）。

まずは厳密性を重視し、「人口動態の変化」や「技術の進化」など、リサーチ結果から不確実性が低いと言い切れるものを整理しま

分類	説明
人口動態の変化	2030年の日本は少子高齢化が進んでいる。高齢化率は31％を超え、平均寿命ものびている。少子化も進み、15歳未満の人口は約1,321万人にまで減っている
雇用の変化	少子高齢化の結果、2030年の労働力人口は2014年比で787万人減少する（約5,800万人）。この状況を少しでも緩和しようと女性活躍推進や高齢者・外国人雇用等の取り組みが行われている
インフラ老朽化	高齢化や世帯数の減少に伴い、空き家の増加や自治体等の税収減という課題も起きている。税収減によりインフラ投資が十分に行えない結果、インフラの老朽化等も進んでいる
技術の進化	無線通信（5G）やIoT等の技術が進化し、さまざまな機器や端末から収集したデータをAIで分析している。またドローンやロボット等の技術も進化し、さまざまな場面での活用が検討されている

表6-3 2030年の日本社会におけるベースシナリオ

す。ここでベースシナリオの要因を選ぶ際に**「厳密性と実用性のバランスをとる」**（283ページ）という話を思い出しました。そこで、厳密な基準で選んだ外部環境要因をもとに引き起こされる確からしい可能性にも目を向けるということで、**「雇用の変化」**と**「インフラ老朽化」**も追加し、なるべく具体的にイメージできるような説明を加えました。

このような整理を行ったうえで、「2030年の日本社会」のベースシナリオについて、特に自分たちのような企業の観点から見た場合、どのように見えるのかについて、あらためてプロジェクトメンバー全員で対話しました。

まず人口動態の変化によって、国内市場としてはますます縮小していくことが確実だという認識をあらためて確認しました。特に少子化については元々課題として指摘されていましたが、人口動態統計速報[10]では2020年の出生率は過去最低を記録し、内閣府の経済財政諮問会議の中でも、2021年中には予測より10年も早く出生率が80万人を下回る可能性があるという指摘がされている[11]ことも**「深める」**リサーチ（252ページ）からわかりました。そのため、少子高齢化については、ここでデータとして確認した以上に進む可能性があるいう話になりました。

少子高齢化に伴う課題として、ここではインフラ老朽化について挙げていますが、ベースシナリオの項目としては含めないものの、

10　厚生労働省の「人口動態統計速報（令和2年12月分）（https://www.mhlw.go.jp/toukei/saikin/hw/jinkou/geppo/s2020/12.html）」の中の「報道発表資料（https://www.mhlw.go.jp/toukei/saikin/hw/jinkou/geppo/s2020/dl/202012-houdou.pdf）」参照

11　内閣府の「第5回会議資料 令和3年 会議結果 - 経済財政諮問会議（https://www5.cao.go.jp/keizai-shimon/kaigi/minutes/2021/0426/agenda.html）」の中の「資料1-1 少子化対策・子育て支援の加速（有識者議員提出資料）（https://www5.cao.go.jp/keizai-shimon/kaigi/minutes/2021/0426/shiryo_01-1.pdf）」参照

「**影響ピラミッド**」（227ページ）を意識して、この影響について対話を進めると、たとえば自動車業界にとっての高齢化の対応や、教育業界にとっての少子化への対応等、自社が普段クライアントとして接している業界への具体的な影響についての話も出てきました。

　そのような中で、技術自体の進化はほぼ確実なものと考えられていますが、それが、今後、日本で普及していくかどうかについては、「ここまで対話した社会が抱える課題への対応のための活用方法等を見出すことが鍵になるかもしれない」「企業の取り組みだけではなく、そのような活用を促進する政府や自治体の取り組みも重要になる」というような話が出ました。

　このような対話をもとに、これから作成する複数シナリオでは、**4つのシナリオすべてにこのベースシナリオが含まれることをあらためて確認しました**（277ページ）。

　このようにベースシナリオを整理だけして終えるのではなく、短い時間でも良いので、整理した結果をもとに未来創造ダイアローグで取り組んだような影響ピラミッドに基づく対話に取り組むと、複数シナリオもより具体的に検討することができるようになります。

■ ステップ⑤：複数シナリオ作成

　いよいよ複数シナリオの作成です。

　まずは軸の作成に取り組みました。最初はいきなり完成度の高いものを目指すよりも、ブレインストーミングのように、いろいろなものを出すことが大切ということで、思いつくものをメンバーそれぞれがつくって共有しました。

　その一部が、この5本です（図6-42）。

衰退	◀ テレワーク ▶	普及
自社・自分の 利益重視	◀ 企業等への投資 ▶	ソーシャル インパクト重視
アナログ脳	◀ デジタル化の取り組み ▶	デジタル脳
デジタル化 遅延	◀ 政府のデジタル化 ▶	デジタル化 進展
大量生産・ 大量消費	◀ 社会における消費傾向 ▶	循環経済

図6-42 複数シナリオの軸の候補

「未来創造ダイアローグ＋」に取り組んだ際、**軸の両極のイメージをあわせることが大事**（172ページ）だと話していたことを思い出し、それぞれ、どんなイメージで両極を考えたのかを共有しました。

たとえば、一見、両極のイメージを考えずにつくったように見えた3番目の「アナログ脳」と「デジタル脳」という両極も、よく話を聞くと、これまでの慣習やしくみを前提としてデジタル化を進めることを「アナログ脳」という言葉で表現し、これまでの慣習等にとらわれずに理想的な状態を思い描いてデジタル化していくことを「デジタル脳」と表現していることがわかりました。

このあとは、**軸だけを見て良し悪しを考えることはできない**（177ページ）という話を思い出し、ここに挙げたもの以外の軸も使いながら、いろいろな組み合わせを試しました。この時、ファシリテーターが意識したのは、単にいろいろな組み合わせを試して、最終的にどれが良いのかを決めるだけの時間にするのではなく、**自分たちとして考える意義があるものはどういう「2030年の日本社会」なのか**ということを念頭に置きながら、いろいろな組み合わせの4つ

のシナリオの中身についてじっくり対話することでした。

　想像していた以上に時間がかかりましたが、対話を進めていくうちに、**軸の組み合わせを考えるための論点**（319ページ）が少しずつ明確になってきました。1つは、やはりITにかかわる企業として、今、注目されているDX等の**「デジタル化」**について考えたいという論点。もう1つは、最近の気候変動に関する国際的な動きをはじめ、SDGsに関する取り組みをとおして日々感じている**「持続可能性」**について考えたいという論点です。「持続可能性」というと広すぎるようにも感じましたが、地球環境に関する取り組みだけではなく、私たちの働き方や組織としての取り組み等に関するものも含めて考えたいと思い、この表現にしました。

　このように何度も複数シナリオの仮組みと対話、そして軸自体のブラッシュアップをくり返した結果、次のような軸に落ち着きました（図6-43、6-44）。

　これらを組み合わせ、大まかに中身を検討した結果、次のような複数シナリオができあがりました（図6-45）。

地球環境の観点はもちろんのこと、地域社会や個人の働き方や生活等も視野に入れた取り組みを進めることが、今後、当たり前になっていくだろうか？

受動的	←→ 持続可能な社会実現に向けた取り組み	主体的
政府や自治体、企業等は法律等で定められた範囲内での取り組みは行っているが、それだけに留まっている。また、そのような取り組みを進めることが生活者の日常にまでは浸透していない		さまざまな立場の組織や個人が、法律等にしたがうことを超えて、持続可能な社会にするためにどのような貢献をできるのかを考え、それをそれぞれの立場で日常的に実践している

図6-43　検討した「2030年の日本社会」の縦軸

あらゆる分野でDXの必要性が叫ばれている中、政府や企業が進めるデジタル活用の取り組みが、最終的にどのような成果につながるだろうか？

効率的活用に留まる	← 政府や企業のデジタル活用 →	創造的活用が浸透する
政府や企業において十分に効率化できていなかったプロセスや業務が、デジタルを活用して効率化されている。ただし、そこから新たな価値を生み出す取り組みにはあまりつながっていない		政府や企業がデジタルを活用する前提となる戦略やデジタルを活用して実現したい価値等が明確化されている。そのうえで、これまでの慣習等にとらわれないデジタルの活用が進んでいる

図6-44 検討した「2030年の日本社会」の横軸

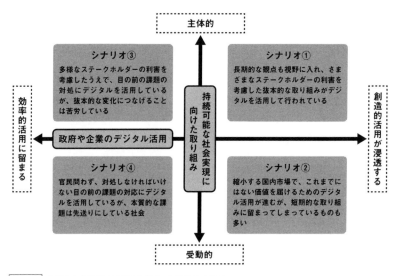

図6-45 検討した「2030年の日本社会」の複数シナリオ

この複数シナリオの確認のため、自分たちのシナリオアジェンダにも照らして中身を考えたところ、**自分たちにとって考える意義がある複数シナリオだという判断ができた**（289ページ）ため、この組み合わせで次に進むことにしました。

ステップ⑥：シナリオ詳細分析

　先ほどの複数シナリオをもとにして、自分たちのシナリオアジェンダを考えていくための**シナリオ詳細分析**に取り組むことにしました。

　あらためて今回のシナリオアジェンダを確認すると次のようなものでした。

現在のような先が読めない時代の中で、

自分のライフキャリアをどう考えていくのか？

社員1人ひとりがこれからのライフキャリアを自由に考えて

いけるようにするために、会社は何をすれば良いのか？

　詳細分析のための3つのカテゴリー（327ページ）を念頭に置き、さまざまな切り口を考えました。

　ここでは、その中でもシナリオアジェンダの検討に直結する**「働き方」**という切り口を紹介します。これは一覧しやすいようにキーワードで書いていますが、3つのうちの**「考えたい問い」**のカテゴリーを使って考えた次の問いがもとになっています。

・このシナリオになった時の働き方の一般的なイメージはどのようなものだろうか？

　もちろん、働き方に対するイメージは個人の価値観等によって変わってくるため、どのシナリオになっても1人ひとり異なるもので

す。しかし、個々人による違いはありつつも、ある時点の社会で一般的に共有されている「働き方」に対するイメージが存在しています。それを考えてみようとしたのが、この問いです。

ただし、この「考えたい問い」を検討するためには前提となる**「登場人物」**や**「活動場面」**を考えたほうが良いという話になりました。そこで、

- このシナリオになった時の企業はどうなっているだろうか？

という問いをもとに「企業」という切り口を「働き方」を考える前提として検討していきます。

	シナリオ① 【主体的×創造的活用】	シナリオ② 【受動的×創造的活用】	シナリオ③ 【主体的×効率的活用】	シナリオ④ 【受動的×効率的活用】
企業	中長期的な課題解決のために、さまざまなステークホルダーが連携し、技術を活用した取り組みを行っているが、技術を活用できない企業は苦戦している	最新技術を活用した事業に取り組んでいる企業が多いが、短期的な成果に留まっている。技術を活用できない企業の中には苦戦しているところも出ている	さまざまなステークホルダーにとっての中長期的な価値も考慮しながら課題解決のための事業化を進めているが、ステークホルダー間の連携に苦労している	直近の課題解決のための事業に取り組む企業が多い。社会的な価値も踏まえた事業を進めている場合でも「綺麗事」とみなされてしまうことがある
働き方	働き方を支援する技術を活用することで、個人が置かれている状況等に左右されずに仕事ができる。ただし、技術を活用できない個人や企業は、恩恵をあまり享受できていない	先進的な働き方を推進している企業におけ働き方とそうでない企業の働き方の差が大きい。技術を活用し、スキルが高い人は副業（複業）の機会も広がっている	個人の状況にあわせた働き方を実現するための制度やサービスの活用等が各社で進んでいる。技術活用が進んでいる企業は、より多様な働き方の選択をできるようになっている	法律等で定められた範囲で働き方の整備には取り組んでいる企業が多いが、形式的なものに留まっているところも多い。労働環境を理由とした離職も増えている

表6-4 検討した「2030年の日本社会」のシナリオ詳細分析

シナリオ詳細分析を進めるうちに、各シナリオの世界観もだいぶ深まってきました。イメージが深まるにつれ、各シナリオのタイトルにつながるような言葉も出てきました。きっかけは、左下のシナリオ④について「何か息苦しい感じがするね。社会としても行き詰まっている感じがするし」とコメントしたことがきっかけとなり、そこからタイトル案を考えていこうという話になりました。

タイトルについては、個々のシナリオの世界観を表す用語と、複数シナリオ全体に共通した世界観を表す用語の組み合わせが良いということを思い出しました（335ページ）。共通した世界観を表す用語は、シナリオテーマを踏まえたうえで「日本社会」とするのが無難で良いのではないかという話になり、あとは4つのシナリオで統一感を出すため、先ほどの「息苦しい」「行き詰まる」という言葉をきっかけに、各シナリオに合った言葉探しを進め、仮として次のようなタイトルをつけました（図6-46）。

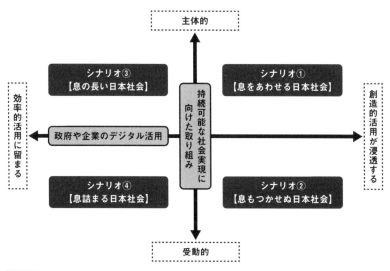

図6-46 検討した「2030年の日本社会」のシナリオタイトル

シナリオ④を「行き詰まる」と「息詰まる」をかけただじゃれのようなものにしてはどうかというアイデアをきっかけに、「息」という言葉を使った慣用表現を調べ、4つのシナリオに当てはめてみました。プロジェクトメンバーのノリでつけてしまった感覚も残っているので、最終的には周りからのフィードバックをもらったほうが良いかもしれないと思いつつ、自分たちとしては「悪くないね」と気に入っています。

ステップ⑦：戦略オプション検討

いよいよ最後の**「戦略オプション検討」**に入ります。

今回の取り組みは「これからの働き方を考える」ために有志が集まって進めてきました。プロジェクトメンバーの中には人事部に所属する者もいて、この結果をもとに**「自社の脅威」**を検討し、そこから戦略オプション案を検討し、会社として人事・労務観点からの戦略オプションを検討することを進めていきたいと意気込んでいます。

ただし、他のメンバーの中には、直接的にそのような働きかけをできる立場にない者もいるので、まずは一度、**よりシンプルな戦略オプションの検討方法**（361ページ）を使って、いろいろなアイデアを出してみることに決まりました。

さらに、そこで考えたことを、社長をはじめとするプロジェクトオーナーに報告するという形式をとるのではなく、社長等の役員に、この複数シナリオを使って未来創造ダイアローグを試してもらい、そこで戦略オプション案を出した際に、自分たちの案も紹介するのはどうかという話になりました。

そうした前提で、まずは自分たちでよりシンプルな戦略オプションの検討を実践し、次のような案をはじめとして、さまざまな意見

を出しました（図6-47）。

　プロジェクトオーナー向けの「未来創造ダイアローグ」は残って
いますが、それでこのシナリオ・プランニングの取り組みを終わり
にしてはいけません。
　今回は有志で集まるくらいのプロジェクトメンバーだったので、
「自分でもシナリオ・プランニングのファシリテーションをやって
みたい」という話になり、自分の所属先で、この複数シナリオを
使った未来創造ダイアローグを実践することから試してみることに
なりました。
　プロジェクトメンバーは、今回の**「2030年の日本社会」**シナリ
オの作成をとおして、自分たちが元々もっていた**枠組みを見直し**
（reframing）、これまでには想像していなかった世界（たとえば、自社
のパーパスと逆行するようなシナリオ④のような世界）にも目を向け、そ

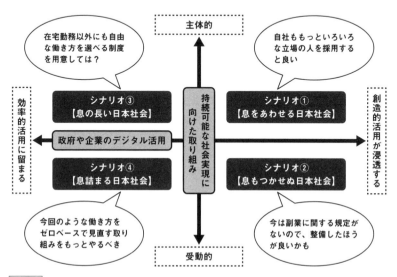

図6-47　検討した「2030年の日本社会」をもとにしたシンプルな戦略オプション案

こで自分たちとしては何ができるのかを考え、**自分たちの認識を見直しました**（reperception）。

　この未来創造OSのプロセスを、自分たちだけではなく、他のメンバーにも体感してもらうことが、各所属先で**未来創造ダイアロー**グに取り組む目的の1つです。各所属でこの「2030年の日本社会」シナリオが共有されれば、ここで描かれている世界が、その部署内ではもちろん、部署間をつなぐ共通言語となります。

　最近では、部署間の縦割りの課題が話題にのぼることも増えてきたので、「この取り組みをきっかけに、部署間をつなぐ対話の取り組みも進めていくことができないか」という話がコアチームメンバーで出ています。有志メンバーだけで見れば、非常に活気のある会社のように見えますが、全社を見渡すとそう楽観できる状況でないのも確かです。

　この状況を少しずつでも変えていくために、今回の「2030年の日本社会」シナリオを使って、全社に**戦略的対話**（71ページ）を広げていくことになりました。これまでさまざまな取り組みを試してきたことを思い返しても、そんなに簡単な話ではないことは確かです。時間がかかるという前提で、継続的に取り組んでいけるよう、今度の報告会でプロジェクトオーナーにサポートの依頼をすることを決めました。

第 3 部

シナリオ・プランニング
を活用する

第 7 章

組織や個人における
シナリオ・プランニング
の活用

シナリオ・プランニングを成果につなげる

■ シナリオ・プランニングの目的

シナリオ・プランニングの取り組みでは、ベースシナリオや複数シナリオ等のアウトプットを作成することが目的ではなく、**それらをインプットとして組織のさまざまな活動につなげていくことが大切**だとお伝えしてきました。

しかし、実際にシナリオ・プランニングの取り組みを進めてみると、ベースシナリオや複数シナリオといったアウトプットが目的ではないとわかっていても、その作成のために大きな労力がかかるため、アウトプットの作成に精一杯になってしまい、それ以外のことを考えられないという事態に陥るかもしれません。

また、未来創造OSを活用し、組織や個人のパラダイムをアップデートしていくという、本書でくり返し伝えてきたポイントの大切さを理解していたとしても、シナリオ・プランニングに取り組んでいく中で、どのようにすればそうした成果（組織や個人のアップデート）につながるのか、想像しづらいかもしれません。

そこで、最後の章では、第1部で紹介したシナリオ・プランニングの定義や未来創造OSとのつながりと、第2部で紹介したシナリオ・プランニングの実践をどのようにつなげば良いのかを**組織**と**個人**、それぞれの観点から見ていきます。

シナリオ・プランニングを
とおして目指す組織と個人

◼ 不確実な可能性に柔軟に対処できる組織・個人の特徴

　これまで私がかかわってきたプロジェクトの中で、シナリオ・プランニングの取り組みをとおして、**将来における不確実な可能性を考えるだけではなく、不確実な可能性に柔軟に対処できる組織・個人へと変わっていく事例**を数多く見てきました。あらためて、そのような組織、そしてその組織に所属する個人ついて振り返ってみると、**共通の特徴**があります。

　もちろん、組織・個人がそのような特徴を備えるようになったのは、シナリオ・プランニング以外の手法の取り組みも影響しています。さらに、元々もっていた特徴がシナリオ・プランニングの取り組みをとおして、わかりやすく現れただけという場合もあります。こうした個々の事情によって違いはあることは念頭に置きながらも、ここではシナリオ・プランニングの取り組みを継続的に続けていくことで目指す組織・個人の特徴として紹介します。

　そのような特徴を表すための枠組みとして、ここではケン・ウィルバー氏のインテグラル理論を参考にします。

　インテグラル理論の要素の1つである「**四象限（クオドラント）**」を使って、シナリオ・プランニングの取り組みをとおして、**現代のような不確実な環境変化が起こる時代に目指すべき組織・個人の特徴**を整理します。

「個人―集団」／「内面―外面」4つの象限で整理する

インテグラル理論における四象限とは「個人―集団」という軸と「内面―外面」という軸で構成されます（図7-1）。

上の2つの象限は**「個人」**について取り扱います。今回は**組織に所属する「個人」**として捉えます。

その「個人」がもつ、目に見えない「内面」にある感情や意識等が相当するのが**「個人の内面」**、目に見える客観的な行動が**「個人の外面」**に相当します。

下の2つは**「集団」**です。シナリオ・プランニングの文脈では、これまで紹介した影響ピラミッドの一番上の**「自社」**（自組織）の層に相当する組織が、この「集団」に当たります。

その「集団」がもつ組織文化等が**「集団の内面」**に含まれます。**「集団の外面」**は、客観的に目に見える組織の構造や戦略、そして

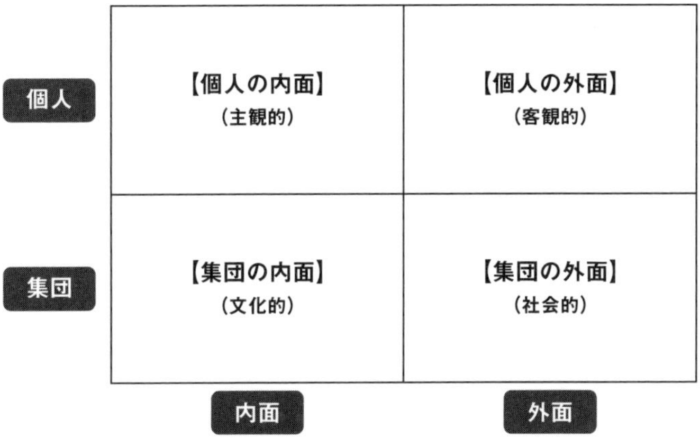

	内面	外面
個人	【個人の内面】（主観的）	【個人の外面】（客観的）
集団	【集団の内面】（文化的）	【集団の外面】（社会的）

図7-1 インテグラル理論の四象限

組織がとる行動等が相当します。

シナリオ・プランニングの成果と4つの象限

　シナリオ・プランニングの取り組みで検討した各種のアウトプットは、この四象限の右下「集団の外面」に相当する取り組みをまとめたものです。**複数シナリオ等を踏まえ、戦略オプションに基づいた戦略実行をすることで実現される成果**が、この象限に相当します。

　しかし、シナリオ・プランニングの取り組みをこの右下の象限だけで意識して進めると、アウトプットをつくり、プロジェクトが完了し、それぞれのメンバーが元の職場に戻ると、結局、通常の業務とそれを遂行するための頭の使い方に引っ張られてしまい、これまでどおりの活動を行う組織・個人に戻ってしまいます。そして、十分な時間と労力をかけてつくった複数シナリオや戦略オプション案、あるいはパーパス等のアウトプットが、ほとんど省みられないまま、組織のどこかに眠ってしまうことになるのです。

　インテグラル理論では、これら4つの象限すべてに統合的（インテグラル）な働きかけを行うことが重要であると考えます。シナリオ・プランニングの取り組みをとおして実現する成果を検討する場合も、**右下「集団の外面」に相当する組織における目に見える部分だけではなく、残りの3つの象限についても目指すべき成果を考え、実行を進めることが大切**です。

シナリオ・プランニングをとおして目指す個人・組織の姿

　それぞれの象限における成果を考えるために、**シナリオ・プランニングの取り組みを検討し始めたタイミングで想定していた目的**に

立ち戻ります。

なぜ、シナリオ・プランニングを活用しようと考えたのでしょうか?

それぞれのケースでさまざまな目的があるはずですが、その多くに共通しているものは**「不確実な時代の環境変化に柔軟に対応できる組織・個人になっていきたい」**という点でしょう。もちろん、これ以外の目的もあったはずですが、突き詰めていけば、どんな環境変化が起きたとしても、その変化に対応し、その環境の中で社会や顧客、そして自社に価値をもたらすことができる組織・個人に変わること(そうした変化を継続すること)は、さまざまな目的の中でも重要度が高いものになるはずです。

そのような目的を達成し、現在も変化し続けている組織・個人の特徴を四象限で表したものが次の図です(図7-2)。

図7-2の四象限で示した特徴は、さまざまな組織・個人に見られる共通項をまとめたものです。**シナリオ・プランニングをとおして目指す組織・個人の特徴のコンセプト**[1]とも言えます。

そのため、このコンセプトを実現した具体的な状態は、それぞれの組織が置かれている状況や行っている事業によって変わってきます。具体的に実現された状態はさまざまな状態があり得るとしても、環境変化に柔軟に対応しながら、自社だけではなく、社会や顧客に価値を届ける組織は、このような特徴をもっています。

また、これらの特徴は、シナリオ・プランニングの取り組みの結果として得られるものであると同時に、シナリオ・プランニングの

---

1 ここでいうコンセプトとは「新たな価値を生み出すための原点であり、同時に展開の方向性を示すもの」(出典:『戦略パワー・プロフェッショナル(齋藤嘉則著/ファーストプレス)』)という定義。

	【個人の内面】 • "未知のもの"に対する柔軟 　な姿勢 • 個人と組織のパーパスの結 　びつけ	【個人の外面】 • パーパスに基づき、環境変 　化に対応するための自律的 　な判断と行動
個人		
集団	【集団の内面】 • メンバーの多様性を活かし 　た組織文化 • 組織のパーパスの浸透	【集団の外面】 • 環境変化への柔軟な対応 • 社会・顧客への価値と自社 　にとっての価値の両立
	内面	**外面**

図7-2 シナリオ・プランニングをとおして目指す組織・個人の特徴

取り組みを行っていくプロセスで活用されるものでもあります。そのため、イメージとしては同じような特徴ではあるものの、**シナリオ・プランニングの取り組みを通じて、質的に変化し続けていくもの**だと考えると良いでしょう。

そのため、この四象限の内容を自組織に落とし込むためには、このあとの解説も踏まえて**「これらの特徴を、今の自組織はどのような特徴として実現するのか?」**と考え、具体化していくことをお薦めします。

具体化する際の参考になるように、これらの特徴をもつ組織や個人を、「未来創造ダイアローグ」(Future Generative Dialogue) の名称にならい、それぞれ**「未来創造組織」**(Future Generative Organization)、**「未来創造人材」**(Future Generative Talent) と呼び、具体的にその特徴をどのように発揮しているのかを紹介します。

「未来創造組織」を目指す

「未来創造組織」の特徴

「未来創造組織」（Future Generative Organization）とは、先ほどの四象限の「集団」の2つの象限に書かれた内容を実現している組織です（図7-3）。

未来創造組織は、これらの特徴を次のような形で発揮しています。

1. それぞれメンバーの思考の**「違い」**を活かしている
2. 常に**「実験的」な態度**をもって行動している
3. 組織の**パーパス**を重んじている

	【内面】	【外面】
個人	**【個人の内面】** ・"未知のもの"に対する柔軟な姿勢 ・個人と組織のパーパスの結びつけ	**【個人の外面】** ・パーパスに基づき、環境変化に対応するための自律的な判断と行動
集団	**【集団の内面】** ・メンバーの多様性を活かした組織文化 ・組織のパーパスの浸透	**【集団の外面】** ・環境変化への柔軟な対応 ・社会・顧客への価値と自社にとっての価値の両立

図7-3 「未来創造組織」の特徴

▌ 特徴1　それぞれのメンバーの思考の「違い」を活かしている

　1つ目は、メンバーの思考や意見、価値観の「違い」に着目し、それを活かしているという点です。

　長い間、組織における**ダイバーシティ**と**インクルージョン**の取り組みが行われてきていますが、その中には、目に見える違いに着目した取り組みに終始してしまっているものも少なくありません。しかし、**目に見える違いと同じように大切なのは、目に見えない違いを活かすこと**です。

　第1章では、外部環境の変化を観察する際、あるいはその影響を判断する際に働くパラダイムについてとりあげました。このパラダイムは、これまでの経験や、それぞれの個人がもっている思考や意見、価値観によって形づくられています。目に見えない違いを活かすということは、**思考や意見、価値観の違いを活かすこと**です。これによって組織の中に多様なパラダイムをもつことができるようになります。

　そして、**多様なパラダイムをもつことができれば、外部環境の変化を捉え、その影響を判断する際にも、多様な見方や判断が可能になり、それによって組織にとって都合が良い見方や考え方に陥りにくくなり、変化とその影響を機会として活かしやすくなる**のです。

　違いに目を向けることで、そうでない場合よりも意思決定に時間がかかるようになります。決めなければいけないものの重要性が高くなるほど、時間はかかるうえ、決定は難しくなるため、日々の組織活動を進めるうえではデメリットだと受け取られることもあります。

　ただし、**さまざまな意見の違いを取り込むことは、何かを決める際に想定する範囲が広がることにつながります**。そのため、目先の

効率だけを求めるのではなく、さまざまな可能性を考慮することが不確実な環境変化に対応しやすくなることにつながると考え、可能な限り、共通点だけではなく、相違点にも目を向けた検討・意思決定を行います。

なお、違いに目を向けてさまざまな意見を踏まえた意思決定をしていくうえでは、「パーパス」が重要なよりどころとなります。パーパスについてはこのあと検討していきます（398ページ）。

■ 特徴2　常に「実験的」な態度をもって行動している

INSEADで准教授を務めるネイサン・ファー氏は、**現代のように不確実な時代にはマネジャーはトップの意思決定者ではなく、トップの「実験者」にならなければいけない**と主張しました。この考え方をマネジャーだけではなく、組織全体に広げたものが2つ目の「実験的」な態度をもって行動しているという点です。

この考え方は、元々、デザイン思考等の考え方に影響を受けています。それらに共通しているのは、**思いついた案を仮説とみなし、その仮説を検証するためにプロトタイピングを行い、仮説をブラッシュアップする**というものです。この取り組みをとおして顧客のニーズに関する不確実性を減らしていくことを目指すのです。

この考え方を顧客ニーズの検証以外にも広げているのが、常に実験的な態度をもって行動している組織です。そうした組織では、組織のあらゆる活動を**「プロトタイピング」**のようにみなし、さまざまなフィードバックをもとにアップデートし続けていきます。

このような組織活動において、これまでと大きく変わるのが**計画の扱い**です。

一度立てた計画と、それに基づく実行を変更することを嫌う企業

は少なくありません。本来、計画とは、ある環境を前提にして立てているものが多いので、その環境が変われば、計画を見直し、それに伴い実行していることも柔軟に変えていかなくてはいけません。しかし、前提としている環境等が変化しているにもかかわらず、一度立てた計画に固執してしまい、間違った計画をもとに実行を進めてしまう組織も少なくありません。

このことから、今のような時代には計画は無意味だという意見もあります。

しかし、D・アイゼンハワーの言葉のとおり[2]、**大事なのは計画 (plan) そのものではなく、計画を立てること (planning) です。計画を立てる過程で、起こり得るさまざまな可能性をあらかじめ想定することが大切**なのです。

計画を立て、その計画を実行しながら、変化に応じて修正をくり返していくことは、組織にとっての学習につながります。

また、計画をはじめとして、実験的な態度で行動すると、**組織のあらゆる活動が学習の機会となり得ます**。これは、組織における**「失敗」の捉え方の変化**にもつながります。

組織における一度の失敗が、それを担当した人のキャリアの失敗につながってしまうようなマネジメントでは、不確実な可能性を取り込んで社会や顧客に価値を届けようとする取り組みを進んで行う人はいなくなるでしょう。**「失敗」を「まだ成功していない」状態として捉え、実験的な態度で取り組みを続けることで、一度の試みでは得られなかった成果を得ることができる**のです。

---

2 第34代大統領のドワイト・D・アイゼンハワーが1957年11月に語ったとされる "Plans are worthless, but planning is everything."（計画は意味はない。しかし、計画を立てることは非常に重要だ）という言葉のこと。（https://en.wikiquote.org/wiki/Dwight_D._Eisenhower）

これは、シナリオ・プランニングで不確実の高い環境変化の可能性を盛り込んだ戦略や計画、事業等を実行する際にも当てはまる考え方です。そのような施策を実行する際は、アップデートされたパラダイムをとおして環境変化を取り込みながら、施策の内容や進め方を柔軟に変えていくことが欠かせません。

▎特徴3　組織のパーパスを重んじている

　最後は、第6章の「戦略オプション検討」のステップでも紹介したパーパスを組織として重んじることです。重んじるというのは、姿勢としてだけではなく、**組織におけるあらゆる活動の中でパーパスを指針の1つとして活用する**ことを指します。

　たとえば、ここまで紹介した「違い」を活かした意見をもとに意思決定する場合や、あらゆる組織活動を「プロトタイピング」とみなした場合に計画変更をする際等にも、重要な判断材料の1つとなります。違いを活かして意思決定をする場合でも、プロトタイピングとしてさまざまなフィードバックを踏まえて仮説の判断をする場合でも、どうしても絞り込めない選択肢が残る場合があります。その場合、**最終的にどの選択肢を採用するのかを決める重要なよりどころの1つが、組織のパーパス**です。

　また、急な環境変化が起きた際、通常のように、組織の意思決定プロセスに沿って最終的な判断をする余裕がない場合もあるでしょう。その場合、**組織のパーパスは、そのような状況に対応しなければいけない個人が用いる判断基準としても使われる**ことになります。

　さらに、組織のパーパスは、個人の組織内での活動はもちろん、この組織を自分が働く場所として選ぶかどうかを判断する際にも重要な材料となります。

「未来創造人材」を目指す

「未来創造人材」の特徴

「未来創造人材」（Future Generative Talent）とは、先ほどの四象限の「個人」の2つの象限に書かれた内容を実現している組織です（図7-4）。未来創造人材は、これらの特徴を次のような形で発揮しています。

1. **不確実さ**に耐える
2. 変化に対応し、変化を起こすための判断と行動を進める（**エージェンシー**を発揮する）
3. 個人の**パーパス**を重んじている

	【個人の内面】 ・"未知のもの"に対する柔軟な姿勢 ・個人と組織のパーパスの結びつけ	【個人の外面】 ・パーパスに基づき、環境変化に対応するための自律的な判断と行動
個人		
集団	【集団の内面】 ・メンバーの多様性を活かした組織文化 ・組織のパーパスの浸透	【集団の外面】 ・環境変化への柔軟な対応 ・社会・顧客への価値と自社にとっての価値の両立
	内面	**外面**

図7-4 「未来創造人材」の特徴

■ 特徴1　不確実さに耐える

1つ目は、**わからないものに対峙するときに必要となる特性**です。

不確実なものに対する耐性の重要性は、さまざまな分野や手法で強調されています。

たとえば、1980年代から開発されてきたケア手法であり、その高い効果から昨今、日本でも注目を集めている**「オープンダイアログ」**の7つの原則の1つに**「不確実性に耐える」**（Tolerance of uncertainty）があります。この原則は**「答えのない不確かな状況に耐える」**ことだとされています。

また精神科医であり、作家でもある帚木蓬生氏は**「ネガティブ・ケイパビリティ」**という能力を紹介し、それを**「性急に証明や理由を求めずに、不確実さや不思議さ、懐疑の中にいることができる能力」**と定義しています。

私たちはわからないものを目の前にすると、それを「わかりたい」と思う衝動が働きます。それ自体は決して悪いことではありません。

しかし、その衝動が強いあまりに性急にわかろうとしてしまい、自分の知っている範囲や理解できる範囲で理解してしまうことがあります。たとえば、**すでにもっている知識や過去の似たような経験をもとに、目の前で起きている未知の出来事を判断し、自分の知っている枠組みの中に収めてしまう**のです。

確かに、そのように理解したとしても、未知のものと自分の枠組みが重なる部分は、理解できるかもしれません。しかし、枠組みが重ならない部分、つまり既存の知識や過去の経験では理解し得ない未知の部分について、理解できないだけではなく、**そもそも、その存在を認知しないことになってしまう**のです。

私たちの多くが慣れ親しんできた教育では、「答え」があることを前提とした「問題」を与えられ、それを解くことが重視されていました。私たちが問題に対峙するとき、正解があることが前提だったのです。そのため、正解がない状態や、そもそも何が問題かさえもわからない状態に置かれることに不安を感じるのは当然です。

　しかし、その状態で自分なりの枠組みで問題を設定してしまい、その解決に取り組んでしまうと、誤った問題を解決することにつながる可能性があります。

　そのような状態に陥らないためにも、わからないこと、不確実なことを性急にわかろうとせず、わからないまま対峙する能力は欠かせないのです。

▌特徴2　変化に対応し、変化を起こすための判断と行動を進める

　変化に対応し、変化を起こすために判断し、行動するという書き方は、とても説明的ですが、これは**「エージェンシー」**(agency)という言葉で表される状態です。

「エージェンシー」とはOECDによる“OECD Future of Education and Skills 2030”プロジェクトの中で検討された重要なキーワードです。Education 2030とも呼ばれているこのプロジェクトは、VUCAが急速に進展していく世の中での教育のあり方を考えるものですが、その中でとりあげられているのが、この「エージェンシー」です。この言葉は**「変化を起こすために、自分で目標を設定し、振り返り、責任をもって行動する能力」**と定義されています。

　このエージェンシーに含まれるものとして、次のような具体的な要素が紹介されています。

- 結果を予測すること（目標を設定すること）
- 自らの目標達成に向けて計画すること
- 自分が使える能力や機会を評価・振り返ること、自分を
  モニタリングすること
- 逆境を克服すること

　OECDでは、**VUCAな時代において「実現したい未来」**（The Future We Want）**をつくるために、このエージェンシーが必要だ**としています。

　ここからわかるとおり、単に自分個人のやりたいことをやるのではなく、自分の行動に対する責任を負うことにも目が向けられています。また、**周囲との関係性の中で社会的な責任を果たしていくことも見据えた「共同エージェンシー」**（Co-agency）という考え方も提示されていることから、これが独りよがりの行動を指しているのではないことがわかります。

　このエージェンシーは学生だけではなく、現代の社会におけるすべての人にとって必要な特性です。OECDの資料中でも「VUCA」という認識が示されているとおり、ますます不確実になってくる時代においては誰もが身につける必要があるものです。

　特に先ほどの「未知のものに耐える能力」との関連でも、このエージェンシーは非常に重要です。これまでの知識や経験では理解できない未知のものを前にしたときに、性急に答えを出さないことは大切です。何もしないままでも、いつかはわかるかもしれませんが、わかってから何らかの策を講じても間に合わないこともあります。

　そのわからない状況を、過去の知識や経験をもちだしてわかろう

とするのではなく、**行動を起こして働きかけ、対処していく**ことが必要です。この時に必要となるのがエージェンシーなのです。

　OECDのEducation 2030の中では、このエージェンシーを発達させ、関連するコンピテンシーを育んでいくためのサイクルとして「AARサイクル」を紹介しています。これは次の3つの要素から構成されているサイクルです。

- Anticipation（見とおし）
- Action（行動）
- Reflection（振り返り）

　この最初の「Anticipation（見とおし）」のステージでは、**自分の考えや信念はいったん置いて、他者視点で考える**ことを推奨しています。ここからも、エージェンシーと不確実に耐えることが関連していることがわかります。

　そのうえで、Action（行動）を起こし、その結果をReflection（振り返り）していくのです。こうしたサイクルをとおして未知のものに耐えながら、エージェンシーを伸ばしていくことができます。

　不確実な出来事の兆候を知り、判断をし、変化のための行動を起こすことは、組織のトップだけが取り組むことではありません。それぞれの人が自分なりに判断し、責任をもって行動していくことが必要となります。

　組織におけるメンバーが「主体的」「自律的」であるべきだということは以前から指摘されています。しかし、**そのような特性を姿勢として示すだけではなく、責任を伴った行動として発揮する**こと

が未来創造人材に求められるのです。

▍特徴3　個人のパーパスを重んじている

　最後は組織と同じく、**個人が自身のパーパスを重んじる**ことを指しています。

　これは、組織のパーパスを重んじることと必ずしも矛盾することではありません。未来創造組織の部分でも紹介したとおり、個人のパーパスを組織のパーパスと照らしあわせ、その組織における自分個人について考えることは、とても重要です。

　たとえば、その組織の中で自身のキャリアをどう積んでいくのか、組織に所属しながら自組織以外との外部の接点をどのように築いていくのか、あるいはその組織以外の場で働くことを選択するのか等を考える際、個人のパーパスが欠かせません。

　また、個人のパーパスはこれまで紹介した2つの特徴の土台にもなります。未知のものに耐えることも、エージェンシーを発揮することも、簡単なことではありません。わかる範囲の理解に留めたり、誰かから与えられた目標に取り組むほうが楽だと思ったりするときもあるでしょう。そのような**楽な方向に流されるのではなく、未知のものに耐え、エージェンシーを発揮する土台となる理由が個人のパーパス**です。

未来創造組織・未来創造人材を実現する

未来創造組織・未来創造人材の実現を阻むもの

これまで紹介してきたシナリオ・プランニングをとおして目指す未来創造組織と未来創造人材の特徴を備えることは理想です。

ただし、現実的には、それが簡単ではないことも事実です。

中でも、個人の取り組みだけでは大きな変化が望みにくい「集団」に関する特徴を備えることは、さまざまな困難がつきまといます。特に、**目に見えない「集団の内面」で起きていることが、未来創造組織・未来創造人材の特徴を備えることを阻む原因になるケースが多い**と言えます。ではそのような「集団の内面」に対処するためには、そして、そのためにシナリオ・プランニングを活用するためには、どのようにすれば良いのでしょうか。

組織の中には、次に示すような**3つの構造**があることを理解すると、考えるきっかけをつかむことができます（図7-5）。

組織内の3つの構造

この考え方では、組織の中に存在する構造をハード、セミハード、ソフトの3つに分けています。氷山のたとえのように、このうち**「ハードな構造」**は日頃から目に見え、**「セミハードな構造」**は状況により見え隠れするものですが、**「ソフトな構造」**は目には見えません。しかし、**組織におけるさまざまな思考や行動を形づくっているのは、水面下にある「セミハード・ソフトな構造」**なので

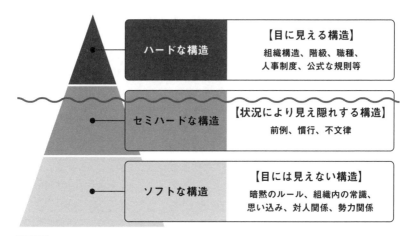

【目に見える構造】
組織構造、階級、職種、
人事制度、公式な規則等

ハードな構造

【状況により見え隠れする構造】
前例、慣行、不文律

セミハードな構造

【目には見えない構造】
暗黙のルール、組織内の常識、
思い込み、対人関係、勢力関係

ソフトな構造

図7-5 組織内の3つの構造
(出典:『構造こわし(古川久敬氏)』をもとに作成)

す。シナリオ・プランニングの取り組みをとおして「集団の外面」
だけ意識をするのは、このうち「ハードな構造」にだけ取り組むこ
とです。しかし、**「集団の外面」に関して、いくら素晴らしい取り
組みをしようとも、「集団の内面」に相当する「セミハード・ソフ
トな構造」に目を向けられていなければ、それがうまく機能するこ
とはありません**。

　たとえば、シナリオ・プランニングの取り組みをとおして、新し
い戦略を立案し、それを実行するために必要な制度を作成して、新
しい取り組みを始めようとしても、「過去にその取り組みは失敗し
ているから」という不文律で新しい取り組みが承認されないことが
あります。あるいは、「変化が起きたとしても、これまで乗り切る
ことができているので、新たに対応する必要はない」という思い込
みに阻まれたり、「それは○○部門の仕事の範囲ではない」という
組織内の勢力関係を超えられずに前に進めなかったりすることが起
こります。

「集団の内面」に働きかける

この3つの構造を提唱した古川氏は、「セミハード・ソフトな構造」、つまり四象限の「集団の内面」を変えていくためには、次のような状況を変えていくことが必要だと紹介しています（図7-6）。

❶進みすぎた「標準化」
- 全員一致・満場一致への固執、慣例・前例の墨守、異質性の排除、リスクテイキングの回避、減点主義

❷進みすぎた「構造化」
- 仕事内容や手順の固定（仕事の無反省な自動継続）、役割分担等の固着、専門性の執着と偏った職人気質、顕著ななわばり意識、上司への権限・判断の集中

❸コミュニケーションの平板化
- 仕事に関する会話の消失、会議の形式化、ネガティブ情報の伝達の抑制と歪曲、現場情報の軽視

❹興味・関心の行きすぎた内部化
- 社外の経営情報・技術情報の関心の希薄化、自社内の変革活動の無関心、「あきらめ」の姿勢の定着、職場内派閥の存在

図7-6 環境変化への柔軟な対応を阻害する4つの側面

ここで挙げた4つの側面は、**不確実な時代における環境変化に柔軟に対応することを阻害する代表的な要因**と捉えることもできます。

シナリオ・プランニングの取り組みを適切に行うことで、これらのすべてに働きかけることができます。そこで、「**シナリオ・プランニング取り組み中**」と「**シナリオ・プランニング取り組み後**」に分けて、それぞれで具体的にどのようなことを進めていけば良いのかを考えていきます。

集団の内面への働きかけ①
シナリオ・プランニング取り組み中

■ シナリオ・プランニング取り組み中の4つの側面への対応

シナリオ・プランニングの取り組みの最中は、**第6章で紹介した細かい点にまで目を向けて実践をすることで、図7-6のすべての側面に働きかけることができます**。

細かい点に目を向けるとは、**それぞれのステップのアウトプットの作成に直接かかわる部分だけではなく、作成のプロセスにかかわる部分にも注意を払って取り組みを進める**ことを指しています。

たとえば「重要な環境要因の抽出」のステップで、「不確実性マトリクス」の影響度の大小についての意見があわないとき、意見を一致させることだけに目を向けるのではなく、まずは**なぜそのような違いが出ているのかに目を向ける**こと等が、作成のプロセスにかかわる部分に相当します。

シナリオ・プランニングの取り組みを進めることが、自分たちの組織の内部だけではなく、外部に目を向け、組織の状況を相対的に見るきっかけになります（図7-6　④興味・関心の行きすぎた内部化への対応）。

さらに、最後の「戦略オプション案」のステップはもちろん、「複数シナリオ作成」や「シナリオ詳細分析」のステップ等でシナリオアジェンダにも触れることで、自組織に関する話を、それぞれの立場で、さまざまな観点から、普段よりも自由に話すことができます（図7-6　③コミュニケーションの平板化への対応）。

また、取り組みを進めていく過程で、アウトプットだけではなく、プロセスにかかわる部分にも目を向けて取り組むことが、**「このような不確実な未来に対して、自社はそもそもどうあるべきなのか？」**という自組織のあり方を問い直すような対話につながるかもしれません。このような自組織の過去や現在を前提としない対話が、自組織の内面を見直すきっかけにつながります（図7-6　①進みすぎた「標準化」、②進みすぎた「構造化」への対応）。

　もちろん、このような状態になることは簡単ではありません。
　特に最後の①と②への対処につながるような取り組みにするには、シナリオ・プランニングの取り組みにかかわる**「ファシリテーターの役割」**と、そのファシリテーターが進める**「シナリオのつくり方」**に注意を払う必要があります。

■　「集団の内面」の課題に対する「ファシリテーター」の役割

　シナリオ・プランニングに限らず、組織の中でさまざまな活動を進める際、その活動に参加しているメンバーの中には、「ファシリテーター」を「先生」のように捉えてしまうことが少なくありません。
　そのような可能性も念頭に置き、ファシリテーターとしてグループへ働きかける際「正解かどうかを判定されている」とメンバーに思われないように注意することが必要です。
　シナリオ・プランニングでは未来のことを考えているので、アウトプットに対して正解・不正解という区別は、本来あり得ません。ただし、シナリオ・プランニングの考え方に沿っているかどうかという区別はあり得ます。
　難しいのは後者、つまりシナリオ・プランニングの考え方に沿っ

ていない場合のファシリテーターの働きかけです。プロジェクトメンバーは、ファシリテーターによるシナリオ・プランニングの考え方に沿っていないという指摘を、あたかも「先生」に間違いを指摘されたと思ってしまうことがあります。一度、そのように捉えてしまうと、未来のことに関する内容を考える場合でも、「次は正しいものをつくらなくては」と考えてしまい、自分たちのパラダイムに沿ったものから離れられなくなってしまいます。

未来創造人材の「未知のものに耐える能力」特性において紹介したとおり、私たちは正解がある前提の取り組みに慣れ親しんでいます。そのため、**表面的には「シナリオ・プランニングに正解はない」と理解していたとしても、環境が十分に整っていない場合、ファシリテーターや周囲のメンバーの目を気にして「正解めいたもの」を探し始めてしまうことは常に起こり得る**のです。

そのようにならないためにファシリテーターが取り入れるべき考え方が、**「ジェネレーター」**という役割です。

これは慶應大学の井庭崇教授が提唱する**クリエイティブ・ラーニング**の考え方の中で紹介されているものです。

クリエイティブ・ラーニングは、「つくったもの」だけではなく**「つくる活動」そのものからも学ぶ**ものと定義されています。このクリエイティブ・ラーニングを先導する人が「ジェネレーター」です。**ジェネレーターとは、つくり手のチームの一員として創造を進めると同時に、そのためのコミュニケーションを誘発していく存在**だと定義されています。

つまり、シナリオ・プランニングのアウトプットについて評価するようなコメントをする立場としてかかわるのではなく、**一緒に未来の可能性についてのアイデアを出しながら、チームのコミュニケーションを促進していく役割も担う**のがシナリオ・プランニング

の取り組みにおけるジェネレーターです。

　実際、シナリオ・プランニングの取り組みにおいて、私自身のかかわり方を振り返ってみても、このような「ジェネレーターマインド」をもって働きかけるほうが良いアウトプットにつながっています。

　組織内のメンバーで検討しているシナリオを外部の立場として見ると、本人たちには気づかない点がいろいろ見えてきます。その点を「こういう点が足りない」というように指摘するのではなく、グループの中に入って「たとえば、こういう点を追加してみるとどうだろう？」というように一緒に考え、途中からは再びメンバーだけで検討してもらうようにするほうが、最終的に見て良い結果につながっているのです。

　このようにシナリオ・プランニングの取り組みでファシリテーター役を務める人は、「つくったもの」に対してのフィードバックをすることよりも、「つくる活動」に一緒に加わり、そこで「正解めいたもの」を示すのではなく「考える意義があるもの」に気づくような方向づけをしていくことを意識してメンバーにかかわるのが良いでしょう。

　ファシリテーター役のこのようなかかわり方が、組織内における進みすぎた「標準化」や「構造化」を壊すことにつながっていくのです。

「集団の内面」の課題に対する「シナリオのつくり方」

　シナリオ・プランニングにおけるファシリテーターの理想的なかかわり方を意識しながら、次に目を向けるのは「集団の内面」に対応する「シナリオのつくり方」です。

つくり方といっても、それぞれのステップの進め方は、これまで紹介したものと変わりはありません。**「集団の内面」に関する課題を抱えている組織の場合、複数シナリオの中に「斬新さ」をどう盛り込んでいくのかに意識を向けることが結果を大きく左右します**。

　シナリオ・プランニングは、確かに外部環境要因の不確実な可能性について考えるものですが、そのため「これまで考えたこともなかったような未来をつくらなければならない」と捉えてしまう人がいます。そのような人は、これまでにはない「斬新な」未来を考えようと意気込み、次のようなシナリオを盛り込もうとします。

- 誰も考えたことがないことを盛り込んだ突拍子もない未来
- 既存の戦略や計画等を否定する未来

　1点目は、これまで紹介したステップ、特にそれらをとおして「広げる」と「深める」の両方の観点からリサーチに取り組んだ場合は出てこないものなのですが、「斬新さ」を盛り込もうという想いが強いあまり、そのような未来が描かれてしまうことがあります。

　2点目は、既存の組織の状態、特に「集団の内面」の現状に強い危機感を抱いているメンバーが作成した複数シナリオの中に出てきやすいものです。

　このうち1点目は、仮に勢い込んでそのような未来を反映したシナリオをつくったとしても、いざ、それをインプットとして自社のことを考えようとすると、具体的に考えられないことに気がつきます。そのため、シナリオアジェンダに照らして複数シナリオを判断

したり、「シナリオ詳細分析」のステップに取り組んだりする時点で、盛り込まないほうが良いと気づくことが多く、実際にはあまり問題になりません。

　難しいのは2点目の内容です。

　シナリオ・プランニングの取り組みにかかわっているメンバーの中には、自社の組織や事業についての課題をもっている人が少なくありません。その人たちは、そのような課題をあらためて顕在化させ、特に役員等の上の立場の人たちに理解してもらうためにシナリオ・プランニングの取り組みを活用しようとします。これ自体はまったく問題はありません。

　ただし、そのときに**複数シナリオにどのような役割をもたせるのか**が分かれ目となります。

　よくあるのが、どのシナリオになったとしても、自社の既存の事業や戦略が成り立たない複数シナリオをつくることです。そのような複数シナリオを見せることで、今のまま何もしないでいると未来はないことを伝えようとするのです。しかし、**特に組織の「集団の内面」に課題があるような状態でこれをやると、逆効果になってしまいます**。

　確かに、そのような複数シナリオを示すことで、上の立場の人たちが、自社が置かれている状況を新たな観点から理解してくれるかもしれません。ただし、それに納得し、既存の状況を変革していくきっかけにはつながらない可能性があります。それどころか、シナリオ・プランニングの取り組み自体が否定されてしまうことも考えられます。

　シナリオ・プランニングの取り組みをとおして、自社の置かれている状況を真摯に考えてきたプロジェクトメンバーにとって、その

ような結果は到底理解できるものではないでしょう。

　ただし、プロジェクトンバーから見ると「何も考えていない」と思える上の立場の人たちは、実際には何も考えていないわけではなく、**自分たちの枠組みの中で正しいと思えることに真摯に取り組んでいる**という見方もできますし、実際にそう考えている人が多いでしょう。そのため、上の立場の人たちにとっては、**既存の取り組みを否定するような複数シナリオは、自分たちの真摯な取り組みを否定するものに映る**のです。

　これは目の見えない人たちが象の異なる部位を触り、相手が間違っていると言い合っているのと本質的には同じ状況です。上の立場の人たちは、自分たちの見方で自社を取り巻く環境を見て、既存の事業や戦略を考えており、プロジェクトメンバーはシナリオ・プランニングの考え方をとおした見方で見て、考えているという違いがあるだけなのです。

　もちろん、その違いは当事者、特にプロジェクトメンバーにとっては深刻な違いです。シナリオ・プランニングを使って、このような違いに取り組むことはできないのでしょうか。

　それを解消するためには、複数シナリオに盛り込む「斬新さ」について、次の2つの観点から検討します。

1. 組織で共有されている「公式な未来」は否定しない
2. 組織の中で見過ごされている声を拾いあげる

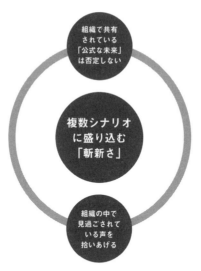

図7-7　シナリオ・プランニングに取り入れる「斬新さ」

組織で共有されている「公式な未来」を否定しない

1つ目にある**「公式な未来」**とは、**既存の戦略や計画等で描かれている自社の目指す姿**です。

先ほど紹介した「公式の未来」が成り立たない複数シナリオをつくるのではなく、**それも考えながら、別の可能性も考えられるような複数シナリオをつくれば良い**のです。具体的には第6章で紹介した軸のつくり方のうち**「現状と大きくは変わらない可能性を含む軸同士の組み合わせ」**を活用します（313ページ）。

この組み合わせ方は、左下に現状とは大きくは変わらない世界を残したつくり方でした。

この組み合わせにすると、左下には現状とは大きく変わらない世界（正確に言えばベースシナリオの変化が中心となる世界）が描かれるため、このシナリオの中で「公式の未来」に基づく戦略や計画を実行

した結果としての自社を想像することができます。この現状とは大きく変わらない世界で、一度、今の自分たちの考え方に近い可能性を検討したうえで、不確実な変化の可能性を表した残り3つの世界も確認します。

その際も、1つの軸だけが変化したら右下、もう1つの軸だけ左上というように、現状とは大きく変わらない未来の可能性から、少しずつ変化していく可能性を検討していくことができます（図7-8）。

第6章で紹介したとおり、この左下のシナリオが、外部環境の変化の可能性と、既存の戦略や計画にかかわった人のパラダイムを結びつける接点、第6章の「軸のつくり方［応用編］」で紹介したピエール・ワックの言葉を借りれば「橋」となるのです（313ページ）。比喩的に言えば、この「橋」によって、既存の戦略や計画を検討した前提となる「公式の未来」を正しいと考える人たちが、それとは異なる世界が描かれた複数シナリオの世界に足を踏み入れることが

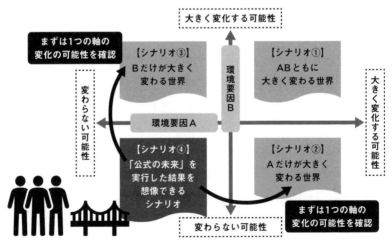

図7-8 「公式な未来」から現状の変化を検討する軸同士の組み合わせ

できるのです。

組織の中で見過ごされている声を拾いあげる

　さらに、このようなときに描く残りの3つの世界には何が描かれているのが理想なのでしょうか？　それが図7-7で紹介した2つ目の**「組織の中で見過ごされている声を拾いあげる」**につながります。

「集団の内面」に課題がある組織では、不確実ではあるものの影響が大きな環境変化の可能性について気がついていたものの、「コミュニケーションの平板化」等が原因となり、そのようなことを声としてあげられなかったかもしれません。そのような**組織の中にあったものの、なかなか「公式な未来」の中では扱われなかったものこそ、その組織にとっての「斬新さ」です**。

　通常の会議等では、「公式の未来」にそぐわない意見は、経験がある人の意見によって一蹴されてしまっていたかもしれません。しかし、シナリオ・プランニングは未来における不確実な可能性を扱う手法です。そこでは過去の経験が通用しないことも起こり得ます。そのような設定だからこそ盛り込むことができる、考える意義がある可能性を検討していくことが「集団の内面」に関する課題に対応するシナリオのつくり方の重要な点です。

　なお、そのような観点で盛り込んだ「斬新さ」も、それが単にプロジェクトメンバーとして主張したいだけのものであれば、これまでと同じようにまともにとりあってもらえない可能性があります。そうならないためにも、妄想ではなく、さまざまなリサーチを経た根拠がある、あり得そうな可能性を描くことが重要なのです。

集団の内面への働きかけ②
シナリオ・プランニング取り組み後

▌ シナリオ・プランニング取り組み後の4つの側面への対応

シナリオ・プランニングの取り組みが終わったあと、つまりベースシナリオや複数シナリオ等のアウトプットが完成したあとの取り組みも、図7-6のすべての側面に対応することに役立ちます。

そのための取り組みとして、組織全体には**作成したシナリオの浸透**を行います。さらにプロジェクトメンバーは、シナリオ・プランニングの取り組みで検討した外部環境の変化の可能性が実際にどうなっていくのかを確認するための**定点観測**を進めます。

▌ 作成したシナリオの浸透

第6章でも紹介したとおり、通常、シナリオ・プランニングの取り組みは組織内の一部のメンバーによって進められます。しかし、取り組みをとおしてつくられた**シナリオ（ベースシナリオと複数シナリオ）は組織内すべてのメンバーが理解する必要があります**。なぜなら、それによって組織内で、将来の不確実性を踏まえた**戦略的対話**が行われるようになるからです（図7-6　③コミュニケーションの平板化、④興味・関心の行きすぎた内部化への対応）。

具体的には、**プロジェクトで作成したベースシナリオと複数シナリオを使って、第4章で紹介した未来創造ダイアローグを組織全体で行います**。これが作成したシナリオを組織全体に浸透させることにつながります。

また、この浸透の取り組みを時間をかけて行うことで、組織のさまざまなところから今後の環境変化にそぐわない状況を見直す動きが起こることも期待できます（図7-6　①進みすぎた「標準化」、②進みすぎた「構造化」への対応）。

　このとき、シナリオ・プランニングの取り組みにかかわったプロジェクトメンバーが、未来創造ダイアローグのファシリテーションを行う設計にします。**プロジェクトメンバーが、作成したシナリオだけではなく、プロジェクトで得たさまざまな経験を組織内に広げる役割を担う**のです。

　未来創造ダイアローグをとおして、自分たちが作成したシナリオを他の人に読んでもらうと、プロジェクト中に自分たちが想定していなかった観点や可能性が出てくるのを目の当たりにすることもあります。この経験が、プロジェクトメンバーの視野をさらに広げることにもなります。

　規模の大きい組織になると、作成したシナリオを浸透させるのにプロジェクトメンバーだけでは時間がかかりすぎてしまうかもしれません。そのような場合は、第6章でも紹介したようにシナリオ・プランニングの基本や複数シナリオの世界観について解説した動画と、未来創造ダイアローグを進めるためのワークシート等をプロジェクトメンバーが用意します。このような**「未来創造ダイアローグキット」**を使い、それぞれの拠点で独自に未来創造ダイアローグを進められるような環境を整えます。

　検討した各シナリオの内容や戦略オプション案を全社で共有できるしくみも整えておくと、それらのアウトプットがきっかけとなり、全社での戦略的対話に発展します。そのような形で進めていく

と、どうしても非同期の取り組みになってしまうため、定期的に第6章で紹介したアイデアソンをオンライン上で行う機会を設けることもあります。

　大切なのは、作成したシナリオを完成して終わりにせず、またプロジェクトメンバーだけのものにもせず、全社に共有することです。その場合も、会議の文書のようにただ回覧するだけではなく、**未来創造ダイアローグをとおして、その不確実な可能性を自分事化していくことまでを見据える**ことです。

　このような取り組みをとおして、組織内のさまざまな場面で「もし、あのシナリオになったら……」というような話が出てくるようになり、**シナリオで描いた世界が組織内の共通言語になることが理想**です。

　たとえば、私がかかわったある企業では、シナリオ・プランニングに取り組んだあと、新しいプロジェクトを起案する際、**プロジェクトの企画案を、必ずすべてのシナリオに照らして、どのようなシナリオになったとしても問題ない案になっているかどうかをチェックする**ようなしくみを導入しました。これによって、すべての社員が不確実な未来の可能性を考慮して考えることが当たり前になりました。

　また、組織がこのような状態になってくると、組織内の特定の事業部や部門等で、「自分たち独自のシナリオ・プランニングの取り組みをしたい」という要望も出てきます。その場合、全社的に共通言語として位置づけているシナリオを**「グローバルシナリオ[3]」**、

3　この場合の「グローバル」は「世界全体」という意味ではなく「包括的な」という意味で使われている。

個々の事業部等で独自に作成するシナリオを**「フォーカスシナリオ」**と呼んで区別しています。フォーカスシナリオを作成する際、グローバルシナリオとの整合性を考える必要はありません。それぞれの状況にあったシナリオアジェンダとシナリオテーマを設定し、自分たちとって意義のあるシナリオ作成に取り組みます。

■ 作成したシナリオをもとにした定点観測

シナリオ・プランニングの取り組みが終わったあと、**作成したシナリオをもとにした定点観測**にも取り組まなくてはいけません。

シナリオ・プランニングの取り組みをとおして外部環境要因の中で、影響度の大きいもののうち、不確実性の低い要因をもとにベースシナリオを、不確実性の高いものをもとに複数シナリオを作成しました（287ページ）。また、複数シナリオに描かれた4つのシナリオの実現可能性はどれも同じです。

しかし、それぞれの外部環境要因の影響度や不確実性、そして4つのシナリオの実現可能性は、時間とともに変化していきます。その中でも、**特に変化を見極めなければいけないのが、4つのシナリオの実現可能性**です。4つのシナリオのうち、どれかの実現可能性が他のものよりも高くなることで、事前に検討した戦略オプションの優先度を見直す必要が出てきます。

たとえば、**「10年後の日本社会」**というシナリオテーマで複数シナリオをつくった際、「自動運転車の普及」という軸を設定し、その両極は「物流等の商用利用のみで活用←→あらゆる目的で利用可能」としたとします。この軸を作成した時点では、どちらの極の可能性もあり得るものとしてつくっています。しかし、時間が経つに

つれ、どちらかの極の実現可能性のほうが高くなります。

　その場合、どちらの極の実現可能性が高くなるのかを見極めるために、実現可能性の予兆となる「初期兆候」を押さえます。

「自動運転車の普及」の軸であれば、自動運転の普及に関する初期兆候をつかむため、たとえば、各省庁の審議会や研究会等で取り扱われている自動運転関連の議論等を定点的に観測する対象として設定します。また、それ以外にもさまざまなメディアで企業動向等もあわせて定点観測します。その結果、両極のどちらかの極になることを決定づけるような流れが出てきたら、そちらの極の実現可能性がほぼ確実になったと判断します。

　その判断に基づき、該当するシナリオをもとにして検討した戦略オプション案に重点的に取り組む等、環境変化に合わせた対応を行います。

　定点観測の取り組みは、通常はシナリオ・プランニングの取り組みを行ったプロジェクトメンバーが行います。この定点観測の結果をプロジェクトメンバー内だけではなく、定期的に社内に共有することは、作成したシナリオの浸透と同じく、組織内のメンバーが将来の不確実性に関心をもち続けるきっかけとなります（図7-6 ④興味・関心の行きすぎた内部化への対応）。

▌ シナリオの旅

　ここまでで、シナリオ作成からシナリオ・プランニングの取り組み後の働きかけまで、シナリオ・プランニングのすべての流れを解説しました。

　本書の締めくくりとして「シナリオの旅」(The Scenarios Voyage)と呼ばれる図を紹介します（図7-9）。

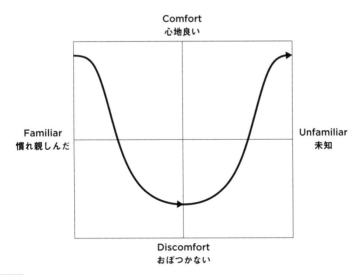

Comfort
心地良い

Familiar
慣れ親しんだ

Unfamiliar
未知

Discomfort
おぼつかない

図7-9 シナリオの旅（The Scenarios Voyage）

　シナリオ・プランニングに取り組む前の私たちは、左上の世界で
さまざまな取り組みを行ってきました。「確かに今はいろいろなこ
とが起きてはいるけれど、これは一過性のもので、いつかは自分が
慣れ親しんだ（Familiar）世界に戻る」と考え、自分にとって心地良
い（Comfort）範囲で物事を考え、行動してきました。

　そういう私たちが、シナリオ・プランニングに取り組むと、理屈
ではわかっていても、なかなか未来創造OSで示されているように
は自分の枠組みを見直したり（reframing）、自分の認識を見直したり
する（reperception）ことはできません。そのため、どうにかして、
今まで慣れ親しんだ（Familiar）世界のイメージをもったまま、シナ
リオ・プランニングに取り組もうとしますが、うまくいかず、葛藤
を感じ、おぼつかない（Discomfort）まま取り組みを進めていきま
す。

ここが「未来創造人材」の特徴としても紹介した、**不確実さに耐え、エージェンシーを発揮するタイミング**です。**おぼつかなさ（Discomfort）を抱えたまま、これまでには考えたことがないような未知（Unfamiliar）の世界の可能性に目を向けます。**

　こうしてシナリオ・プランニングの取り組みをとおして、組織や個人の世界を捉える枠組みを見直し、自らの認識を見直すことをとおして、これまで感じていたおぼつかなさは消え、不確実で先が読めない環境（Unfamiliar）の中に居続けることに、これまでとは違った心地良さ（Comfort）を感じることができるようになっているはずです。

　VUCA の時代とは、経験がない（Unfamiliar）ことが起こり続ける時代です。しかし、**そのような世界におぼつかなさ（Discomfort）を感じるのか、心地良さ（Comfort）を感じるのかは私たち次第**です。

　本書をここまで読み進めたみなさんは、経験したこともない未知の（Unfamiliar）世界へと旅立つ道具を手に入れました。みなさんの「シナリオの旅」が心地良い（Comfort）ものになりますように。

おわりに

　仕事柄、お客さまが作成したシナリオや自分で作成したシナリオをとおして、さまざまな「未来」の可能性を見てきました。複数シナリオとしてつくられた個々のシナリオを別のものと数えると、これまで目にしてきた「未来」の可能性の数は優に1000を超えます。

　それだけの数の「未来」の可能性を見てきた中で、多くの人から、「今のような不確実な時代において、これから何をすれば良いのか?」と尋ねられてきました。
　もちろん、その答えは相手がどのような人か、どんな組織に所属しているのか等によって変わってきます。しかし、お答えしていることを突き詰めると、最終的には「自分にとって"幸せ"とは何かを定義すること」に行き着きます。

　これまでの日本社会を振り返ると、誰もがたどるべき「道」のようなものがあり、その「道」の真ん中をいかに速く進んでいけるかが重視されていました。良い学校を出て、良い会社に入り、その中で出世をし、良い老後を過ごす。もちろん、今ではそのような「道」は幻想だったと思っている人も多いでしょう。しかし、そう思っている人の中にも、結局は、これまでとは違う別の「道」を求めてさまよっている人も少なからずいるかもしれません。

　高村光太郎ではありませんが、私たちの前に「道」はないのです。
　これからの不確実な世界において、唯一確かな「道」はありません。確かだと思えるような「道」があったとしても、起こり得る不

確実な「地殻変動」によって跡形もなくなってしまいます。

そうだとわかれば、私たちができることは1つです。
自分の中に「道標」となるものを見つけることです。

誰かがつくった価値観に振り回されるのではなく、これからどのような世の中になろうとも、自分が発揮していきたい価値を明確にすること。突き詰めていけば、それが、自分にとっての"幸せ"を定義することにつながるのではないでしょうか。

どんな世の中になったとしても発揮したい価値を、個人や組織が考えていくために、本書で紹介した「シナリオ・プランニング」や「未来創造ダイアローグ」を役立てていただければ幸いです。

本書は多くの人の協力なくしては世に出ませんでした。

まずは本書出版のきっかけをつくってくださった竹ノ内壮太郎さん。これまでのシナリオ・プランニング実践でご一緒させていただいただけではなく、出版のきっかけからABDの企画まで大変お世話になりました。ありがとうございます。

また本書のケースで取り上げたシナリオ作成に一緒に取り組んでくれた弊社シナリオプランナー養成講座プロコース卒業生の池田裕紀さん、栗岡仁さん、小泉篤史さん、繁村早百合さん、筒井美樹さん（五十音順）。あちこち話が広がりながら、新たな「未来」の可能性を探索する贅沢な時間となりました。ありがとうございます。

出版前のアクティブ・ブック・ダイアローグ®にご参加いただいた阿部一也さん、阿部有里さん、池乗（真田）節子さん、上林昭さん、岸靖久さん、木村玲美さん、清原茂史さん、小林一木さん、佐藤賢一さん、佐藤徳紀さん、澤田和美さん、鈴木尚美さん、瀧澤有希子さん、中西百合さん、長谷部可奈さん、水谷智子さん（五十音順）。みなさんのサマリーとフィードバックから、本書を世に出す勇気をいただけました。ありがとうございます。

日本能率協会マネジメントセンターの柏原里美さん。なかなか進まない原稿を辛抱強く待っていただいたうえ、より良い本にするためのアイデアをいろいろと出していただきました。ありがとうございます。

最後に、妻の純子、そして娘 悠月と息子 智陽。未来のことについて考える本を書きながらも、目の前のことに手一杯になっている自分を応援してくれたことに感謝します。ありがとう。

2021年5月
新井宏征

参考文献・参照資料

シナリオプランニング関連

- James A. Ogilvy "Creating Better Futures: Scenario Planning as a Tool for a Better Tomorrow" Oxford University Press 2002

- Kees van der Heijden "Scenarios: The Art of Strategic Conversation 2nd Edition" John Wiley & Sons 2005

- Nardia Haigh "Scenario Planning for Climate Change" Routledge 2019

- Rafael Ramírez, Angela Wilkinson "Strategic Reframing: The Oxford Scenario Planning Approach" Oxford University Press 2016

- Sascha Meinert "Field manual - Scenario building" 2014
  https://www.etui.org/publications/guides/field-manual-scenario-building

- Thomas J. Chermack "Scenario Planning in Organizations: How to Create, Use, and Assess Scenarios" Berrett-Koehler Publishers 2011

- アダム・カヘン『社会変革のシナリオ・プランニング：対立を乗り越え、ともに難題を解決する』英治出版 2014

- 新井宏征「技術開発・研究開発のためのシナリオプランニングの活用方法」（研究開発リーダー 2018年12月号）技術情報協会 2018

- 池田和明、今枝昌宏『実践シナリオ・プランニング：不確実性を利用する戦略』東洋経済新報社 2002

- ウッディー・ウェイド『シナリオ・プランニング：未来を描き、創造する』英治出版 2013

- 梅澤高明『最強のシナリオプランニング：変化に対する感度と柔軟性を高める「未来の可視化」』東洋経済新報社 2013

- 金井利之、今井照『原発被災地の復興シナリオ・プランニング』公人の友社 2016

- 角和昌浩「シナリオプランニングの理論：その技法と実践的活用」2016
  https://oilgas-info.jogmec.go.jp/_res/projects/default_project/_project_/pdf/7/7809/201609_001a.pdf

- キース・ヴァン・デル・ハイデン『シナリオ・プランニング：戦略的思考と意思決定』ダイヤモンド社 1998

- キース・ヴァン・デル・ハイデン『「入門」シナリオ・プランニング：ゼロベース発想の意思決定ツール：仮説検証型の意思決定ツール』ダイヤモンド社 2003

- 城山英明、鈴木達治郎、角和昌浩『日本の未来社会：エネルギー・環境と技術・政策』東信堂 2009

- 西村行功『先が見えない時代の「10年後の自分」を考える技術』星海社 2012

- 西村行功『シナリオ・シンキング:不確実な未来への「構え」を創る思考法』ダイヤモンド社 2003
- ピーター・シュワルツ『シナリオ・プランニングの技法』東洋経済新報社 2000
- ポール・シューメーカー『ウォートン流シナリオ・プランニング』翔泳社 2003
- ロムロ・ウェイラン・ガイオソ『戦略のためのシナリオ・プランニング:勝ち残りの思考と意思決定』フォレスト出版 2015

シナリオ・プランニング以外

- Ballmer Laughs at iPhone 2007
  https://www.youtube.com/watch?v=eywi0h_Y5_U
- Deloitte "Shaping the Future of Global Food Systems: A Scenarios Analysis" 2017
  https://www2.deloitte.com/content/dam/Deloitte/tr/Documents/consumer-business/future-of-global-food-systems-highlights-presentation.pdf
- Jerome C. Glenn "THE FUTURES WHEEL" 2020
  http://www.millennium-project.org/wp-content/uploads/2020/02/06-Futures-Wheel.pdf
- McKinsey & Company "Purpose: Shifting from why to how" 2020
  https://www.mckinsey.com/business-functions/organization/our-insights/purpose-shifting-from-why-to-how
- The Mail Archive from:"Satoshi Nakamoto" 2008
  https://www.mail-archive.com/search?l=cryptography@metzdowd.com&q=from:%22Satoshi+Nakamoto%22
- Steve Ballmer on His Biggest Regret (Oct. 21, 2014) | Charlie Rose 2014
  https://www.youtube.com/watch?v=v9d3wp2sGPI
- World Economic Forum "Shaping the Future of Global Food Systems: A Scenarios Analysis" 2017
  http://www3.weforum.org/docs/IP/2016/NVA/WEF_FSA_FutureofGlobalFoodSystems.pdf
- Wikiquote "Dwight D. Eisenhower" 2021
  https://en.wikiquote.org/wiki/Dwight_D._Eisenhower
- World Economic Forum "The Global Risks Report 2021 16th Edition" 2021
  http://www3.weforum.org/docs/WEF_The_Global_Risks_Report_2021.pdf
- アーノルド・ミッチェル『パラダイム・シフト:価値とライフスタイルの変動期を捉えるVALS類型

論』ティービーエス・ブリタニカ 1987

- 安宅和人『イシューからはじめよ:知的生産の「シンプルな本質」』英治出版 2010

- アッシュ・マウリャ『Running Lean:実践リーンスタートアップ』オライリー・ジャパン 2012

- アリー・デ・グース『企業生命力』日経BP社 2002

- アレックス・オスターワルダー、イヴ・ピニュール『ビジネスモデル・ジェネレーション:ビジネスモデル設計書』翔泳社 2012

- 安藤史江『コア・テキスト組織学習』新世社 2019

- 伊丹敬之『経営戦略の論理:ダイナミック適合と不均衡ダイナミズム 第4版』日本経済新聞出版社 2012

- 井庭崇『クリエイティブ・ラーニング = CREATIVE LEARNING:創造社会の学びと教育』慶應技術大学出版会 2019

- 内田和成『論点思考:BCG流問題設定の技術』東洋経済新報社 2010

- 馬田隆明『未来を実装する:テクノロジーで社会を変革する4つの原則』英治出版 2021

- 遠藤功、鬼頭孝幸、山邉圭介、朝来野晃茂『事業戦略のレシピ』日本能率協会マネジメントセンター 2008

- 神奈川県「ライフキャリア教育支援について」2020

  https://www.pref.kanagawa.jp/docs/m8u/cnt/f532110/index.html

- 上條晴夫『教師のリフレクション(省察)入門:先生が成長するとき』学事出版 2012

- 経済産業省「DXレポート 〜ITシステム「2025年の崖」克服とDXの本格的な展開〜」2018

  https://www.meti.go.jp/shingikai/mono_info_service/digital_transformation/20180907_report.html

- ケネス・J・ガーゲン『あなたへの社会構成主義』ナカニシヤ出版 2004

- ケン・ウィルバー『インテグラル理論:多様で複雑な世界を読み解く新次元の成長モデル』日本能率協会マネジメントセンター 2019

- 厚生労働省「人口動態統計速報(令和2年12月分)」2021

  https://www.mhlw.go.jp/toukei/saikin/hw/jinkou/geppo/s2020/12.html

- 国立社会保障・人口問題研究所「日本の将来推計人口(平成29年推計)」2017

  http://www.ipss.go.jp/pp-zenkoku/j/zenkoku2017/pp_zenkoku2017.asp

- Condé Nast Japan「WIRED VOL.37 特集: Sci-Fiプロトタイピング」プレジデント社 2020

- 紺野登『ビジネスのためのデザイン思考』東洋経済新報社 2010

- 齋藤嘉則『戦略シナリオ:思考と技術』東洋経済新報社 1998

- 齋藤嘉則『戦略パワー・プロフェッショナル:問題解決力を鍛える「4つの力」』ファーストプレス 2005

- 榊原清則『企業ドメインの戦略論：構想の大きな会社とは』中央公論社 1992
- 佐藤義典『実戦マーケティング戦略：図解』日本能率協会マネジメントセンター 2005
- 佐藤義典『戦略BASiCS：経営のすべてを顧客視点で貫く《社長の最強武器》』日本経営合理化協会出版局 2014
- G・マイケル・キャンベル『世界一わかりやすいプロジェクトマネジメント = IDIOT'S GUIDES AS EASY AS IT GETS! Project Management 第4版』総合法令出版 2015
- シェーン・J・ロペス『5年後の自分を計画しよう：達成する希望術』文藝春秋社 2015
- 白井俊『OECD Education2030プロジェクトが描く教育の未来：エージェンシー、資質・能力とカリキュラム』ミネルヴァ書房 2020
- ジャルヴァース・R・ブッシュ, ロバート・J・マーシャク『対話型組織開発：その理論的系譜と実践』英治出版 2018
- ジョエル・バーカー『パラダイムの魔力：成功を約束する創造的未来の発見法 新装版』日経BP社 2014
- John Seely Brown、Stephen Denning、Katalina Groh、Laurence Prusak『ストーリーテリングが経営を変える：組織変革の新しい鍵』同文舘出版 2007
- 鈴木規夫『インテグラル・シンキング：統合的思考のためのフレームワーク』コスモス・ライブラリー 2011
- 鈴木規夫、久保隆司、甲田烈『入門インテグラル理論 = A GUIDE TO INTEGRAL THEORY：人・組織・社会の可能性を最大化するメタ・アプローチ』日本能率協会マネジメントセンター 2020
- セオドア・レビット『T.レビット マーケティング論』ダイヤモンド社 2007
- 武田信子、金井香里、横須賀聡子『教員のためのリフレクション・ワークブック：往還する理論と実践』学事出版 2016
- チェット・リチャーズ『OODA LOOP：次世代の最強組織に進化する意思決定スキル』東洋経済新報社 2019
- チャールズ・A・オライリー, マイケル・L・タッシュマン『両利きの経営：「二兎を追う」戦略が未来を切り拓く』東洋経済新報社 2019
- デイビッド・ハンズ『デザインマネジメント原論：デザイン経営のための実践ハンドブック』東京電機大学出版局 2019
- 読書猿『独学大全 = Self-study ENCYCLOPEDIA：絶対に「学ぶこと」をあきらめたくない人のための55の技法』ダイヤモンド社 2020
- 内閣府「令和3年第5回経済財政諮問会議」2021
  https://www5.cao.go.jp/keizai-shimon/kaigi/minutes/2021/0426/agenda.html

- 日本財団「ロジックモデル作成ガイド」2019
  https://www.nippon-foundation.or.jp/app/uploads/2019/01/gra_pro_soc_gui_03.pdf
- ネイサン・ファー、ジェフリー・ダイアー『成功するイノベーションは何が違うのか?』翔泳社 2015
- 帚木蓬生『ネガティブ・ケイパビリティ：答えの出ない事態に耐える力』朝日新聞出版 2017
- 原田勉『OODA Management：現場判断で成果をあげる次世代型組織のつくり方』東洋経済新報社 2020
- ピーター・M.センゲ『学習する組織：システム思考で未来を創造する』英治出版 2011
- ピエール・ワック「シェルは不確実の事業環境にどう対応したか」（Diamondハーバード・ビジネス 1986年1月号）ダイヤモンド社 1986
- 古川久敬『構造こわし：組織変革の心理学』誠信書房 1990
- F・コルトハーヘン『教師教育学：理論と実践をつなぐリアリスティック・アプローチ』学文社 2012
- フレデリック・ラルー『ティール組織：マネジメントの常識を覆す次世代型組織の出現』英治出版 2018
- ブロックチェーンハブ『実践ブロックチェーン・ビジネス = The Business Blockchain：新事業企画・起業のための』日本能率協会マネジメントセンター 2018
- ボストン コンサルティング グループ『BCG次の10年で勝つ経営 = Winning the'20s PURPOSE DRIVEN COMPANY：企業のパーパス〈存在意義〉に立ち還る』日本経済新聞出版社 2020
- マーヴィン・ワイスボード、サンドラ・ジャノフ『フューチャーサーチ：利害を越えた対話から、みんなが望む未来を創り出すファシリテーション手法』ヒューマンバリュー 2009
- M.E.ポーター『競争の戦略 新訂』ダイヤモンド社 1995
- 松戸市「まつど未来シナリオ会議」2020
  https://www.city.matsudo.chiba.jp/shisei/keikaku-kousou/sougoukeikaku2021/matsudosinario.html
- 南出康世『ジーニアス英和辞典 = Genius ENGLISH-JAPANESE DICTIONARY 第5版』大修館書店 2014
- ヤーコ・セイックラ、トム・アーンキル『開かれた対話と未来：今この瞬間に他者を思いやる』医学書院 2019
- 好川哲人『プロジェクトマネジメントの基本：この1冊ですべてわかる』日本実業出版社 2011
- リチャード・P・ルメルト『良い戦略、悪い戦略』日本経済新聞出版社 2012
- ロジャー・マーティン『インテグレーティブ・シンキング：優れた意思決定の秘密』日本経済新聞出版社 2009
- ロジャー L. マーティン「戦略づくりは「幸せな物語」づくりから始める」2013

https://www.dhbr.net/articles/-/1856

- ロブ・ゴーフィー、ガレス・ジョーンズ『DREAM WORKPLACE：だれもが「最高の自分」になれる組織をつくる』英治出版 2016
- 和波俊久『ビジネスモデル症候群：なぜ、スタートアップの失敗は繰り返されるのか?』技術評論社 2017

未来創造のためのブックガイド

　本書で紹介したシナリオ・プランニングの理解を深めるためには、参考文献・参考資料としてあげた書籍や資料に目をとおしていただくことをお薦めします。

　ここでは、今回の内容では直接参照しなかったものの、シナリオ・プランニングを組織や個人で実践する際に参考になる書籍の一部をテーマ別に10冊紹介します。もちろん、ここに挙げた以外にもすばらしい書籍や資料はありますし、新聞や雑誌等、さまざまな資料にあたることは、シナリオ・プランニングの実践に欠かせません。

　ただし、シナリオ・プランニングに精通するためには、不確実な可能性を考え、対応策を検討し、行動し、振り返ることをくり返すという自分自身の思考と行動に勝るものはない点も忘れないでください。

思考

- 野矢茂樹『はじめて考えるときのように：「わかる」ための哲学的道案内』PHP研究所 2004
- 米盛裕二『アブダクション：仮説と発見の論理』勁草書房 2007

対話

- アダム・カヘン『未来を変えるためにほんとうに必要なこと：最善の道を見出す技術』英治出版 2010
- エドガー・H・シャイン『問いかける技術：確かな人間関係と優れた組織をつくる』英治出版 2014

ストーリー

- 手塚治虫『火の鳥 全12巻』朝日新聞出版 2013
- 宮崎駿『風の谷のナウシカ 全7巻』徳間書店 2003

組織

- 宮脇靖典『動かない人も動く 心・技・体のレディネスデザイン入門』みくに出版 2014
- ロバート・キーガン『なぜ人と組織は変われないのか：ハーバード流自己変革の理論と実践』英治出版 2013

個人

- キャロル・S・ドゥエック『マインドセット：「やればできる!」の研究』草思社 2016
- ジュリア・キャメロン『ずっとやりたかったことを、やりなさい。』サンマーク出版 2017

著者

新井 宏征 （あらい ひろゆき）

株式会社スタイリッシュ・アイデア 代表取締役

東京外国語大学大学院修了後、SAPジャパン、情報通信総合研究所（NTTグループ）を経て、現在はシナリオ・プランニングなどの手法を活用し、不確実な時代に社会や顧客に価値を届ける組織や事業をつくるためのコンサルティング活動に従事。

Saïd Business School Oxford Scenarios Programmeにおいて、世界におけるシナリオ・プランニング指導の第一人者であるRafael Ramirezや、Shell Internationalでシナリオ・プランニングを推進してきたKees van der HeijdenやCho-Oon Khongらにシナリオプランニングの指導を受ける。その内容を理論的な基礎としながら、日本の組織文化や慣習にあわせた実践的なシナリオ・プランニング活用支援を行っている。

資格として、英検1級、TOEIC 990点、PMP、SAP関連資格等を保有。

主な訳書に『プロダクトマネジャーの教科書』、『90日変革モデル』、『成功するイノベーションは何が違うのか？』（すべて翔泳社）等がある。

実践 シナリオ・プランニング

| 2021年5月30日 | 初版第1刷発行 |
| 2024年4月5日 | 第2刷発行 |

著　　者——新井 宏征 ©2021 Hiroyuki Arai
発 行 者——張 士洛
発 行 所——日本能率協会マネジメントセンター
〒103-6009　東京都中央区日本橋 2-7-1 東京日本橋タワー
TEL　03(6362)4339(編集)／03(6362)4558(販売)
FAX　03(3272)8127(編集・販売)
https://www.jmam.co.jp/

装丁・本文デザイン——山之口 正和、沢田 幸平（OKIKATA）
Ｄ Ｔ Ｐ————株式会社明昌堂
印 刷 所————シナノ書籍印刷株式会社
製 本 所————東京美術紙工協業組合

ISBN 978-4-8207-2912-9　C2034
落丁・乱丁はおとりかえします。
PRINTED IN JAPAN

入門 インテグラル理論
人・組織・社会の可能性を最大化するメタ・アプローチ

鈴木規夫、久保隆司、甲田烈著

●「インテグラル理論」最良の入門書
●四象限、発達段階、意識状態、領域、タイプ、実践の手がかりを概観する

「ティール組織」の理論的ベースとして注目を集めるインテグラル理論について、日本人著者による入門の1冊。世界中のビジネス、教育で実践される「メタ理論」の基本をつかむ。

A5変形判312ページ

日本能率協会マネジメントセンター

マンガでやさしくわかる
オープンダイアローグ

向後善之、久保田健司著

大舞キリコ作画

- ●「オープンダイアローグ」の基本をつかむ
- ●「対話とは何か」を考える

「対話」だけで、統合失調症やうつ病がみるみるうちに回復していく──近年、注目を集める、フィンランドで発祥した「オープンダイアローグ」という心理療法。実践のための基本に加えて、前提となる「対話」とは何かを掘り下げた入門書。

四六判272頁

日本能率協会マネジメントセンター

心理的安全性のつくり方
「心理的柔軟性」が困難を乗り越えるチームに変える

石井遼介著

●「心理的安全性」の高い組織を実現するには？
●困難を乗り越えられるチームづくりのヒント

「読者が選ぶビジネス書グランプリ2021　マネジメント部門賞」受賞。今、組織・チームにおいて大きな注目を集める心理的安全性について、その概要はもちろんのこと、自分たちの職場の心理的安全性を高めるアプローチをつかめる１冊。

四六判336頁

日本能率協会マネジメントセンター